股市操作强化训练系列丛书

股市操练大全

悬念扑克谜底解析

主　　编　黎　航
执行主编　任　惠　理　应

上海财经大学出版社

图书在版编目（CIP）数据

《股市操练大全》大礼包 / 黎航主编. –上海 ：上海财经大学出版社，2015.10

ISBN 978-7-5642-2234-5/F.2234

Ⅰ.①股… Ⅱ.①黎… Ⅲ.①股票投资–基本知识 Ⅳ.①F830.91

中国版本图书馆CIP数据核字（2015）第179295号

□责任编辑　温　涌
□特约编辑　成明瑶
□封面设计　上海银领文化传播有限公司
□制　　作　郭欣中
□统　　筹　MOZZIE文治

GUSHI CAOLIAN DAQUAN DALIBAO
《股市操练大全》大礼包
黎　航　主编

上海财经大学出版社出版发行
（上海市武东路321号乙　邮编：200434）
网　　址：http: //www.sufep.com
电子邮箱：webmaster @ sufep.com
全国新华书店经销
上海天地海设计印刷有限公司印刷装订
2015年10月第1版　2015年10月第1次印刷

890 mm × 1240 mm　1/32　8印张　208千字（训练卡8印张　216千字）
印数：0 001–6 000　定价：188.00元

《股市操练大全》悬念扑克谜底解析
编写组名单

主　　编　黎　航

副 主 编　任　惠　理　应

编　　委　汪潭印月　朱厚华　文　沛　沈　敏

炳　仪　杭　婧　李粉红　建　林

栋　卿　陈正天　闻　晋　蓓　琳

王　蓓　菁　华　丁北英　郭欣中

王海源　仁　杰　李　峻　建　栋

有　莹　朱大路　嵇　翔　郭子璐

丽　娟　凤　珠

内容简介

本书是《股市操练大全》系列产品——股市悬念扑克的谜底解析。推出股市悬念扑克的目的，一方面是为了让读者通过扑克中的上证指数日K线走势图了解中国A股市场的历史是怎么发展的，例如，将每张扑克中的走势图按时间顺序排列，就是一幅上证指数日K线走势全景图（截止时间为2015年6月30日）；另一方面，更重要的是为了让读者能联系历史、结合当下，真正了解股市大势应该怎么分析、股票应该如何选择、炒股制胜应该有什么样的投资理念和投资策略。

为此，作者在牌中紧密结合当时的上证指数走势，设计了一些新颖、实用、悬念很强的思考题。例如，“××学会××”，是挖掘大黑马、大牛股的最实用、最有效的方法，请问这是什么方法？一些从散户做到超级大户的投资者是通过哪些途径实现其财富梦想的？股市中的历次大顶及历次大底都有很多相似之处，普通投资者如何才能找到其中的一些规律，成为成功逃顶与抄底的赢家？又如，2015年6月中国A股市场突然出现的断崖式暴跌，其惨烈程度历史罕见，但某高手用了“××关”理论作指导，在暴跌前顺利出逃，请问“××关”指的是什么？高手是如何成为“众人皆醉我独醒”的佼佼者的？……

诸如此类发人深省的思考题，在牌中可谓比比皆是。本书则对这些问题做了全方位的深入解析，读者阅读后会有一种恍然大悟、茅塞顿开的感觉，并能留下深刻的印象。这对投资者了解股市历史、了解历年来各路股市高手的炒股秘诀和经验都会带来很大帮助。

本书资料翔实、内容丰富，介绍的方法简便实用。全书融知识性、趣味性、技巧性于一体，它不仅适合股市中各阶层人士阅读，而且具有很强的操作性。本书可供各类投资者参考，尤其是对中小散户和新股民参与股市实战具有重要的启发及指导作用。

目　　录

5 思考题

6 思考题

7 思考题

8 思考题

4 思考题

5 思考题

6 思考题

7 思考题

Q♥ 思考题

1. 这是什么时候的上证指数日K线走势图？
2. 图中箭头所指处是大盘见顶的地方，在这之前大盘已连涨了半年以上，但这轮行情很多人都做失败了，只有少数高手赚了大钱。高手说，若要做好这轮行情，必须解决3个问题：① 对行情性质的判断；② 对见顶位置的预判；③ 操作策略。请问，这3个问题应该怎么解决？

K♥ 思考题

1. 这是什么时候的上证指数日K线走势图？
2. 请问，图中画圈处的K线图形（见放大图形）叫什么名称？其技术意义是什么？投资者看到它应该怎么操作？

A♣ 思考题

1. 这是什么时候的上证指数日K线走势图？
2. 从图中看，当时上海股市熊得厉害。其实，图中画圈的地方早就提示股市大跌已成定局。现在请你从技术上解析图中画圈之处的做空力量究竟有多强大，并说明该案例能带给我们哪些重要启示。

2♣ 思考题

1. 这是什么时候的上证指数日K线走势图？
2. 图中画圈处的图形，在技术上称为 ________ 。请问，它的技术意义是什么？投资者见到它应该怎么操作？（请填充后再回答

7 ♣ 思考题

1. 这是什么时候的上证指数日K线走势图？
2. 当时上证指数创造了一项中国A股市场乃至全球股市的纪录（至今未被打破）。请问，这是什么纪录？
3. 当时上证指数正在构筑一个什么技术图形？（请用画线方式表示其图形。）投资者见此图形，应该怎么操作？

8 ♣ 思考题

1. 这是什么时候的上证指数日K线走势图？
2. 当时为何会出现这样的走势？
3. 该走势图给投资者带来什么启示？它对当下股市操作有何指导意义？

9 ♣ 思考题

1. 这是什么时候的上证指数日K线走势图？
2. 箭头A、B所指的K线叫什么名称？各自的技术意义是什么？投资者见到它们应该怎么操作？

10 ♣ 思考题

1. 这是什么时候的上证指数日K线走势图？
2. 图中有3个缺口（请见箭头所指处），其名称与技术意义是不一样的。请问，它们各自的技术意义是什么？投资者如何根据缺口

6 思考题

7 思考题

8 思考题

9 思考题

思考题参考答案

1. 这是1990年12月19日~1990年12月31日的日K线走势图。

2. 1990年12月19日，上海证券交易所（简称上交所）正式成立，并从当天开始进行交易，此时才正式对外公布了上证指数。因为上交所成立至1990年末只有9个交易日，所以当年只留下了9根K线（见图1）。

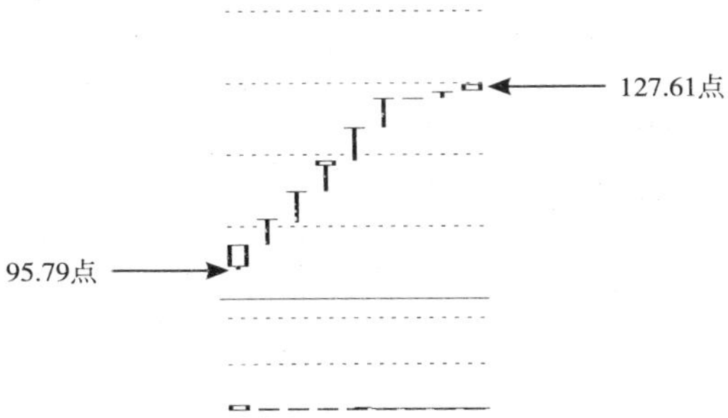

图1　上证指数1990年12月19日~1990年12月31日的日K线走势

说明：上交所成立后，上证指数开始正式运行，首日开盘指数为96.05点，最低跌至95.79点，当日收盘指数为99.98点。1990年12月9日~1990年12月31日，上证指数涨幅为33.22 %。

2 思考题参考答案

解答

1. 这是1992年上半年度上证指数的日K线走势图。

2. 图中出现这样的走势，是因为从1992年5月21日开始，管理层全面放开了股价（即股票交易不设涨跌限制）。全面放开股价的当天，上证指数收了一根带有600多点下影线的T字线。从图形上看，在没有全面放开股价之前，上证指数每天上涨的幅度是受限制的，所以K线图表现为小幅爬升状态。而全面放开股价的第一天，几乎每只股票在一天内都暴涨100%以上，当天的股价都是以升幅1倍以上的价格高开的，高开后获利盘蜂拥而出，瞬间将股价打至昨日收盘价下方，但接着场外大量资金蜂拥而入，致使股价又迅速回到了当天开盘价附近，这样就在这一天的K线图上留下了一根超长的下影线。因为放开了股价，之后几天的股市交易出现了较大震荡。

3. 图中创出了中国A股市场，甚至是全球股市交易中的3个之最。

第一个“最”——创出了世界股市一天之内大盘指数涨幅之最。当天上证指数涨了105.07%，众所周知，无论是中国股市还是全球股市，在不设涨跌停限制的情况下，个股能在一天内涨幅超100%已十分罕见，而整个指数在一天之内涨幅超过100%闻所未闻，因此上证指数在1992年5月21日这天暴涨100%以上，确实是人类有股市以来一件绝无仅有的事。从这以后，中国A股市场在全面放开股价的3年多时间里（注：管理层为了防止过度投机，中国A股市场在1996年后又重新恢复了涨跌停限制），再也没有出现过一天之内股市指数涨幅超过100%的现象。我们查了全球其他地方股市，也没有发现过类似的现象。

第二个“最”——创出了世界股市中大盘指数高开之最。1992年5月21日的上证指数高开让老股民记忆犹新，当天上证指数跳高一倍开盘，参与交易的投资者都惊呼起来，如此大幅高开，其原因当然是管理层在这天全面放开了股价，所以股价才会一飞冲天。这个大盘指数高开纪录在全球股市中也是空前绝后的。

第三个“最”——创出了世界股市中大盘指数一天之内大幅震荡之最。1992年5月21日这天，上证指数在1260点高开后，先是冲高至1334点，然后急转直下，股指一下子被打到昨天的收盘价之下，后来涌进来的买盘又将其快速推升上去，最后指数收在1266点，仅比开盘高6点。从图形上看，当天收了一根带有超长下影线的T字线（注：这根T字线是T字线的一种变化形态——开盘价、收盘价几乎

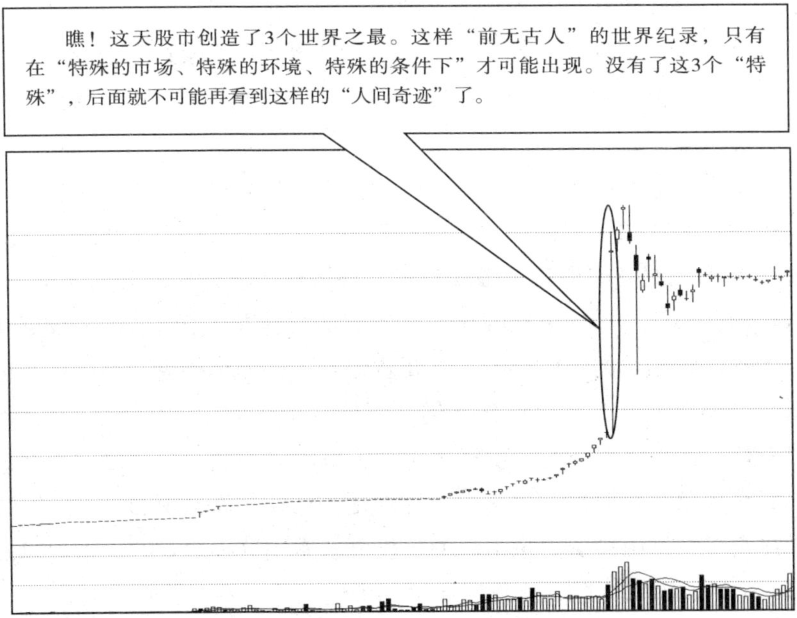

图2　上证指数1992年1月2日~1992年6月30日的日K线走势

处于同一位置，但有上影线，不过上影线很短，下影线特别长）。这天股市出现如此激烈的震荡，让投资者目瞪口呆，它也创出了全球股市有指数记录以来，一天之内大盘指数大幅震荡的最高纪录。

4. 对“该图中出现两根长下影线表示下档支撑很强，后市可以看好”的观点，我们认为是错的。理由是：虽然K线下方出现长下影线，确实反映了下档有较强的承接盘，否则股价就会一路杀到底，但问题是，这个下档承接盘是不是可靠呢？它究竟是由哪方面力量组成的？如果是由坚定的投资力量组成的，那就说明这个下档支撑是长期有效的，或者在很长一段时间内都是有效的。这样，只要空方将股价打至低位，就会出现大量逢低吸纳的买盘，致使股价无法再跌下去。有人把这种因长下影线而探底成功的现象，称为“定海神针”现象。但是，如果下档做多者是由投机力量组成的，那就说明这个下档支撑只是短期有效，但长期是无效的。短期内，因为这些投机力量看到股价在技术上出现了超跌，出于技术原因在下方买入，目的仅仅是抢一把反弹而已。而后，当股价再次下跌至这个位置，若在技术上已不存在超跌现象，这些由投机力量组成的下档买盘就会消失得无影无踪。

那么，怎么来鉴别出现下影线的下档承接盘是由投资力量还是由投机力量组成的呢？根据经验，一般来说，就要看长下影线是在什么情况下出现的。如果长下影线现象是在股价上升途中出现的（如图2所示的下影线），则下档的承接盘多半是由投机力量组成的。投资者若看到这种形式的长下影线，就要意识到下档的承接盘并不可靠，过后股价还会跌下去，很可能会创出新低（见图3），因此对后市就不能看好，操作时必须趁股价还未出现大跌时赶快卖出。反之，如果长下影线现象是在股价下跌途中，特别是在大跌之后出现的，则下档的承接盘多半是由投资力量组成的。投资者看到这种形式的长下影线就基本上可以看好后市，操作时应该积极地逢低吸纳，持股待涨。

在涨势中出现长下影线，预示着日后股价会下跌，并会创出新低。这句话不幸被言中。果然，在这两根K线拉出超长下影线后不久，上证指数就出现了大跌。

图3　上证指数1992年4月14日~1992年11月23日的日K线走势

3 思考题参考答案

解答

1. 这是1993年下半年上证指数的日K线走势图。

2. 图中有两个画圈处，它们的K线组合图形都叫"乌云盖顶"。乌云盖顶图形的特征是：在上涨行情中，出现阳线后（注：多数是中阳线或大阳线，少数是小阳线），第二天股价跳空高开，但没有高走，反而高开低走，收了一根中阴线或大阴线，阴线的实体已经深入到前面这根阳线实体的二分之一下方。这往往预示着股价上升势头已尽，一轮跌势即将开始。投资者见到此K线图形，应警觉市况有变，以抛售出局为宜。如本图中有两波反弹行情，在行情末端出现乌云盖顶图形后，股价就一路下跌。因此，大家一定要明白，乌云盖顶是杀伤力较大的一种K线图形，若以后见到这种K线图形，应注意规避风险，及时卖出为宜。

3. 只要在图中画两条直线，就可以看出当时上证指数正运行在一个矩形中（见图4）。矩形又称长方形、箱形盘整。矩形的特征是：如果将股价横盘时出现的两个高点用直线连起来，将股价横盘时出现的两个低点也用直线连起来，即可画出一个长条形状。而股价就在这个长条形的宽度里不断地上下波动，当股价上升到长条形的上边线时就往下回落，而回落到长条形的下边线时就往上弹升，直到一方力量耗尽，股价就会选择一个向上或向下方向突破。矩形是个整理形态，整理的结果究竟是往上走还是往下走，要根据当时多空力量对比而定。因此，在矩形形成过程中没有最后朝一个方向有效突破时，谁也不能妄下结论。矩形在技术上给投资者的提示是：整理、观望。因此，当我们明白这个道理后，就可以知道遇到画上两条直线，就可清楚地看出当时上证指数在矩形的箱体里做上下波动。面对矩形走势，可采取两种操作策略：①持币观望，等待有明确的向上突破信号后再介入；②用部分资金高抛低吸（在上边线处卖出，在下边线处买进）。但要注意，一旦跌破下边线，必须及时止损离场。

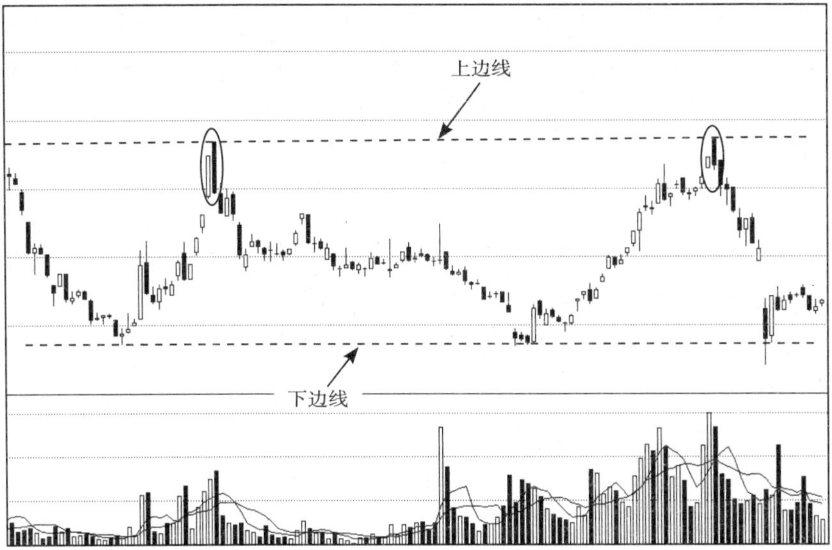

图4　上证指数1993年下半年的日K线走势

矩形走势应如何操作了。第一，从短线操作来说，既然股价被限定在一个框架范围里做上下波动，对市场敏感的投资者就可以抓住这个机会进行适当的高抛低吸（比如，快要碰到上边线时卖出，快要碰到下边线时买进）。第二，从中长线的操作角度来说，投资者操作时一定要坚持一条原则，只要股价仍在长条形范围里上下波动，就坚持作壁上观，不买股票。但是要做到这一点并不容易，要经得起诱惑，要严格遵守矩形的操作规范才行。例如，股价在上下波动中有时碰到长条形下边线往上弹升时，会出现连拉数阳，价升量增的现象。这时一些投资者会觉得这是股价经过长期筑底后的回升，一轮上升行情即将呼之欲出，如果不趁早买进，就会失去一次赚钱的良机，于是就急匆匆地买进股票，但买进后就会发现，股价碰到长条形的上边线就冲不上去了，仍像往常一样回落。此时，投资者就陷入了相当被动的局面：走吧，买进的股票已被套住，虽然套得不深，但要割肉又不甘心；不走吧，又怕股价在矩形整理后往下突破，损失更大，真是左右为难。可见，在股市中看到矩形整理，对大多数投资者而言（因为大多数投资者对市场敏感程度较差，不适合在矩形中进行高抛低吸的短线操作），最佳的做法就是耐心观望，并抱着一个宗旨，只要股价一天不向上突破矩形的上边线，就一天不买股票，这要当作铁的纪律来严格要求自己，这样才能使自己立于不败之地。另外，如果股价在矩形整理后往下突破矩形的下边线，手里持有股票的投资者应毫不犹豫地清仓离场，这也是投资者面对矩形走势必须要遵守的一条操作纪律，投资者务必认真执行。

4 思考题参考答案

1. 这是1995年上半年度上证指数的日K线走势图。

2. 图中箭头所指处的K线叫螺旋桨K线[注]，螺旋桨K线出现在下跌途中为见底信号。当然这个见底信号的真伪，必须通过后面的K线来验证。如果后面的K线一直在螺旋桨K线的下影线下方运行，那就说明这个见底信号是假的；反之，如果后面的K线一直在螺旋桨K线下影线的上方运行，这个见底信号就是真的。而本图中的螺旋桨K线出现后，连续10多个交易日的K线都在它的下影线上方进行横盘，这说明当时的市场已经认可了螺旋桨K线见底信号的有效性，多方大反攻即将出现，此时投资者及时介入，就能享受到后面大反弹带来的赢利机会。

3. 图中画圈处的图形是“顶部岛形反转”，它是一个见顶看跌的信号。下面我们先来看一张“顶部岛形反转示意图”（见图5），

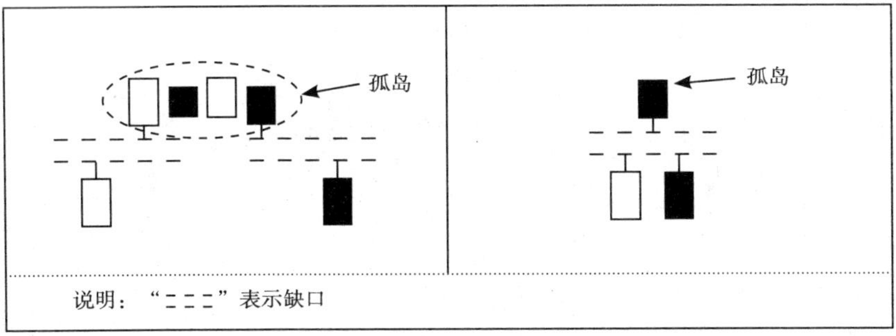

图5 顶部岛形反转示意图

【注】关于螺旋桨K线的特征、技术意义，详见《股市操练大全》第一册第7页、第48~50页。

图中画圈处右边一个向下的跳空缺口与图中画圈处左边一个向上的跳空缺口，即股市上升时的跳空缺口，基本处于同一区域，于是整个画圈处的K线图分成了上下两截，在上面的一部分K线就像远离海岸的孤岛（注：这个孤岛可以由很多根K线组成，也可以由单根K线组成），这是顶部岛形反转的主要特征。

从技术上说，顶部岛形反转一旦确立，说明近期股价向淡已成定局，此时持筹的投资者只能认输出局，如果继续持股必将遭受更大的损失。而空仓的投资者近期最好也不要再过问它，即使中途有什么反弹，也尽量不要参与。扑克牌图中顶部岛形反转的孤岛就是一根K线（见图6），但它的杀伤力同样是非常厉害的。从图中看，在顶部岛形反转出现后，上证指数就呈现一路下滑的走势。因此，在顶部岛形反转出现后，必须马上止损离场，动作稍慢些就会遭受更多的损失。

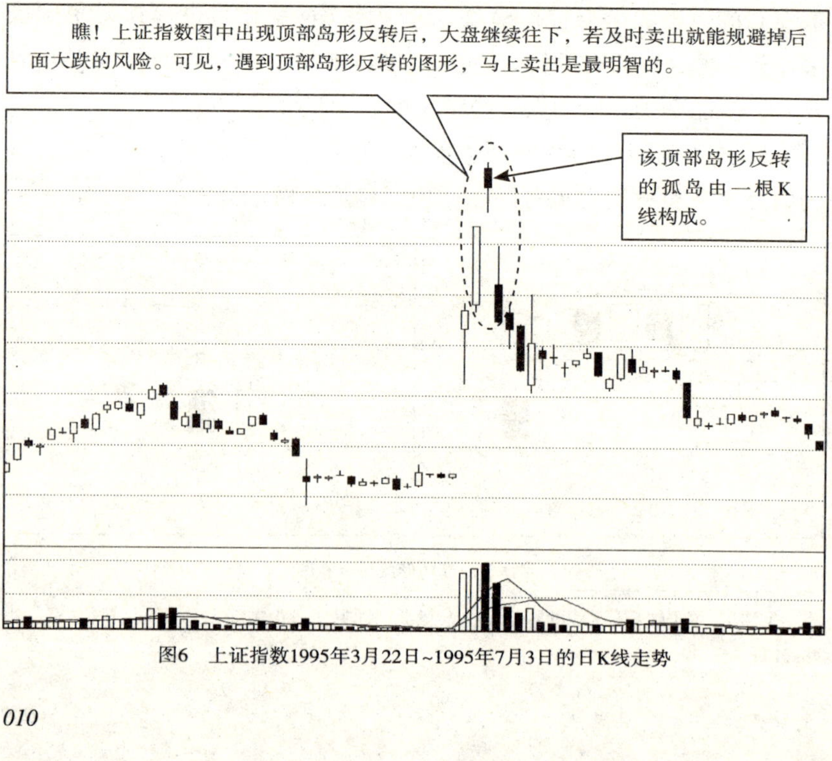

图6　上证指数1995年3月22日~1995年7月3日的日K线走势

5 思考题参考答案

1. 这是1995年下半年上证指数的日K线走势图。

2. 图中箭头A所指处的K线叫乌云盖顶，箭头B所指处的K线叫吊颈线。从技术上说，乌云盖顶、吊颈线都是看跌信号，投资者见到它们，应该及时卖出，以规避后面继续下跌的风险。

3. 当时上证指数构造了一个三重顶的技术图形。顾名思义，之所以会形成三重顶，说明上方抛压沉重。一旦三重顶下方的颈线被打穿，往往就会出现连续下跌的走势。本图中的情况就是如此。故投资者见到三重顶出现时，应意识到风险来临，在颈线未破位时就应该停止做多，一旦颈线被打穿（颈线与卖点的设置见图7），必须按照既定的操作纪律，马上止损离场。

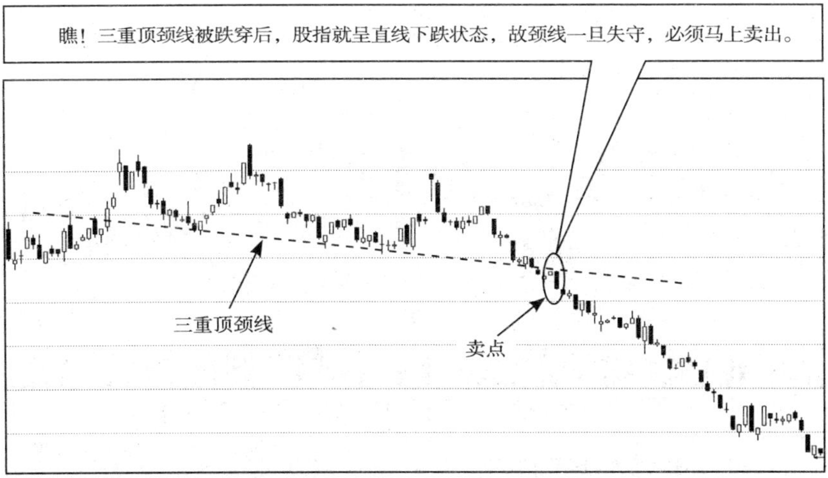

图7　上证指数1995年7月19日~1996年1月22日的日K线走势

6 思考题参考答案

1. 这是1996年下半年上证指数的日K线走势图。

2. 图中画圈处是顶部穿头破脚[注]图形。这个穿头破脚非常厉害，画圈处最后一根大阴线，一下子把前面几根阳线都吞吃了，它使行情立即发生了逆转，之后，大盘指数就出现了连续暴跌，仅仅几天时间，大盘指数就跌掉近三成，跑得慢的，特别是持股不抛的投资者可谓损失惨重。

可见，在股市大涨后，突然出现的一阴吞几阳并带有大成交量的穿头破脚图形，投资者必须高度警惕。无论是在大盘指数中还是在个股中，一旦见到这样凶神恶煞的K线图形，就应马上卖出。此时千万不能犹豫，稍一犹豫，出手慢了就会出现更大的损失（见图8）。

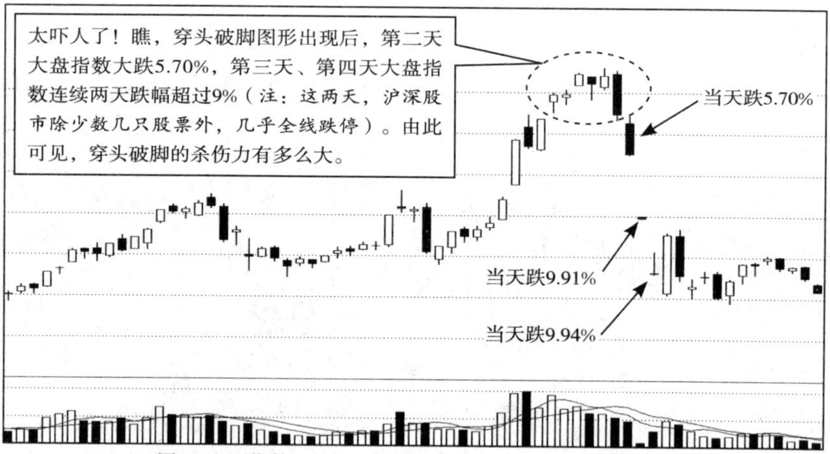

图8　上证指数1996年10月7日~1997年1月6日的日K线走势

【注】关于“穿头破脚”的特征、技术意义与相关实例，详见《股市操练大全》第一册第70~72页、第七册第42~53页。

7 思考题参考答案

1. 这是1997年下半年上证指数的日K线走势图。

2. 填充：无趋势图形；耐心等待；等突破方向明确后再动手。

1997年下半年上证指数出现了一种无趋势运行状态，所谓无趋势，是指当时的几根短期均线（如5日、10日、30日均线）搅在一起，一会儿是多头排列、一会儿又是空头排列，交替非常频繁（见图9）。投资者无法根据均线排列来判断大盘指数究竟是向上还是向下。面对这样的情况，投资者应该选择休息观望，因为此时操作出错的概率很大。其实，股票不是天天可以做的，不能做的时候就不要勉强去做，休息也是一个很好的投资策略。

图9　上证指数1997年下半年的日K线走势

8 思考题参考答案

解答

1. 这是1999年下半年上证指数的日K线走势图。

2. 填充：反弹。

反弹大阳线会在什么状况下出现呢？这里有两种情况。一种情况是指：股价连续下跌后突然出现一根大阳线，但之后股价没有延续升势，稍做上涨后即告回落，或者是第二天就出现了回落。这种形式的大阳线，人们戏称它为“×日游大阳线”或“一日游大阳线”，可见其行情寿命非常短促。另一种情况是指：反弹行情上升到一定高度时拉出的大阳线。因为反弹之后仍将回落，它并不会改变整体下跌趋势，所以，在反弹到一定高度时出现的大阳线，多半是掩护主力（庄家）出货的信号。显然，本图中的反弹大阳线属于第一种情况，这根反弹大阳线是“一日游大阳线”。那么，反弹大阳线的特征与作用有哪些呢？①在下跌反弹中出现，成交量激增，甚至出现天量。②第二天或过后几天就会出现股价重心明显下移的现象，有时也会出现盘整后再向下的走势。③大阳线的开盘价一旦被击穿，股价往往就会出现快速下跌的现象。④反弹大阳线就是诱多，主力将在高位未来得及抛售的筹码，以反弹大阳线作掩护进行抛售。⑤反弹大阳线出现，标志着反弹行情结束，股价将展开新一轮跌势。

了解了反弹大阳线的特征与作用后，就可以制定出相应的操作策略了。面对反弹大阳线，投资者的投资策略是：①坚决逢高减仓，绝不能盲目跟进或加仓；②一旦发现大阳线的开盘价被打穿，就应无条件地抛空离场。这里要提醒投资者的是，策略②其实是针对一些对反弹大阳线心存幻想的投资者说的，即无论你怎么留恋手中的股票，或者还寄希望于盘中出现这种形式的大阳线会给投资者带来好运，但有一点必须记住，大阳线的开盘价被打穿后，一定要坚决把手中的股票卖掉，这个要作为一条铁的纪律来执行。例如，本图中的反弹大阳线开盘价被打穿后，股价呈现加速下跌的走势，所以及时卖出就能规避掉后面大跌的风险（见图10）。

我们把图放大后就能清楚地看出，图中箭头所指的反弹大阳线是“一日游大阳线”。当大阳线的开盘价被打穿后（见图中画虚线处），必须马上卖出；若不及时卖出，损失就会更大。

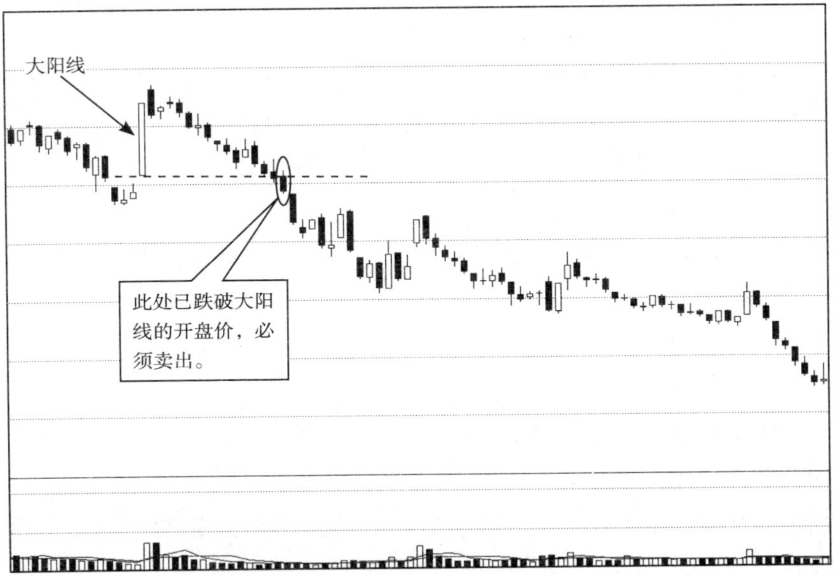

图10　上证指数1999年8月20日~1999年12月28日的日K线走势

（编后说明：利用反弹大阳线掩护出货是主力惯用的手法。投资者要了解详情，请参阅《股市操练大全》第八册第 32~37 页、第 548~552 页。）

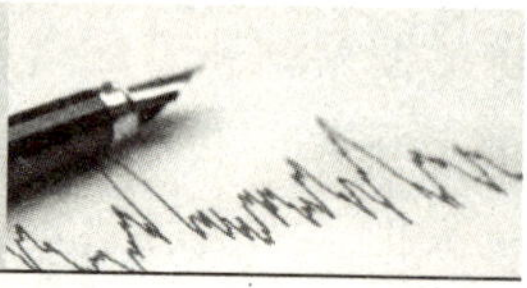

9 思考题参考答案

1. 这是2001年上半年上证指数的日K线走势图。

2. 画圈处的K线图形叫“早晨之星”，又称“希望之星”。早晨之星的特征是：由3根K线组成，在下跌过程中，先出现一根中阴线或大阴线，第二天出现一根有上下影线的小阳线（也可以是小阴线），随后市场转跌为升，出现一根中阳线或大阳线。早晨之星的技术意义是：股价经过大幅回落后，做空能量已大幅释放，股价无力再创新低，呈现底部回升态势，这是很明显的大势转向信号。投资者见此信号，可考虑适当买进。

3. 图中后半部分出现了股指与成交量相背离的现象，即股指（或股价）在上升，成交量却在下降，这在技术上称为股价与成交量的顶背离现象（见图11中画线处）。从技术上说，股市上升时特别是出现较大涨幅后，出现量价（顶）背离现

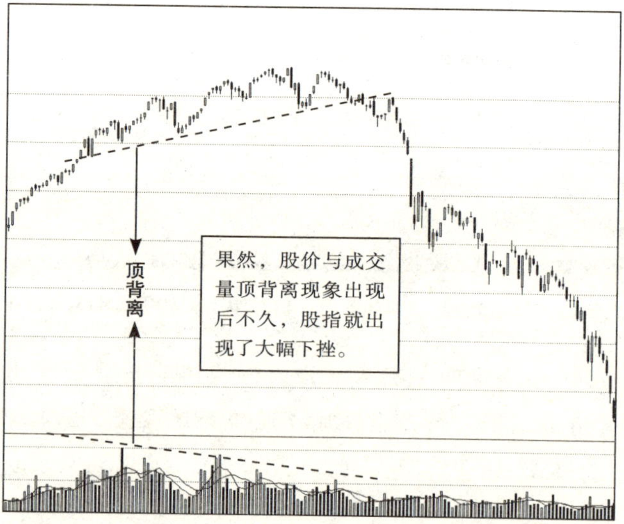

图11　上证指数2001年2月22日~2001年10月22日的日K线走势

象，预示着盘中做多能量已经不济，股指（股价）随时都会见顶回落。因此，投资者在股市大幅上升后，见到股价与成交量之间出现顶背离的现象时，应做好离场准备。此时，持股者应逐步减仓，一旦发现股指有掉头向下的现象，就马上止损离场；空仓者应继续持币观望，切不可盲目看多做多。

10 思考题参考答案

1. 这是2001年下半年上证指数的日K线走势图。

2. 当时市场上对图中箭头所指的大阴线有两种意见。一种意见认为，这根大阴线是在股指连续下跌后出现的，有最后一跌的味道，因此在这根大阴线后盘中做空能量会得到彻底释放，股市就能见底。这种意见表面上看很有道理，因为在股市里确实也有这种情况。例如，有的时候大盘或个股在连续下跌后收了一根大阴线，而后就出现了见底回升的现象。但高手对这种意见进行了否定。高手的意见是，这根大阴线是股市进入熊市的重要标志。事后证明，前一种意见是错的，高手的意见完全正确。

那么，高手当时做出这一判断的依据是什么呢？高手认为，虽然在连续下跌后出现大阴线，有可能是见底信号，但这是有条件的。首先要确定大阴线的性质，因为大阴线有高位、中位与低位大阴线区分，且高位大阴线、中位大阴线都不具备最后一跌，即赶底的功能，只有低位大阴线才有赶底的功能。如果把图中大阴线视为低位大阴线，作为空头能量释放完毕后的中长期见底信号，那么这根大阴线必须在股指大幅下跌（一般要求≥30%）的情况下出现，只有这样才能称为低位大阴线。但事实上，这根大阴线创出的最低价与本轮行情的最高点相比，下跌幅度不足13%，所以它不可能是低位大阴线。第二个条件是，大阴线必须远离年线（即250日均线），技术上出现严重超跌后才会产生回升的动力，但这个条件当时也不具备。所以，高手就断然否定了当时有人把这根大阴线视为最后一跌，有可能是见底信号的意见。

另外更重要的是，让高手做出股市走熊必须离场的判断，是因为高手看到了这根大阴线的巨大做空能量，在大阴线出现后，股指还有相当大的下跌空间。高手告诉我们，如果当时盘中不出现这根大阴线，或许大盘还有一点希望，甚至牛市还能继续。但当这根大阴线出现时，股市就彻底走熊了。可以说，这根大阴线是当时股市进入熊市的最重要标志。有人想，问题真的有这样严重吗？高手通过图形进行了解析。

下面先看高手展示的第一张图（见图12）。从这张图看，在没有出现这根大阴线前，上证指数基本上运行在年线之上。众所周知，年线是鉴别牛市与熊市的分界线。只要上证指数没有跌破年线，就不能说大盘走熊了。

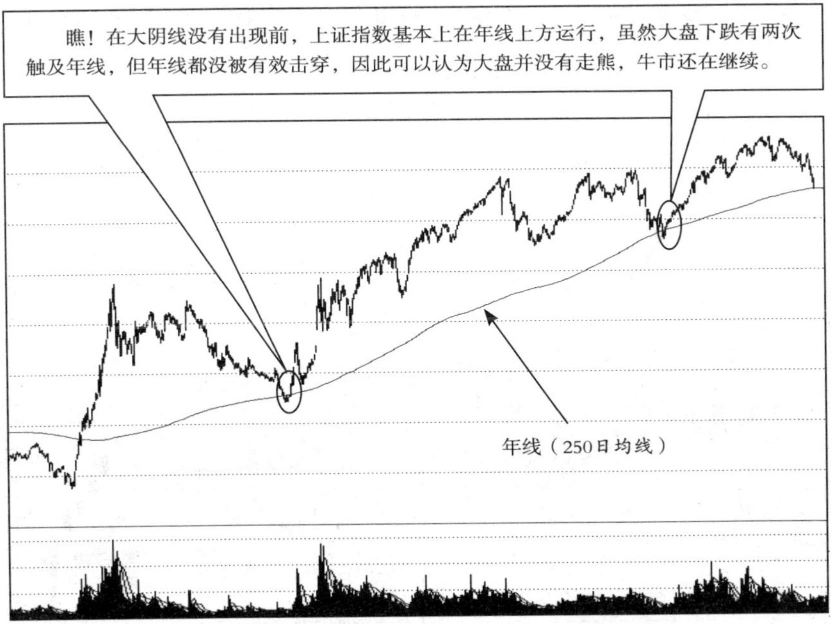

图12　上证指数1999年3月15日~2001年7月27日的日K线走势

接下来再看高手展示的第二张图（见图13）。从图中看，图最后面出现了一根大阴线（当天跌掉5.27%），而且这根大阴线出现的当天，先是向下跳空，然后一路下杀。这根大阴线意义非同寻常，因为它一下把大盘指数狠狠地甩在年线下方，空方在盘中十分猖狂，但多方在盘中毫无抵抗。要说跌破年线，在这轮行情上来时，也出现过几次跌穿年线的情况，但当时都是小幅跌穿，而且很快被拉了回来。之所以会出现这种“跌而不破，重新走强”的现象，一方面说明当时空方打压的力度不强，击穿年线时未见大阴线出现；另一方面说明当时多方的力量还是很强的，跌破年线后很快就把股指拉回到了年线上方。但是，这次情况发生了根本变化，一是击破年线是以“向下跳空 + 大阴线”的方式，将上证指数直接打到年线下方；二是多方在盘中毫无反抗，彻底缴械投降了，当日大盘

将上证指数几次跌破年线的情况做一个对比，就可以看出最后一次跌穿年线的情况是真的而不是假的。投资者对此必须引起高度警惕，麻木不仁就要吃大亏。

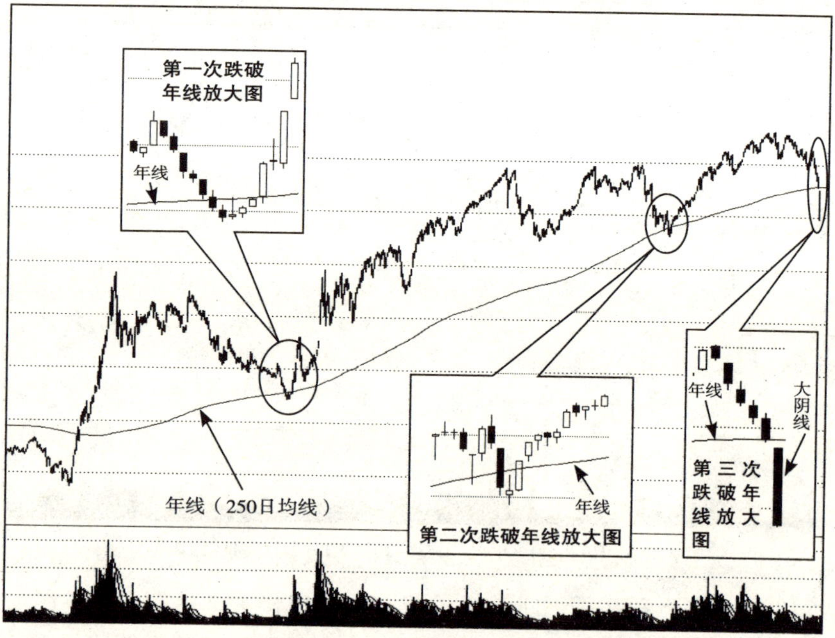

图13　上证指数1999年3月15日~2001年7月30日的日K线走势

指数是一直杀跌到底的。高手说，这种情况在这之前从来没有发生过，现在发生了，当然要引起高度重视。高手认为，前几次跌穿年线是假跌，而这一次跌穿年线是真跌。如果是真跌，说明股市已进入熊市，而这根大阴线就是进入熊市的最重要标志。一旦股市被确认走熊后，就会有很大的下跌空间（见图14），所以他建议大家看到这根大阴线，应该马上把股票抛掉，以求规避后面大跌的风险。

> 年线失守，且年线是被一根向下跳空的大阴线打穿的，这是一个极为重要的离场信号，不走就晚了。该图显示，自这根大阴线之后，股市就彻底走熊，而且一熊就熊了4年，直跌至998点才见底。

图14　上证指数1999年3月23日~2005年7月11日的日K线走势压缩版

高手的观点被后来的事实验证了，中国A股市场果然连熊了几年，持股不卖者损失惨重。高手的看盘经验也给我们做了重要提醒，这就是：在股市中，规避系统性风险是最重要的，当大盘走熊的信号出现后，一定要学会及时止损离场。

J 思考题参考答案

1. 这是2012年上半年上证指数的日K线走势图。

2. 据了解，张先生在箭头A处卖出股票的主要理由是：此轮反弹高点已接近前期的高点，按照“只差一点点”必须做空的原则（见图15），应在此处卖出。另外，当天放出的是一根T字线，T字线为见顶信号。两个因素合在一起，张先生在此选择了清空离场。

有人问，“只差一点点”究竟是什么意思呢？这里给大家做一个解释：它是指大盘或个股在反弹时往往会在接近前面高点（包括历史高点）处回落，其最高股价与前面高点（包括历史高点）的股价仅为一步之遥。这已经成了一种规律性现象，有人把这种现象简称为“只差一点点”。

为了让大家对“只差一点点”有一个直观的了解，我们在这里举一个典型的例子。

图16是沪市主

2012年上半年的上证指数日K线见顶部位放大图形

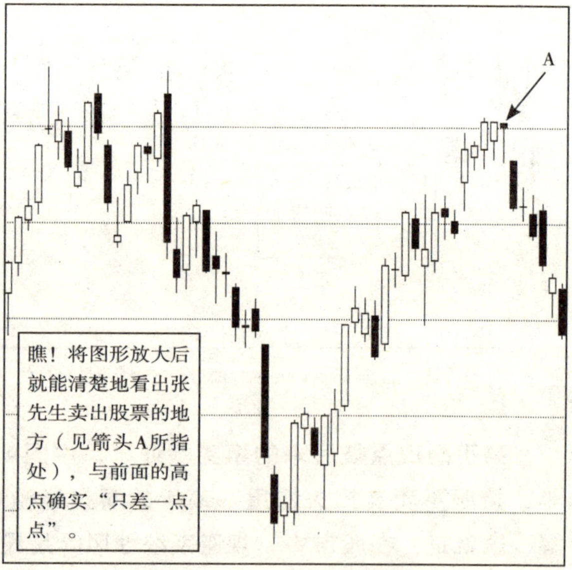

图15　上证指数2012年2月21日~2012年5月16日的日K线走势

板市场的一只股票，也是迄今为止国内A股主板市场中股价攀升得最高的股票（注：这里不包括创业板、中小板股票，在2015年创业板中已有股价超过400元的股票）。该股在2007年的大牛市中股价一度涨到300元，然后见顶回落，在股价跌至190元后，出现了一轮反弹行情，这轮反弹行情就在离前面300元高点仅差一点点的地方画上了句号。可见，这个反弹高点（296.98元）就是投资者又一次极佳的逃命机会。如果不逃，后面的股价将跌得非常凄惨。

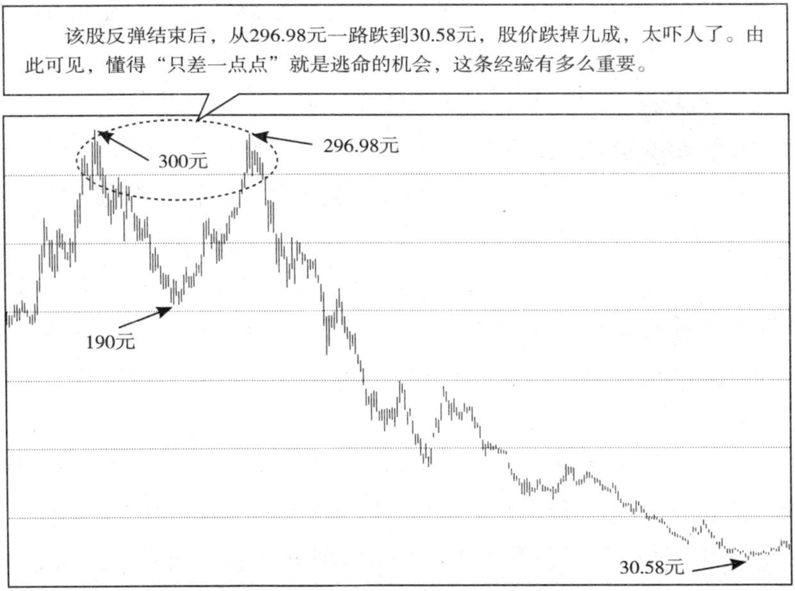

图16　中国船舶（600150）2007年8月16日~2008年11月19日的日K线走势

这里要提醒大家的是："只差一点点"的技巧不像其他技巧有一个明确的量化标准。它的缺点就是缺少一个量化指标，即具体到多少才能称为"只差一点点"。对这个问题我们是这样看的，作为中国人，对汉语的理解能力是很强的，什么情况下才能被称为"只差一点点"，投资者应该搞得明白，不会出现很大的偏差。至于一定要确定一个量化标准，确实有一定难度，因为市场强弱不同、个股的股性不一样，大资金操作的习惯各有差异，因此很难定出统一的标准。高手在这方面的经验是：针对强势股，可以把“只差一点点”定在与前面高点相差3%~5%之处。比如，某股出现一轮强势反弹，其前面的高点是100元，那么投资者就应该在95~97元处将它卖出。针对非强势股，可以把“只差一点点”定在与前面高点相差8%~10%处。

张先生告诉我们：从表面上看，对于“只差一点点”似乎大家都懂，算不上什么技术，更谈不上是什么关键技术。其实不然，在我们周围，很多大家应该明白的事情，因为事情太平常、太简单反而被大家忽视了。例如，保护环境比发展经济更重要，这是最简单的常识，但是有些地方为了发展经济，把环境搞得一团糟，污水横流，天空昏暗，连人们的正常生活都无法进行，弄得天怒人怨，不得已政府再花重金来治理环境，这岂不是得不偿失吗？这样的事情太多了，已不足为奇。又如，用自己的钱炒股心里踏实，借钱炒股风险大，这个道理大家都明白，但实际上很多人做不到。行情来时拼命借钱融资炒股；行情大跌时，借钱融资炒股者亏得很惨，爆仓的不在少数。

可见，忽视常识、把虽然简单但非常重要的事情搁置在一边而我行我素者在股市里数不胜数。所以我们经常看到，每次反弹的头部，每轮短线黑马行情的顶端，在离前面高点“只差一点点”距离的地方，都会有很多中小散户奋不顾身地冲进去，结果被一网打尽，套在高位。另外，也有一些原来应该获利的投资者，但因为持股不抛，幻想股价继续上涨，期望赚取更多利润，最终因股价下跌，希望落空，弄得白忙活一场。

也正因为如此，“只差一点点”这个简单的技巧，已变得如此重要。有人估计，投资者在捕捉短线黑马，乃至中长线黑马，或参与反弹行情时，如果记住并能在实战中熟练地使用这个技巧，至少可以躲过40%被套在山峰上的风险（注：因本书篇幅所限，更多技巧与实例详见《股市操练大全》第十册第 105~113 页、第 536~537 页)。

王先生在箭头B处卖出股票的主要理由是：此处上方出现了一个跳空缺口，多方在此毫无抵抗，当天股指一直在缺口下方运行，收了一根大阴线，可定性为向下突破缺口（见图17）。向下突破缺口是重要的见顶信号，所以王先生在此选择了卖出。

图17　上证指数2012年2月20日~2012年6月27日的日K线走势

说到缺口，有些读者感到比较陌生。这里先给大家简单地介绍“缺口”与“向下突破缺口”的知识。所谓缺口，是指股价在运动过程中，受多空某方力量突增的影响，次日开盘价格高于前一天的最高价或低于前一天的最低价，形成一个没有发生交易的价格区间，这个价格空白区间就是缺口。按涨跌不同，缺口又分为向上跳空缺口与向下跳空缺口两大类型。

一般来说，从高处跌下来的第一次向下缺口，叫做向下突破缺口，向下突破缺口出现后，预示着后面会有一段较大的跌势。所以看到向下突破缺口，正确的做法是及时抛股离场，这样就可以规避后面大跌的风险。

唐先生在箭头C处卖出股票的理由是：此处已将双顶颈线打穿，双顶正式宣告成立（见图18）。一旦双顶成立，下跌趋势正式确立，后面杀跌就会很厉害。所以唐先生在此将股票全部抛出。

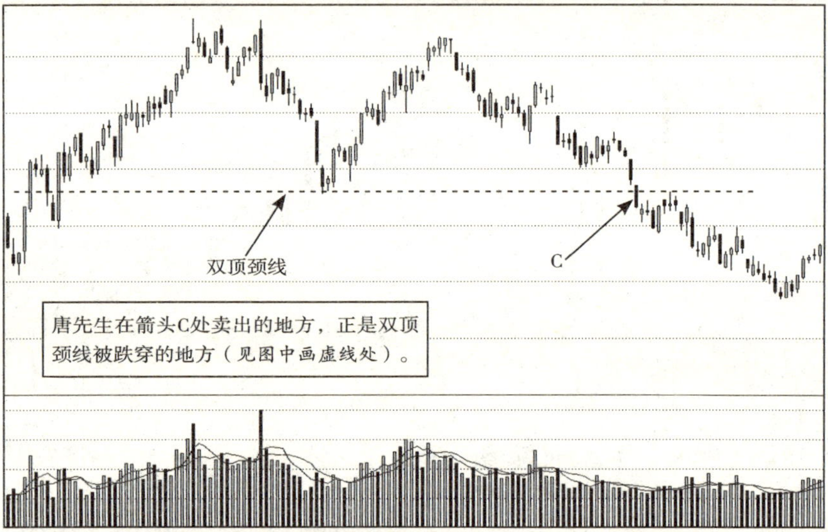

图18　上证指数2012年1月4日~2012年8月9日的日K线走势

考虑到有的读者对什么是双顶与双顶形成的机理、特点还比较陌生，这里简单地向大家介绍一些有关这方面的知识。

什么是双顶呢？双顶，又称双头、M头，是一种出现频繁且非常重要的顶部形态。双顶形成的机理是：由于市场经过一段时间的上涨后，股价涨幅已大，一些投资者获利颇丰，产生一种居高思危的警觉。因此，当股价在某一阶段遭突发利空或主力人为打压时，大量的获利盘会卖出，因而造成股价出现深幅回调；但当股价回落到某一水平后，会引起一些短线投资者的兴趣，进行抄底买入。另外，前面卖出获利的投资者也可能在这个水平再次买入补回，于是行情开始再次上升。当股价上升接近前期高点时，对该股信心不足的投资者会因觉得错过了在第一次高点卖出的机会，怕再错失一次卖出的好机会而不断抛售，此时再加上短线投资者有了一定获利后也在卖出，双重抛售压力使股价再次下跌。由于两次股价上涨都在某一高点附近受阻而回，致使很多人感到失望，不再看好后市。于是，越来越多的投资者开始卖出股票，最后因场内做空的力量越来越强，多方招架不住，股价就会跌破上次回落的低点（即颈线），整个双重顶形态便告形成。

双顶的特征是：（1）股价有两个比较明显的山峰，而且两个峰顶的价位也大致相同。一般来说，后一个山峰的高点比前一个山峰的高点要略低一点。（2）股价第二次反弹上冲时成交量比第一次上冲时的成交量要小。（3）股价在第二次碰顶后拐头向下，股价下跌时会跌破前一次回落的低点。（4）双顶走势跌破颈线后常有反抽出现，但反抽时成交量明显萎缩，受阻于颈线位，以确认向下突破的有效性（见图 19）。

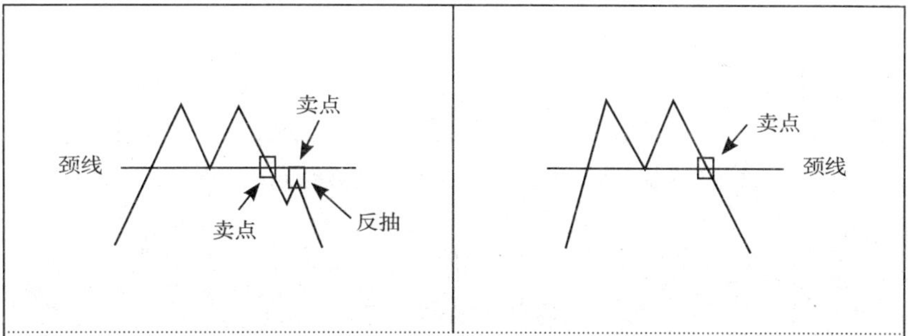

说明：双顶突破颈线后有两种走势：一种是突破颈线后有一个反抽，这时就会出现两个卖点，如左上图；另一种是突破颈线后一路下泻，这时只有一个明显的卖点出现，如右上图。

图19　双顶颈线破位示意图

在了解了什么是双顶以及双顶形成的机理与特征后，大家再回过头来看扑克牌中的图形，就会发现当时上证指数确实在构建一个双顶图形。唐先生在箭头C处卖出，是因为此处双顶颈线已向下破位。这样操作完全正确。虽然唐先生在这个点位卖出比在箭头A、B处卖出股价要低很多，但不卖出而继续持股损失会更大（见图20）。

瞧！若双顶颈线破位后不及时卖出，后面就跌惨了。

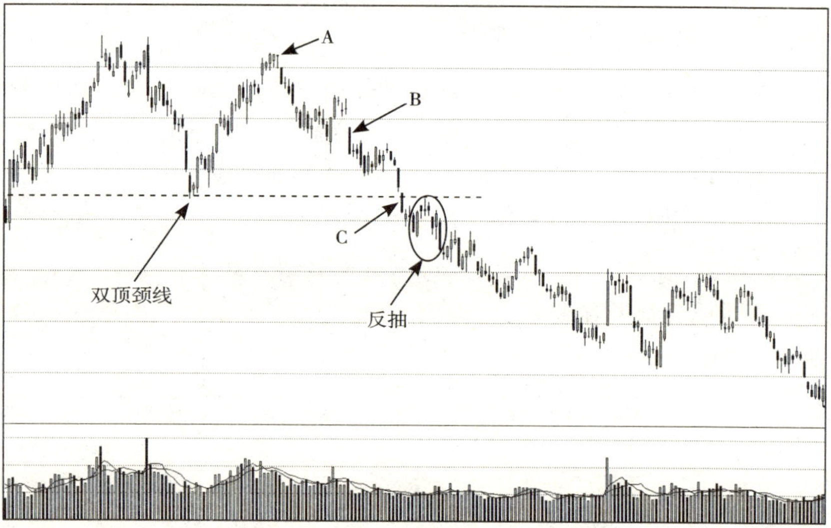

图20　上证指数2011年1月16日~2012年12月4日的日K线走势

最后我们来说说，如何评价张先生、王先生、唐先生的投资行为呢？从图中看，张先生在箭头A处卖出，股价卖得最高，应该属于最敏感投资者；王先生在箭头B处卖出，卖出的股价稍微低了一点，但成绩还算不错，应该属于敏感投资者；唐先生在箭头C处卖出，卖出的股价最低。唐先生的成绩虽然比张先生、王先生差，但唐先生在股价出现明显破位时能选择卖出，这相比一些不看图形或看不懂图形、在卖出信号出现后仍一味看多做多、不懂得止损离场从而造成巨大亏损的投资者来说，成绩还算相当不错的，所以应该属于较敏感的投资者。

总体上来说，在箭头A、B、C处卖出的都属于赢家，只不过其成绩各有差异罢了。作为后来人，要想成为股市中的赢家，就要向他们学习，当然最值得学习的是最敏感的投资者的做法。

思考题参考答案

1. 这是2014年上半年上证指数的日K线走势图。

2. 填充：弱市；潜伏。

高手是如何看待当时市场的？他说的炒股绝招究竟是什么？关于这个问题，我们还是听听高手自己怎么说的。据了解，高手于2014年6月在《股市操练大全》培训班上进行了演讲，阐述了他对当时市场的看法与自己的投资策略。

高手说，当下股市走势很弱，屡买屡套成了常态，很多人对市场感到失望，甚至绝望。那么，在这样的市场里能不能找到投资机会呢？高手给出的答案是，不但能，而且很有可能找到改变人的一生命运的致富机会。

听高手这么一说，很多人在惊讶的同时又持高度怀疑态度。高手为了消除大家的疑虑，将自己的投资生涯娓娓道来，并告诉大家他从散户做到超大户，就是因为抓住了弱市中的投资机会，可以说自己90%以上的财富都是从弱市中淘金淘来的。

高手说，他是 1986 年进股市的，当时还没有上海证券交易所，证券交易是在上海市静安区一家很小的营业部（面积只有五六十平方米）里进行的，当时买卖双方都在柜台前实施交割，挂牌交易的仅有飞乐音响等少数几只股票[注]，一天交易不了几笔，交易量还不

【注】新中国成立后，直至1984年才在上海出现了第一只公开发行的股票——飞乐音响，后来又陆续发行了延中实业（现改名为“方正科技”）、爱使电子（现改名为“爱使股份”）、申华实业（现改名为“申华控股”）、真空电子（现改名为“广电电子”）、飞乐股份等六七只股票。当时的股票不像现在是1元面值一股，而是50元、100元面值一股。比如，真空电子发行时100元一股，每人限购20股（相当于现在的2000股）。（未完，接下页）

及现在一个中户一天的交易量大，交易十分清淡。但这个时候恰恰是买股票进行潜伏的最好时机，因为当时交易的所有股票，在上交所成立后的一两年里，都至少暴涨了20倍以上，多的暴涨了100多倍。

高手说，这件事给了他很大启发，从此以后他就认定股市里最大的投资机会就在弱市中，弱市中学会潜伏是赢家的胜利法宝。

高手说，股市后来的发展证实他的看法是对的，从自己的粗略统计看，20多年来，上海股市至少出现过8次重大的投资机会，而且这8次重大的投资机会都发生在弱市最黑暗的时期。

那么，上海股市从1984年11月公开发行第一只股票飞乐音响以来，迄今为止究竟出现过哪8大投资机会呢?

高手向我们一一道来。

第一次重大的投资机会出现在上海第一批原始股上柜交易后跌破面值时。时间大约在上海证券交易所成立之前的一两年。这个时期是股票交易的第一个冰冻时期。当时上柜交易的股票只有六七只，它们或是跌破面值，或是在面值附近苦苦挣扎，交易十分清淡，在这段时间关心、问津股票的人非常少，绝大多数人都错过了这个百年难遇的投资机会。这里给大家举一个典型例子。高手说，有一个在新闻界工作的朋友，当年他曾经好不容易买进了50股豫园商城股票（编者按：当时豫园商城是按照面值发行的，100元为1股，相当于现在的100股，50股即相当于现在的5000股），后来他看见豫园商城股票长期在面值附近徘徊，觉得没有什么希望，就忍不住将这些原始股按面值的价格转让给了别人。就这样，已经到手的

（接上页）发行时都是按照面值发行的，20股就是2000元，没有什么溢价，这是真正的原始股（编者按：股票溢价发行是从上交所成立后开始的，一直延续至今，现在的股票都是溢价发行，动辄几十元一股）。当时这些原始股在上柜交易后不久，就纷纷跌破了面值，并且长时间在面值之下徘徊，就是这样便宜的股票，那个时候也很少有人问津。上交所是在1990年12月成立的，在上交所成立前的证券不仅交易品种很少，交易量也极小，一天交易上万元已经是很大的成交量，市场可以说非常冷清。

大黑马就轻易让给了别人。没想到，这一“让”一下子就让出了几十万元利润（编者按：在上交所成立后，短短一年多时间，豫园商城就涨到了1万多元1股，与面值相比足足涨了100倍，其间最高价是10600元，50股就是50多万元）。而这位新闻界的朋友因为割肉，连买原始股的本钱都没捞回来，此事让他一直耿耿于怀，至今想起来仍后悔不已。

第二次重大的投资机会出现在上海证券交易所成立初期，即当时交易的“老八股”，从“白马王子”沦落为“丑小鸭”这一段时期，时间大约在1991年春天。上海证券交易所刚开张时，能交易的股票只有延中实业、真空电子、申华实业等8只股票，人称“老八股”。当时交易时股价也是实行涨跌停板，因为股票供不应求，每天股票一开盘就封在涨停价上，买股票要半夜起来排队，有的人排了几天也买不到一只股票，直急得那些一心想买进股票发财的人干瞪眼。但天有不测风云，刚开张一个多月的上海股市突然进入了空头市场，有人称之为“小熊市”。此后股价纷纷大跌，延中实业、飞乐股份、真空电子等股票天天撞在跌停板上，就连后来成为申城第一大牛股的申华实业，也变成了人见人弃的丑小鸭。而那些原来排队抢购股票但始终未能如愿的投资者，此时态度出现了180度大转弯，大多数人溜之大吉了。可以说，那时股价非常低，比现在溢价发行的原始股还要便宜好多。当时如果花个8万元、10万元买进一些，一两年后个个都变成了百万富翁。但就是这样的好机会，不少人又放弃了。这次小熊市经历的时间不长，小熊市的时间未超过4个月，1991年5月下旬股市开始转入牛市，之后，这些“老八股”又变成了人见人爱的“白马王子”。这些在小熊市中无人要的“老八股”，一下子又变得十分吃香了，每天交易都封在涨停板上，这个时候很难买到它们了。我们曾接触到一名投资者，据他回忆，当时在股市走牛后，他连续排了一个月队，但最后一股都没有买到。

第三次重大的投资机会出现在曾引起万人羡慕的30元一张的认

购证到最后打对折也无人问津时。人们都还会记得上海发行第一批认购证，造就了一批股市新贵的神话。原本30元一张的认购证，被炒到了几千元，甚至1万多元。花3000元买100张认购证，不费吹灰之力就成了百万富翁。第一批认购证发行结束后，没有买进的人懊悔不已。据了解，有一名投资者当时曾说过：下次再发行认购证，就是砸锅卖铁，也不会放过这个机会。但股市也真会和人开玩笑，1992年5月，上海股市在1429点见顶，然后一路向下。在1992年11月上海股市跌到400点附近时，最后一批已经摇号对上奖的认购证一下子变得不吃香了，有的按成本价打对折都找不到买家，有的甚至把中签可买股票的认购证随手撕了扔掉。而那名曾经发誓要砸锅卖铁都不放过购买第一批认购证机会的投资者，此时再也听不到他的响声了。不过这最后一批对奖的认购证贬值时间非常短，凡是那时有魄力趁低收进认购证、买进原始股的投资者，不出两个月个个都赚得盆满钵满，笑得合不拢嘴。

第四次重大的投资机会出现在上海股市第二次跌到300多点之后。如果说上海股市1992年第一次跌到300多点，是因为大家缺乏投资经验而错过了一次发财机会的话，那么上海股市1994年第二次跌到300多点，就应该经验丰富了。但面对这样一个发财机会，很多投资者又犹豫不决了，最后眼睁睁地看着这个发财机会离自己远去。据了解，若当时在300多点买进，几年后股价平均涨幅在6倍以上，涨幅大的股票股价涨了几十倍。最典型的一个例子是云南白药（000538）。该股是在1993年12月15日上市的，上市后就一路下跌，跌至300多点时，股价最低跌至2.35元。但截至2015年5月29日，复权价（已将历年分红送股都算进去了）已达1375元，也就是说，该股在这22年中足足涨了585倍。可见这是多么惊人的涨幅！

第五次重大的投资机会出现在1996年第一季度，上海股市又一次滑落到了500多点。当时一批每股收益很高的绩优股都跌到了资产净值附近，有的还跌破了资产净值，市盈率最低的已不足4倍，这分明是把金凤凰当成草鸡在卖。虽然有些人在当时看到了里面的投资机会，但想归想，就是不肯动手买。因此，他们又一次与上海股市512点这个历史性大底擦肩而过。（注：据了解，当时市盈率只有几倍的股票，2年后，绝大多数股价都涨了五六倍，高的涨了十几倍。可见，在弱市中耐心潜伏下来，往后的收益肯定十分惊人。）

第六次重大的投资机会出现1999年四五月份，这是沪深股市历史上著名的“5·19”行情发动的前夜。当时市场因为连续下跌，一片沉寂，再加上这两年全国各地自然灾害（如长江特大洪水）频繁，很多人都不看好后市，卖出股票远离股市。其实，这是黎明前的黑暗，是一个非常好的投资机会。可惜很多人都没有看出这个机会，或者虽然看到了这个机会，但因耐不住寂寞而离场了。可是谁也没有想到，就在股市十分冷落时，以网络科技股为首的“5·19”行情突然爆发了，而且行情启动时就出现了高举高打、连续逼空的走势，股价快速上涨，市场上做多的主力不给低位离场者任何机会，大盘指数出现了火箭式的飙升。短短1个多月，上证指数就大涨了70%。综艺股份、清华同方、广电信息等网络科技股在不到2个月的时间内，股价竟涨了好几倍，这让一些当时在股市十分冷清时潜伏进场的投资者狠狠地大赚了一笔，同时也让当时低位离场的投资者心情十分沮丧，欲哭无泪。

第七次重大的投资机会出现在2005年夏天。当时沪深股市的大熊市已持续了4年，上证指数几年后又重新回到1000点。或许是股市跌得太惨了，有人竟然把股市与毒品联系在一起，“远离毒品、远离股市”成了当时很流行的口号。想想也是，很多股票都跌破了发行价、增发价、资产净值，一元股票大扩容，市场上出现了近百只一元股，股价被贱卖的现象十分严重。但就在投资大众对股市几近绝望时，一些先知先觉的投资者嗅到了市场机会，他们提前埋伏在那里，之后股市就奇迹般地起死回升了。2006年、2007年的2年中，沪深股市涨了5倍有余，个股上涨10倍、20倍都不鲜见，涨了5倍以上的有几百只，这让一些在千点附近进场的投资者，赚得盆满钵满。

第八次重大的投资机会出现在2008年冬季。2008年冬天是一个严寒的冬天，但比冬天更冷的是股市。股市中有一句名言，暴涨之后必有暴跌。2005年6月~2007年10月，沪深股市大涨了500%多，当上证指数攀上6000点高峰后，股市突然出现报复性下跌，其下跌犹如“飞流直下三千尺”，上证指数竟然在一年里，从6000多点狂泻到1600多点。如此凶狠的跌法，大家过去都没有见到过，投资者的财富被快速蒸发，跌到1600多点时很多人神经都快崩溃了，选择轻生者有之，发病卧床不起者有之。但市场就是不可捉摸，就在人们担心股市会继续下跌、出现崩溃时，市场悄悄地见底了，然后慢慢地向上，一轮强劲的反弹就此应运而生，仅半年多时间，上证指数从1664点就涨到了3478点，大盘指数上涨了107%。更令人欣喜的是，一批行业新秀与中小盘个股的股价不仅收回了失地，还创了历史新高（编者按：有的个股在这轮行情中，上涨后的价格比上证指数在6124点时的股价还要高出一大截）。据了解，一些有经验的投资者在上证指数跌破2000点后就开始逢低建仓，预先埋伏在那里，后来这些投资者都获利不菲，在2009年这轮行情中成了大赢家。

上面说的投资机会都是重大的投资机会，在20多年的股市发展中，还出现了很多中等的或者比较小的投资机会，这里就不细说了。有人问：重大的投资机会意味着什么？说白了就是发大财的机会。在上面介绍的这八次重大投资机会中，通常只要抓住一次，就可以赚上几倍利润，多的还可能赚上10倍，甚至几十倍利润。一位投资大师说，一个人一生只要抓住一两次重大的投资机会，就可以改变一生的命运了。可见，重大的投资机会对投资者来说是多么重要。

有些投资者反映，自己手里资金少、信息不灵，而主力（庄家）非常凶狠，沪深股市环境又这样险恶，因此，不要说能抓住这样重大的投资机会，就是不输钱也很难。高手对这个观点做了分析。高手认为，这话既对又不对。说它对，在股市里赚钱确实不容易，尤其是中小散户是市场中的弱者，更容易受到市场方方面面的挤压，输多赢少已成为一种普遍现象，这是事实。说它不对，具体表现在三个方面：

其一，中小散户做股票输多赢少，并不只是沪深股市里独有的现象。其实，在任何股市里中小散户都是输多赢少，即使在全球成熟股市中，也只是少数人赚钱多数人赔钱。这是因为，股市说到底是一场零和博弈，一部分人赢了就有另一部分人亏了。

其二，在股市中能赚钱的，尤其能赚大钱的，都是抓住过重大投资机会的。据统计，沪深股市里有一批手握几百万元、几千万元甚至几亿元资金的大户，就是从几千元、几万元做起的。当初他们也是散户，现在变成了手握重金的大户，就是因为他们抓住了重大的投资机会，把自己做大做强了。

其三，股市中的重大投资机会，不会只给别人不给你，只给主力（庄家）不给中小散户。试想，上面说的八次重大投资机会，每一次都是在股市极为冷清的时候出现的，而每一次冷清的时间短则几个月，长则半年、一年，在这么长的时间里，人人都可以从容地去买股票，从容地去选择投资品种。这怎么可以说，股市中重大的投资机会只给别人不给你呢？但问题是，当股市中出现重大的投资机会时，你能不能发现它？发现了又能不能有勇气去接受它、逢低建仓并潜伏在那里？如果你连这些都没有做到，那就不要怨天尤人，要怪只能怪自己。实践已经证明，在弱市中学会潜伏是赢家制胜的一个法宝。重大的投资机会来了，就要不顾一切地抓住它，这才是硬道理。

高手在列举中国A股市场出现过的八次重大机会后，话锋一转，他问大家，当下的股市如此低迷，是不是也蕴藏着一次重大投资机会呢？高手说，他先不下结论，请大家讨论后他再来分析。

在高手的提议下，培训班学员进行了分组讨论，然后高手做了分析与总结。

高手说，弱市中有重大的投资机会。那么，首先要了解什么是弱市。高手认为，成熟的投资者对弱市的认识、理解，与普通散户对弱市的认识、理解有很大的不同。例如，普通散户看到股市出现下跌趋势，股价暴跌，成交量萎缩，人气减少，就认为市场转弱了。因此，从熊市开始一直到熊市结束，大家把这个漫长的过程都看作弱市。但是，成熟的投资者对"弱市"这个概念的认识与理解却不一样。他们认为，股市里涨涨跌跌是很平常的事，不能一见股市下跌就判断市场进入弱势了。在他们看来，真正的弱市有它的特定含义，它通常是指市场进入了最黑暗的时期，度过了这个最黑暗的时期，黎明就出现了。所以在这个阶段进行潜伏，就好比股市已跌到了山脚附近进行潜伏。在这个时候买进，即使短期被套，总体上也不会出现深套，中长期走势是可以看好的，而且这种吃套也只是暂时现象，不久后就会有曙光出现，股价即会回升。从这个意义上说，弱市学会潜伏，最后必定是赢多输少。

高手向大家举了一个实例。高手说，2007年他从5000点高位成功逃顶后，就一直按兵不动，上证指数从6124点跌到3000点，市场一度认为这轮熊市已经到底了，但自己仍然在旁观望，没有出手，直到2008年上证指数跌穿2000点后，他才开始逢低吸纳。后来的事实证明，上证指数在1664点见底后，出现了一轮强劲反弹，上证指数涨到3478点才见顶，这一次"弱市进行潜伏"，又让他大赚了一笔。

那么，为什么当初上证指数从6124点跌到3000点时，跌幅已经很大，市场在这个位置见到了阶段性底部，而高手却仍然在旁观望，不肯进行"弱市潜伏"呢？高手向大家解释说，当时他并不认为上证指数从6000多点跌到3000点，股市就进入弱市了，所以他没有进去。高手说，他判断市场进入弱市有3个标准：

① **市场人气极度低迷。**其表现是：报摊上证券类报刊无人问津（编者按：2005年4~7月、2008年8~11月，是沪深股市最低迷的时期。据了解，当时遍布上海各个角落的上海东方书报亭中的证券类报刊严重滞销，有的报刊亭出现了连续几周因无人购买证券报，最后都被悉数退回给报社的现象），怨恨股市的流言蜚语满天飞（比如，市场上到处流传"远离毒品，远离股市"的流言），证券营业大厅空空荡荡，股市上对利好消息麻木不仁、对利空消息过度放大，市场上出现了恐慌性杀跌（比如，2008年9月，上证指数跌到1800多点时，股市上出现了罕见的工商银行、建设银行、交通银行这些庞然大物连续跌停的现象。可见，当时市场恐慌已到了非常惊人的程度）。

② **"三破发"成为常态。**"三破发"是指新股发行价被跌破、增发价被跌破、上市公司的每股净资产被跌破。在弱市最黑暗时期，"三破发"个股很多，会形成扎堆现象。

③ **所有的板块都跌过了，股价已跌进历史低位。**股市形成下跌趋势后，先是高价股跌，然后再是中价股、低价股下跌，等低价股跌了后，又反过来拉动高价股再次下跌。另外到熊市后期，强势股、抗跌股都扛不住了，出现补跌，这样又进一步打压市场人气，致使中低价股再次下跌。总之，弱市最黑暗时期，所有板块都跌了（只是各自下跌的程度不同而已）。到弱市最黑暗的时候，最明显的现象是：高价股纷纷回落，二三元的低价股大幅扩容，一元股频频亮相。

高手说，2007年10月上证指数从6124点出现下跌，半年多时间就跌到3000点，这个下跌确实很厉害。但尽管如此，自己还是认为当时股市里人气并没有散，有的板块在逆大势而动，比如奥运板块的个股走势就很强，情况还没有到最糟糕的程度。这种现象与他理解的弱市标准尚有很大一段距离。因此，他判断当时的3000点还不是真正意义上的弱市，所以仍然在观望，没有潜伏进去。而当上证指数跌破2000点后，所有板块都跌过了（包括奥运板块也出现了补跌），他认为那个时候的股市状况与他理解的弱市标准已很接近，于是，他才开始分批进场，对他所关注的个股预先打了一些埋伏。后来行情从1664点起来后，他预先埋伏的个股都出现了很好的涨幅，这次又让他赚了一笔。

高手说，总结自己20多年来的投资经验，他得出一个结论：股市最大的投资机会在弱市中，弱市中学会潜伏是做投资和捕捉大牛股、大黑马的最好时机。

高手在解释了什么是弱市后，他问大家，当下的中国A股市场（注：指2014年上半年）是不是已经到了弱市呢？在同学们回答后，高手肯定地说，当下的中国A股市场就是一个典型的弱市。为什么做出如此判断呢？高手给了两方面的理由：

第一，从基本面、市场面上看，以前弱市中出现过的所有现象都出现了，比如，"三破发"已成为常态，所有的板块都跌过了，市场人气极度低迷。另外，它还比以往熊市最黑暗的时期多了两个现象：一是整个股市的平均市盈率为历史上最低，银行板块市盈率跌至5倍以下都无人问津，这在以前是闻所未闻；二是有大量中小投资者因对股市极度失望，到证券公司主动销户（数量高达上百万），这是以前的熊市中没有发生的事。这些现象说明，当下股市的积弱程度比历史上任何一次熊市的都要厉害。

第二，从技术面上看，股指走势已到了崩盘与重生的关口。若空方再施压，多方缴械股市就会崩盘；若多方奋力反击，空方后退，股市就会绝地逢生。

那么，怎么看出多方与空方到了最后摊牌阶段呢？高手给大家做了解析。高手说，多空最后大决战的情况，可以从日K线图、月K线图上看出。

高手先让大家看日K线图（见图21）。2014年上半年的上证指数走的是一个收敛三角形走势。马上就要选择突破方向，到底是向上突破还是向下突破，目前还没有一个定数，这让人心里一直悬着。

瞧！上证指数已走到三角形顶端，即将做出方向性选择。

图21　上证指数2014年上半年的日K线走势

高手再让大家看月K线图（见图22）。从月K线图上可以看出，上证指数在2014年上半年已出现“四星并列”的现象。“四星并列”在以前股市中从未出现过，而现在出现有它特殊的意义，说明这4个月多空双方争斗打了个平手，空方已无力将多方打下去，多方也暂时没有力量将空方顶回去。不过，从K线理论上说，在股市大幅下跌后出现“四星并列”多为见底信号，这多少给市场带来一定的希望。

高手说，从日K线图、月K线图上分析，股市已到了最黑暗时期，多空最后摊牌即将出现。根据历史经验，再加上政府也不会允许股市崩盘，一定会极力呵护，所以多方一定会最后胜出。因此，当下大家要抓紧时间在弱市潜伏，逢低吸纳，耐心持股，迎接大牛

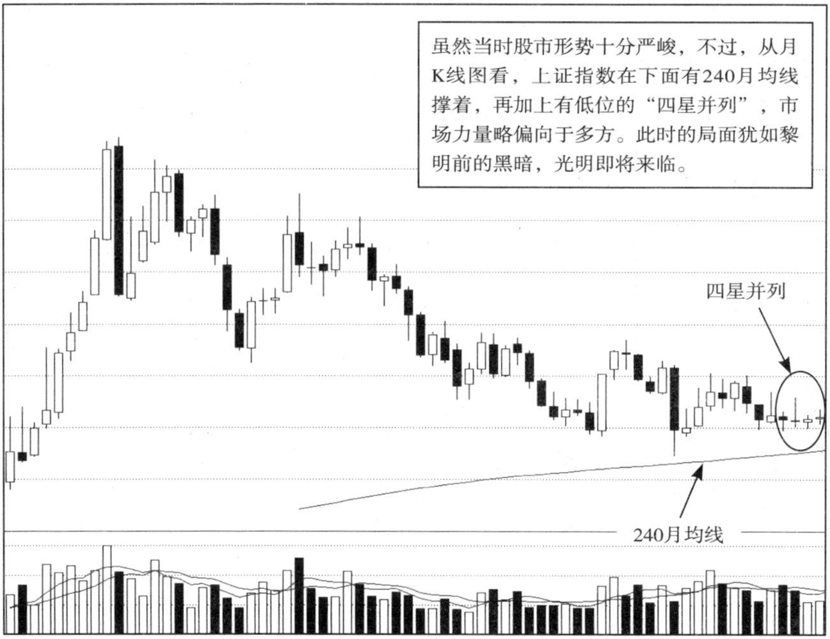

图22　上证指数2014年上半年的月K线走势

市的到来。

高手的判断是正确的，果然2014年下半年股市熊去牛来，上证指数出现连续大涨。这让听从高手建议、在2014年上半年进行弱市潜伏的投资者，获得了不菲的收益。

高手通过讲述自己的投资生涯，用大量事实证明股市中最大的投资机会就在弱市中。高手认为“弱市学会潜伏”，是投资者最实用、最有效的炒股方法，这也是他从散户做到超大户的炒股绝招。高手强调，弱市学会潜伏的方法过去管用，现在也管用，将来仍有其用武之地，因为这里面蕴藏着太多的挖掘人生第一桶金的暴富机会。高手坚定地相信，今后只要坚持这个投资理念并能在实践中努力贯彻运用的投资者，都能成为股市赢家，甚至是股市大赢家。

附录 以史为鉴

上海股市早期历史回顾与投资启示

（说明：本书完稿后，向读者征求意见时，有些读者向我们提出，他们很想了解上海证券交易所成立之前的一段上海股市历史，这样更有利于以史为鉴做好股票。现应读者的要求，我们在这里向大家简单介绍一下早期上海股市的情况，以供参考。）

上海证券交易所成立前的早期上海股市的历史，特指1984年11月~1990年12月这段时间。这段股市历史大致可以分为3个阶段。

一、短暂的辉煌阶段

1984年11月，上海向社会公开发行了第一只股票飞乐音响，这也是新中国成立以来全国第一只公开发行的股票，之后上海又继续公开发行了延中实业、真空电子等股票，这就是上海最早发行的原始股。上海第一批原始股发行时盛况空前，记得1986年真空电子发行时，队伍排了有几条马路长，有大批警察出来维持交通秩序。之后发行的飞乐股份，为了防止影响交通，通宵排队的投资者在凌晨3：00被“请进”了一家体育馆。据当事人回忆，进入体育馆后，大家连水都喝不上一口，更不用说吃的，饥肠辘辘，一直熬到上午9：00才开始登记，最后一批登记的投资者临近中午才等到一张只能买上5股（**编者按：当时飞乐股份发行价是100元1股，后折细成100股，5股即相当于现在的500股**）的预约单。后来，第一批原始股票上柜交易后，其每年比银行利率稍高的现金红利分配和股价能高出面值进行交易，曾令精明的上海人羡慕不已。一名早期股票投资者说，他买进第一批原始股赚了些钱，他的一些亲朋好友知道了，都埋怨他这么好的发财机会也不通知他们一声。但是，当时上海第一批原始股的辉煌时期很短，它很快就进入了中国股市历史上第一个冰冻时期。

二、长时间无人问津阶段

有人问，何谓股市上的冰冻时期呢？说白了，就是指当时这些原始股上柜交易后价格越走越低；更糟糕的是，价格低仍然没人接盘。这就像现在股价封至跌停板想卖也卖不掉一样，市场交易十分清淡，而反观当时的国债交易却十分热闹。这一冷一热的反差，给当时拿着原始股的投资者带来巨大压力。大家讥笑他们是“最没有经济头脑的傻瓜”。

为什么当时这些原始股刚开始发行时会有很多人抢购，但很快就被市场冷落了呢？这里有一个重要原因。起初，大家对这些原始股感兴趣抢着要，是因为原始股每年分配的红利（**指现金分配**）比银行的利率要高出几个百分点，另外买这些原始股还有摇号中奖的机会（**如中彩电、冰箱等**），再加上向社会公开发行股票是改革开放后出现的一个“新生事物”，这也吸引了一部分人的眼球。但这些情况后来发生了很大的变化。在20世纪80年代末期，我国出现了罕见的通货膨胀，社会上出现了抢购潮，国家为了抑制通货膨胀，提高了银行利率，并实行了保值补贴，这时存银行每年得到的利息大大超过了这些原始股每年分配的现金红利（**编者按：当时的股票，除了每年分配一定的现金红利，还没有什么送股、转增股票之类的事情发生**）。在当时那个年代，人们的金融知识很贫乏，股票是什么，大家都不知道，市场上也没有出现股票被炒作的事，股价长期徘徊在某一个价位附近，这已是常态（**编者按：请注意，早期的上海股市不像现在，股票还可以投机炒作，投资者能从中赚一些差价，当时根本没有实力机构去炒作股票这回事**）。即使刚开始这些原始股每年的现金红利比银行利率高出几个百分点，股价上市后最多也就是比发行价高10%~20%。后来当这些原始股的现金红利分配比不上存银行的利息后，股价马上就跌到了发行价下方，长期在面值下方徘徊。更使精明的上海人难以接受的是，一方面，股票买进后不能退货（**编者按：这个问题从现在看很幼稚，买股票后当然不能退给上市公司，但当时很多人却认为股票买了“不能退货”是很不合理的，有人甚至要求有关部门解决这个问题**）；另一方面，股票挂牌交易又没有多少人愿意买进，有价无市的情况十分突出。因此，股票变现出现了很大困难。据悉，当时有很多持股者感叹，守着这些既不能赚钱、又不能变现（**卖不掉**）的股票，资金都被搁死了。有的人发牢骚说，早知道这样，当初发行原始股时就不应该排队抢购，这完全是花钱买罪受。

偌大一个上海，当时每天股票交易就集中在上海静安区一个只有五六十平方米的小屋里进行，一天柜台交易下来也成交不了几笔，这种冷清凄凉的场面是现在做股票的人无法想象的。20世纪80年代后期，股票市场无人问津的状态在上海持续了二三年之久，一直延续到1990年4月才出现了转机。但出乎大家意料的是，这个转机，以及随即迎来的股市第一个春天——股价出现大涨，竟然是被一批远离上海的外地炒家炒出来的。

三、大众觉醒阶段

1990年4月，上海静安区一条马路出现了一些神秘的身影。这些人是谁？他们来干什么？当时谁也不清楚。只见这些衣冠楚楚的绅士专门找路边的黄牛进行洽谈。后来才知道，这些人是从深圳到上海来挖金的实力大户，他们携带巨款到上海来收购尚在面值下方苦苦挣扎的原始股。他们委托上海的黄牛代他们收购这些原始股，开出的价格是按面值收购（**即按发行价收购**），每收购一股就给一笔犒劳费。对于这种无风险的生意，黄牛当然很乐意干，而当时这个生意确实很好做，因为股价跌破面值已有很长时间了，很多持股者早已忍受不住这种折磨，急于把本钱收回来，一些斤斤计较的上海小男人尤其如此。当一些几年里被这些跌破面值的股票弄得食之无味、夜不能寐的上海人，听到有人愿意按面值收购他们手中的股票时，几乎个个都是喜出望外，因此黄牛很容易就完成了深圳大户交给他们的任务，并由此拿到了一笔可观的犒劳费。

正当这些原来拿着无人问津的股票，被深圳大户“解放”而感到浑身轻松的上海人，还来不及庆祝自己的“解放”时，就陷入了更大的后悔与痛苦之中。原来在深圳大户按面值收购了大量的原始股后，马上就施出了一个狠招，短短的一两个月就把原本十分冷清的上海股市炒翻了天。当时所有在柜台挂牌交易的股票都犹如乘上了火箭，天天往上飙升，此情此景，让精明的上海人傻了眼。例如，当时上海股本中最大的一只股票真空电子，短短一两个月内就从每股100元（**该股当时面值是100元1股，1股相当于现在的100股**）涨到了800多元，另一个小盘股豫园商场从每股100元炒到了1200多元。到了这个时候上海人才如梦初醒，原来一直被他们看成鸡肋的原始股，竟然是一座未被人认识的金矿，这座金矿现在被远道而来的深圳人轻松挖走了。可想而知，当时按面值把这些原始股卖掉的人心情是何等沮丧。

当然，股价暴涨之后必然会出现暴跌，当时深圳大户把上海这些原始股炒至高位，并在高位放空筹码后就悄悄地溜走了。1990年秋，原来那些乘火箭直升的股票都急速地掉头向下，形成了快速下跌的走势。

例如，当时股市中的龙头老大真空电子，从850元高位回落，半个月后股价就遭到腰斩，最后在350~450元之间进行了长期的盘整。有人问，当时深圳大户从高位撤退时，是哪些人在高位接过他们卖出的筹码呢？据了解，主要还是一些被深圳大户雇佣的上海黄牛，以及在上海股市火爆后，从全国各地闻讯赶来的投资者（**其中也包括一部分上海本地的投资者**），他们受股市暴涨的诱惑，追高买进，成了上海股市第一批高位站岗的吃套人。

又有人问，上海的黄牛都是贼精贼精的，他们当时怎么也会成为高位套牢者呢？其实，上海的黄牛本来是不看好上海股市的，在深圳大户到上海来收购原始股这段时间，他们只是受其雇佣，向市民收购原始股，赚一笔犒劳费而已。但黄牛们怎么也没有想到，深圳大户在实现了收购原始股的目的后就将他们甩在一边，独自操盘，短短一两个月就将上海股市炒翻天。这个场面极大地刺激了这些黄牛的神经，他们认为与股价飙升相比，深圳大户给他们的犒劳费实在是太少了，而当时这些飞涨的股票恰恰又是经黄牛之手转到深圳大户手里的。眼看着这些深圳大户大发横财，而他们却被冷落在一边，心里感到实在不是滋味。痛定思痛，上海的黄牛决心要把这些能赚快钱的股票从深圳大户的手里抢过来，于是才出现了上海黄牛高位追涨的一幕。后来，当深圳大户在高位全线撤退后，上海黄牛才发现上当了，自己又钻进了深圳大户的圈套，成为高位接盘的放哨人[注]。

1990年冬，上海股市又恢复了往日的平静。虽然股价不久前从高位回落出现了暴跌，但股价在高位被腰折后就很难再跌下去了。这个腰斩的股价比起深圳大户来沪挖金前的原始股的股价，还足足要高出好几倍。专家论证，这很可能是当时的股票真实价格的反映。这个事实也促使上海的投资者进行认真思考：前几年大家把这些原始股的价格一直压着，让它们在面值附近徘徊是不是错了？那

【注】股市往往会出现戏剧性变化。从后面的发展来看，1990年秋，原始股暴涨之后的暴跌，只不过是整个原始股上涨途中的一个小插曲而已（因为整个原始股的价值还没有被充分挖掘出来）。“高位”吃套仅是一个暂时现象，接下来更大的上涨还等在后面。上交所成立后的一两年中，一些原来在1990年秋“高位”买进吃套的投资者，后来他们的股票价格都出现了大涨，如豫园商场股价就涨到了每股1万元之上（当时豫园商场是100元1股，1股相当于现在的100股）。而1990年秋，豫园商城见顶时的股价仅仅是1200多元。因此，前面的高位，从后面的发展看，其实还是一个很低的位置。由于当初上海黄牛在1990年秋从深圳炒家手中买进了大量股票，而这些股票在上交所成立后都出现了大涨，所以黄牛们获利非常丰厚，上海第一批股票大户中的很多人就是从当年的黄牛演变过来的。

些质地很不错的原始股，以低于面值的价格出售，这是不是把凤凰当成草鸡卖了的一种贱卖行为？当初大家连这样低的股价都没看见，或看见了也无动于衷，从而与千载难逢的投资良机擦肩而过，这是不是太傻了呢？事实教育了大家，它让一大批从不过问股市的投资者开始关注这个神秘莫测的股票市场。从这之后，市场人气得到了充分聚集，股票交易量比行情启动前有了大幅增加。显然，这一切都说明上海的投资者乃至全国的投资者开始觉醒了。

有一位资深的投资者评论说，正是因为有了1990年初深圳炒家到上海来挖金矿这件事，上海人的投资意识才得到了空前的提高。这个提高极为重要，它为日后全国第一家证券交易所落户上海奠定了非常扎实的群众基础。事实也确实是这样。假如到1990年12月上海证券交易所开张时，上海大众的投资意识都没有觉醒，整个股市的股票价格都在股票面值下方进行交易，且一天也交易不了几笔，那情况就糟透了。这就像一个大饭店开张了，但来店就餐的老是只有几个人，这样的饭店还能继续开张下去吗？更何况作为全国性的证券交易所，规模不知要比大饭店的规模大多少倍，若开张后没有一定的群众基础，没有人气，没有交易量，这样的市场又如何维持呢？可见，上海市民的投资意识提高，对上海证券交易所的胜利开张及日后股市的正常运转起到了非常重要的作用。

四、上海股市早期历史给我们的启示

上面我们向大家介绍了早期上海股市的这段历史。通过这段历史的回顾，或许大家能得到以下几点有益的投资启示。

启示一：眼光就是财富。有眼光就能在股市里赚大钱，无眼光在股市里就只能亏钱，甚至亏大钱。

前面的历史故事告诉我们一个简单的事实：上海证券交易所成立之前的早期上海股市是一座未被开掘的金矿，而这个金矿在上海静安区一个小屋里沉睡了6年，6年中竟然很少有人问津。据了解，类似这种原始股金矿在大都市中长期被大众冷落的现象，在世界股市发展史上也十分罕见。

有人问：将早期的上海股市定性为未开掘的金矿，根据是什么？如果它是金矿，这个金矿的含金量究竟有多大呢？关于这个问题，大家看了下面列举的一些数据就能找到答案了。

1. 假如某人在早期上海股市进入冰冻期、股价跌破面值时，买上三四万元的股票，然后一直拿到上海证券交易所成立三四年后，他手中的资产就能增至百万元，甚至千万元[注1]，这个人就可以轻松地变成百万富翁，甚至千万富翁了。

2. 1990年夏，深圳炒家对上海的本地原始股大炒了一把，短期内出现了暴涨暴跌的走势。即使某些人不幸在暴涨时的最高价处买进而被深度套牢（**编者按：当时的情况是，这些被炒高的原始股暴跌后，股价普遍遭到腰斩，如真空电子从850元跌到了400多元**），但过了两年，深度套牢者不仅全线解套，而且能大赚特赚，有的个股上涨幅度与1990年夏的最高价相比，竟然相差近10倍（**编者按：如豫园商城，1990年夏天，深圳大户把它炒到1200元后溜之大吉，但仅仅过了两年，该股最高就涨到了10600元；显然对10600元而言，1200元还属于该股的地板价[注2]范畴**），持股者获利非常丰厚。

3 上海证券交易所成立后，沪深股市经历了几轮大熊市，其中跌得最惨的一次是1994年的大熊市，上证指数从1558点跌至325点时，绝大部分个股跌幅都超过了八成。但是，如果拿上证指数325点时的股价与早期上海股市冰冻时期的股价相比，仍然要高出好几倍。可见，早期上海股市的股价是多么便宜（**有人做过统计，若**

【注1】 早期挂牌交易的上海本地股共有7只股票，这些股票在上交所成立后的三四年中都出现了大涨。据了解，它们的股价（按复权价计算），少则（与最初的发行价相比）涨了几十倍，多则涨了几百倍，故而资产能增至百万元，甚至千万元。

【注2】 该股当时是100元1股，在上海证券交易所成立后，1股拆细成100股，故而10600元的股价，相当于现在106元的股价。

按可比价格计算，早期上海股市冰冻时期的指数仅为30点左右，但1994年大熊市谷底指数是325点。后者要比前者高出10倍）。

4. 近20多年来，在沪深股市最大涨幅超过1000倍[注]以上的超级大牛股中，其中多数都是从早期上海股市中的个股中诞生的，典型的如飞乐音响（600651）、爱使股份（600652）等。

上面的数据可以证实，早期上海股市确实是一个名副其实的金矿。但为什么这个大金矿在当时会沉睡6年之久，知之者甚少呢？答案只有一个：市场中缺少识别这个金矿的眼光。这使我们想起了美国一位一生抓住无数财富机会的经商奇才菲勒说过的一句话："我们身边并不缺少发财机会，而是缺少发现财富的眼光。"回顾20多年前，很多上海人身在庐山不识真面目，手里拿着像宝贝一样的原始股却不知是何物，最后以极低的价格卖给了他人。出现这种情况，就是因为这些上海人缺少最起码的投资眼光，犯了一个连他们自己都终身不肯原谅的低级错误——拱手将能改变他们命运的超级大牛股送给了他人。这个教训极为深刻。可见"眼光即财富"不是诳语，而是发家致富的一个绝招。一个人的眼光有多远，发财机会就有多大，早期的上海股市中所发生的事情证明这个道理是千真万确的。

启示二：精明不等于聪明。过于精明的人，在投资上很难获得成功。

上海人的精明在全国最出名，但精明与聪明不是一回事。精明最多只能赚点小钱，弄不好还要亏钱，一个人只有变得聪明了，也就是有了大智慧后才能赚大钱。

20多年前上海发行第一批原始股时盛况空前，但发行结束上柜交易后不久就一片冷清。当时出现这一热一冷的现象，其主要原因

【注】计算这些股票实际涨了多少，可按其复权价计算。例如，爱使股份（现改名为"游久游戏"）2015年3月18日该股复权价为2416.48元（当天上证指数为3577点），说明该股从最初1元的价格已上涨了2416倍。

就是因为上海人太精明了。比如，当初发行股票时之所以热，是因为一些上海人得知这些公开发行的原始股，每年分配的现金红利比同期银行存款利率高出了几个百分点，再加上买原始股还有摇号中奖的机会，才不惜通宵排队的。这一点充分显示了上海人的精明。但原始股发行结束上柜交易后很快就由热变冷，则是因为一些上海人获悉银行的利率反超原始股每年分配的现金红利，态度即刻出现了180度大变化。此时，已经买到原始股的一些上海人就开始坐立不安，巴不得马上把这些原始股卖掉，后来发现这些原始股很难出手，于是他们就为此食不知味、夜不能寐。另外一些没有这些股票的上海人，则暗暗庆幸自己还好没有买进这些原始股，并对长期跌破面值的原始股采取了一种不屑一顾的态度。正因为这样，造成了当时股票交易极为冷清的状况。出现这种状况，细分析起来，此事同样是反映了上海小市民阶层斤斤计较，不能吃一点小亏的精明。

但是，从成功学进行考量，这种斤斤计较、不愿吃一点小亏的精明恰恰是成功的最大障碍。历史经验表明，一个人只有学会从大处着眼，抓大放小，不计较一时得失，志存高远，成功才会向他招手。所以，精明绝不是聪明。所谓聪明人，往往是大智若愚者。做股票就要大智若愚。有人说，倘若这些精明的上海人当时稍微大智若愚一点，不斤斤计较，甘愿吃一点小亏，把这些跌破面值、无人问津的原始股捏在手里不放，几年后几乎个个都发了大财。可见，把已经到手的超级大牛股放跑了，最重要的一个原因就是不愿吃一点小亏。很显然，是过于精明才最终堵死了一些上海人的发财之路，这个历史教训太深刻了，大家一定要铭记在心。

思考题参考答案

解答

1. 这是2003年1月2日~2015年6月30日的上证指数日K线走势压缩图。

2. 股市悬念扑克中有25张牌的上证指数日K线走势图，可以在这段上证指数日K线走势压缩图里找到它们相应的位置。为了让大家看得清楚一些，我们把这段走势图分为3个时间段。

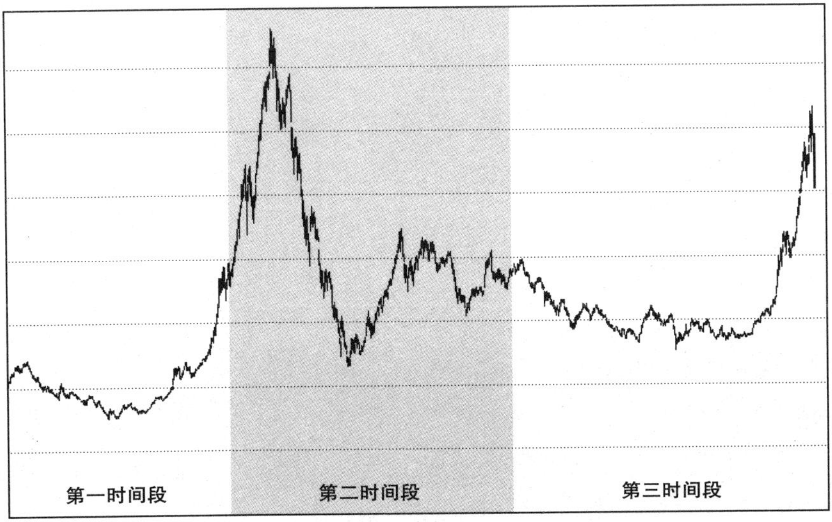

图23　2003年1月2日~2015年6月30日的上证指数日K线走势压缩版

第一时间段（2003年1月2日~2006年12月29日），可嵌入方块4等8张扑克牌的上证指数日K线走势图。其顺序是：①方块4；②方块K；③方块5；④红桃10；⑤红桃A；⑥梅花5；⑦方块A；⑧红桃K。

第二时间段（2007年1月4日~2010年12月31日），可嵌入方块J等8张扑克牌的上证指数日K线走势图。其顺序是：①方块J；②红桃J；③方块10；④梅花J；⑤红桃8；⑥红桃Q；⑦红桃9；⑧梅花10。

第三时间段（2011年1月4日~2015年6月30日），可嵌入梅花Q等9张扑克牌的上证指数日K线走势图。其顺序是：①梅花Q；②方块6；③黑桃J；④方块7；⑤梅花3；⑥红桃4；⑦黑桃Q；⑧梅花6；⑨红桃3。

思考题参考答案

1. 这是2005年上半年上证指数的日K线走势图。

2. 在股市大幅下挫（注：当时中国股市已熊了几年，指数跌幅已接近50%）后，一些有经验的投资者意识到股市离熊市底部又近了一步，但他们也知道，熊市越临近底部，杀跌现象会愈加严重。例如，指数跌掉5%~10%，而个股股价跌掉20%~50%的现象屡见不鲜。因此，此时很多投资者的心情很忐忑，想抄底，又怕看错了导致底没有抄成反而被深套。针对这个问题，高手开出的良策是：用直线来锁定机会与风险。本图中3根直线就是起到这个作用的。

先看第一根直线，这是一根水平线（见图24）。其作用是：若日后股指运行时不跌破这根水平线，就预示着熊市的底部可能在这

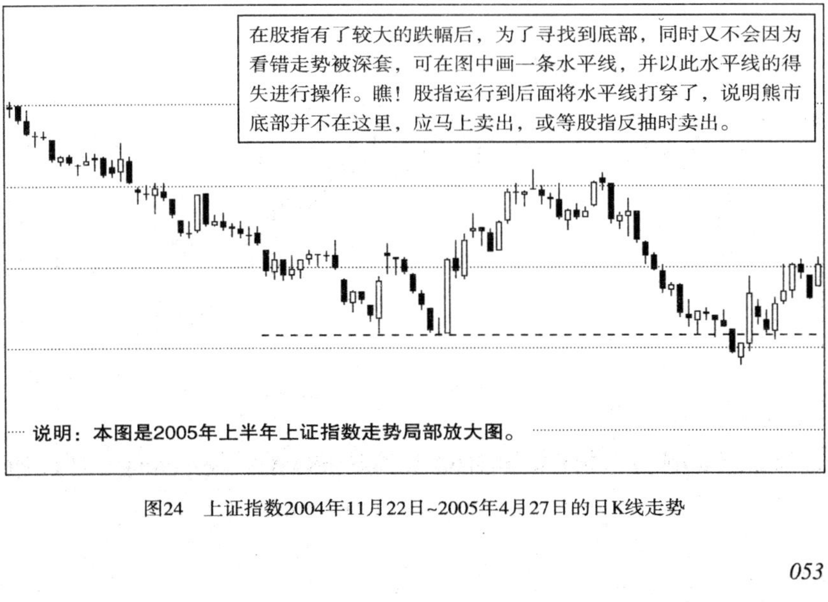

图24　上证指数2004年11月22日~2005年4月27日的日K线走势

里；若日后股指运行时跌破这根水平线，就说明后面还有下跌空间，熊市还没有见底。操作方法是：当股指在水平线上运行时，可耐心观望，若发现几次跌至水平线都能止跌回升，就可判断熊市底部或许就在这里，抄底买进的胜算率很大，此时可考虑适量买入。但是，若发现这根水平线被跌破了，原先买进的筹码就必须卖出（或等其反抽向上时抛售）。

再看两根向下的直线，这两根直线是构成股指向下的通道线。其作用是：可观察股指在下降通道中运行的状况，若发现股指在下降通道末端出现向上突破的现象，意识到熊市底部或许出现了，此时可考虑适量买入（当然前提是，后面不能再创新低；若创新低，还是要考虑止损离场）。若发现股指在下降通道末端出现向下突破的现象，说明熊市的底部还没有探明，还需要耐心等待，此时应继续持币观望（见图25）。

> 果然，后来的事实证明，此次下降通道的末端停留在998点，这就是这轮熊市的谷底，而当股指从下降通道走出来，就是抄底买入机会。

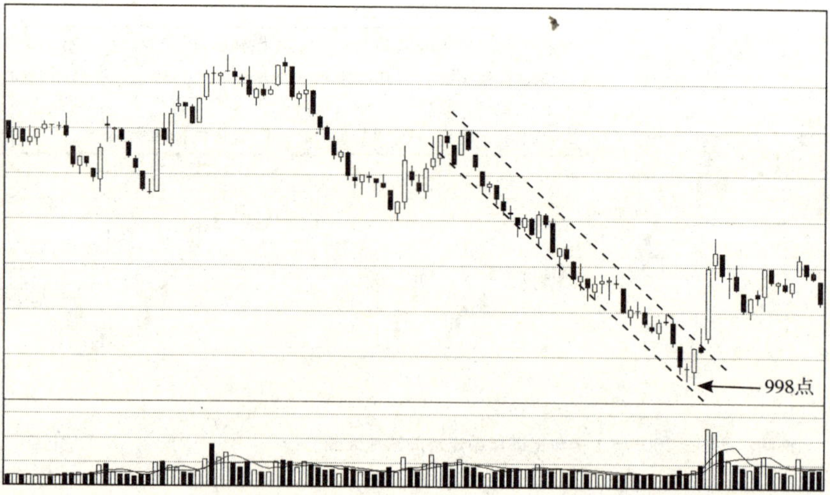

图25　上证指数2005年上半年的日K线走势

2 思考题参考答案

解答

1. 这是1992年下半年上证指数的日K线走势图。

2. 当时上证指数创造了一项中国A股市场历时最短的大熊市纪录。1992年5月26日，上证指数在1429.01点见顶，过后不久就出现一路狂泻的走势，直至1992年11月17日跌至386.85点才见底。这是中国A股市场经历的第一轮大熊市，这轮熊市跌幅为72.93%，下跌时间为5个月15天。

5个月15天就走完了一轮大熊市，这在现在是不可想象的，但当时的情况就是这样。虽然中国A股市场在之后又经历了几轮大熊市（注：大熊市是指跌幅超过50%以上的熊市，跌幅小于50%的熊市称为小熊市），这些大熊市跌得也非常厉害，但就整个熊市的下跌时间来说，都大大超过了中国A股市场第一轮大熊市的时间。例如：

中国A股市场第二次大熊市跌幅为79.09%，熊市历时17个月10天（当时上证指数从1993年2月16日的1558.95点，一直跌至1994年7月29日的325.89点）。

中国A股市场第三次大熊市跌幅为55.54%，熊市历时47个月15天（当时上证指数从2001年6月14日的2245.42点，一直跌至2005年6月6日的998.23点）。

中国A股市场第四次大熊市跌幅为72.81%，熊市历时12个月8天（当时上证指数从2007年10月16日的6124.04点，一直跌至2008年10月28日的1664.93点）。

1992年上海股市这轮大熊市是中国A股市场第二大熊市，跌幅比它大的只有1994年这轮大熊市。但这轮熊市历经时间是最短的，这样的情况在全球股市中也是创纪录的，因为在全球股市中，还没有发现哪一个国家股市中的一轮超级大熊市，仅仅用了5个多月就画上句号的。

3. 假底与真底的区别：

第一，看位置。位置高的是假底，位置低的是真底。比如图26中画圈处，不用分析就知道它是假底。因为其低点离熊市的高点距离很近，离图中第2根吊颈线的下影线末端至少还有1/3的距离。显然，如此浅的跌幅不会构成熊市的底部。而图27中最后一个底，它的下跌幅度很深，大盘指数腰斩后再来一个腰斩，此时股指位置已经很低，这样低的位置，见底的可能性就很大。

判断这个底部为假底，不仅是因为它的位置与熊市高点距离不远，说明还没有跌透；另外，它的最低点与前面吊颈线下影线的末端尚有一定距离（见图中画虚线处），而吊颈线是一个重要的见顶信号，股指必然会跌至其下影线下方。

图26　上证指数1992年4月10日~1992年10月27日的日K线走势

第二，看成交量。见底后股指回升时能有大成交量放出的是真底，反之就是假底。我们从图26中看到，几次假底出现时都没有放出大的成交量，这说明市场主力根本没有在做多，股指反弹后再创新低就是不可避免的事了，所以这些底都是假底。而到最后一个底部时，股价见底回升时成交量大增的现象十分明显，这说明此时主力在积极做多，这样的底就会成为真底。

第三，看趋势线。被下降趋势线压着抬不起头的是假底（见图27中箭头A、B、C所指处）；反之，能突破下降趋势线并能抬起头、气势高昂的则是真底（见图27箭头D所指处）。

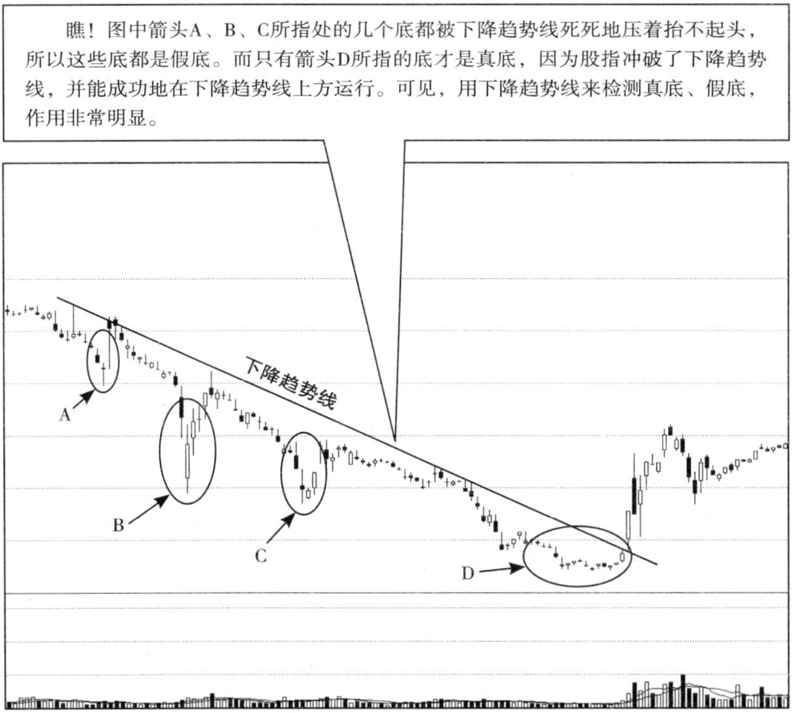

图27　上证指数1992年7月1日~1992年12月31日的日K线走势

总之，投资者只要将这3点综合起来研判，就能区别出什么是假底、什么是真底，抄底的成功率就会显著提高。

3 思考题参考答案

1. 这是2015年上半年上证指数的日K线走势图。

2. 众所周知，2015年6月中国A股市场出现了连续暴跌，短短18天上证指数从5178点跌至3373点，最大跌幅达到34.85%。其下跌速度创造了20多年来中国A股市场下跌速度之最。其中2015年6月26日这天，出现了2000多只股票集体跌停，这也创出了中国A股市场股票跌停数量最多的新纪录。如此大跌，说白了就是一场股灾，在股灾发生前，股市欣欣向荣，似乎谁都没有想到会出现这样的惨跌。因此，能顺利逃脱这场股灾而成为众人皆醉我独醒的投资者可谓少之又少。但是，确实也有少数先知先觉者，在暴跌前就已抛股清空离场。特别是其中有位高手，用了“整数关”的理论做指导，几乎在这轮上涨行情的最高点胜利退出，其骄人的成绩着实让人羡慕不已。

那么，什么是整数关？其作用原理是什么？投资者见到整数关应该怎么操作？有关这方面的知识，我们不妨先来看看10多年前就已出版的《股市操练大全》第四册究竟是怎么说的，或许对我们理解这个问题有所帮助。（注：以下内容摘自《股市操练大全》第四册第320~322页。）

股市操作特别提醒：股市上的整数关，一定要经过多次反复冲击后才能通过。因此，投资者在头两三次冲击整数关时，原则上应采取抛空策略。另外，还要注意，股市上的重大整数关，未经长时间考验，不要轻言它已被攻克。

以往对此提醒的准确率统计（抽样调查）：约85%

专家对此提醒进行操作的安全系数评定等级：AA级

以此提醒进行操作的胜负比例估计：8：2

此提醒适合操作对象：普通投资者

“股市操作特别提醒”的解析与操作建议：股市从某种意义上来说是一场心理战。心理战的表现形式多种多样。其中，多空双方在股市整数关面前搏杀而形成的“整数效应”，就是心理战的一个突出案例。

股市整数关对投资者来说，犹如一个美若天仙而又高傲气盛的公主，向其求婚者不经过几番重大考验，是很难觅得公主芳心的。我们只要看看中国股市，哪一道整数关不是经过几番来回拉锯才被越过的，而且某些重要的整数关口，冲过去了，几年以后又被拉了回来，这不得不使人感叹：跨越整数关，难于上青天。

例如，上海股市在1991年从100点起步后，在500点、1000点、1500点、2000点这些整数关面前，多方每攻克一个整数关都费了九牛二虎之力。1992年虽然冲过了500点、1000点涨到了1429点，但于当年又跌回到了386点。1993年冲过了500点、1000点，但在1994年又滑落到了325点，直到1996年才总算在500点以上站稳脚跟（1996年最低跌至512点）。至于1000点，更是冲击了五六次，直到1998年后才终于在1000点上稳住（1998年最低跌至1025点）。但冲击1500点就不那么容易了，10年中6次冲过1500点，但这6次之后又都重新回落到1500点之下。至于2000点这个整数关就更不用谈了，虽然2000年、2001年共有3次冲过2000点，但很快就被拉了回来。

“整数效应”不仅在中国股市里被发挥得淋漓尽致，就是在美国、中国香港这些成熟的股市中也表现得非常出色，远的不说，就拿近几年美国、中国香港股市冲击1万点整数关来说，每次冲过去后都好景不长，最后都被拉了回来。

为什么整数关如此难以逾越呢？这恐怕与市场上对“经过九死一生冲过整数关”缺乏认同感有关。从市场层面深入分析，可以发现整数关是一道天堑，是兵家必争之地，多空双方在此殊死搏杀、来回争夺是必然的。因此，整数关得而复失的情况也就频频出现了。有人统计过，在重大整数关前，头两三次冲击肯定过不了关，以后冲击的次数多了，也许有朝一日会冲过去，但最终能否站稳，不经过几年时间的考验，是很难下定论的。

实际情况也的确如此。虽然上海股市500点、1000点整数关在1992年、1993年都曾冲了过去，但在时间老人的考验下败下阵来。500点、1000点整数关经过时间长达六七年的考验，总算获得通过。此后股市无论怎样下跌，要再下穿1000点、500点几乎是不太可能的事了。冲击1500点更激烈，多空双方为1500点争夺了10年，失而复得，得而复失，反反复复地来回拉锯。虽然，1999年的“5·19”行情一举攻克了1500点大关，之后在2001年最高涨到了2200多点，但1999年“5·19”行情至今时间满打满算还不到4年，或许考验的时间还不够长，因而2002年、2003年股市走熊时，又数次击破了1500点，1500点整数关在多方手里又多次得而复失。

整数效应是客观存在的。很好地利用它就会给投资者带来许多盈利的机会，并能减少许多风险。利用整数效应时，应掌握以下两个要点：

（1）在股市上冲某一整数关时，头两三次冲击这个点数，无论是冲过还是暂时没有冲过，都应采取抛空策略，直到后面几次冲过这个点数时，才可采取持筹待涨的策略。

（2）当多方突破重大的整数关后，需要至少经过几年时间的考验，才能说它真正在这整数关上站稳。如果考验的时间不够充分，一旦股市走弱，这个整数关就仍有可能得而复失。因此，投资者在操作中需注意，当大势下滑时，未经时间考验的整数关，其支撑力度是很有限的，多数情况下会被击破。了解这一点，对把握股市的下跌空间、避免在股市的半山腰盲目抄底有很大的帮助。

上面请大家重新温习了《股市操练大全》10多年前（注：《股市操练大全》第四册出版时间为2003年8月）阐述过的内容，我们认为用在当下非常有指导意义。这次在5000点上方成功逃顶的高手告诉我们，正如《股市操练大全》第四册在论述整数关理论时的一张表格（见表1）中表明的那样，5000点整数关为超强度级别的整数关，投资者对它要“特别警惕”。高手对5000点整数关有一种本能的敬畏之心，因此，他在上证指数冲上5000点后，发现指数上涨乏力，马上就做了抛股离场的决定，从而逃过后面的暴跌。

表1　　　　　　整数关强度一览表

序号	整数关（指数点位）	强度级别	风险提示
1	100、1000、10000……	超强	特别警惕
2	200、2000……	强	警惕
3	300、3000……	强	警惕
4	400、4000……	强	警惕
5	500、5000……	超强	特别警惕
6	600、6000……	强	警惕
7	700、7000……	强	警惕
8	800、8000……	强	警惕
9	900、9000……	强	警惕

高手说，要在5000点上方成功逃顶，说起来既简单，也不简单。说简单，是指看到5000点就卖出，谁都会做；说不简单是指，投资者首先要对整数关的理论有一个清晰的认识。如果没有清晰的认识，当时在5000点上方，股市欣欣向荣，媒体、股评一致唱多，每天都有几百只股票在涨停，市场诱惑是巨大的，投资者又怎么去抵挡住诱惑、主动抛股离场呢？其次，要对重大整数关有敬畏之

心。5000点整数关，是强度级别最高的一个整数关，指数到了这个整数关出现激烈震荡是必然的，只不过出现震荡的时间有先有后罢了。投资者要充分意识到，大盘指数冲上5000点后，一定会在某个时候突然发生一次股市大地震，逃之不及者，即使不被震死，也一定会伤痕累累。所以为了身家性命的安全，必须在指数窜上5000点后提前出逃，避开这次股市大地震。换句话说，投资者只有对5000点这个强度级别最高的整数关有了敬畏之心，才可能有主动离场的行动出现。

那么，如何运用整数关的理论做指导来规避风险呢？高手的经验是：①指数冲上5000点后选择主动退出，即不管当时的K线走势如何，都要抛股离场。②结合技术信号选择退出，技术信号只要出现滞涨信号就要退出，出现见顶信号更应马上退出。高手经验中的操作①最简单，比如指数上了5000点后就不断卖出，每个人都会操作，关键在执行。高手经验中的操作②稍微复杂点，但并不难。因为大盘在整数关前止步下跌，事先一定会有征兆。大家只要做个有心人，就能发现这些征兆，这样在整数关大地震来临之前出逃就不困难了。高手说，现在我们就以本轮行情上证指数在5178点见顶为例，看看当时大盘在5000点整数关变盘前，究竟有哪些值得投资者警惕的信号。

信号一：吊颈线。吊颈线在涨势中，特别是在涨幅较大的情况下出现，是重要的见顶信号。从图28来看，吊颈线出现后，大盘并没有马上见顶，仍在继续往上涨，但依据历史经验，吊颈线中的长下影线对大盘指数有一种向下回拉的作用，至于什么时候出现回拉，只不过在时间上有先有后罢了。所以这根吊颈线时刻在威胁着大盘，说不定哪天指数就见顶了。因此，要想摆脱吊颈线对大盘的负面影响，唯一的可能就是在吊颈线后，大盘继续上涨时出现超强势状态，比如跳空高开或连拉大阳线。但是，这种情况我们一直没有看到。当时大盘在2015年6月4日拉出吊颈线后，后面的几天都是小阳小阴线，大盘走势并不强。也就是说，吊颈线显示的见顶信号，对大盘的威胁并没有因为其上涨而得到消除。

> 俗话说：山雨欲来风满楼。2015年6月上证指数攀上5000点后出现了多种看跌信号。此时指数尽管还在5000点上方，但危机已显现，按整数关理论，必须马上卖出。如果卖出了，就能逃过一劫。

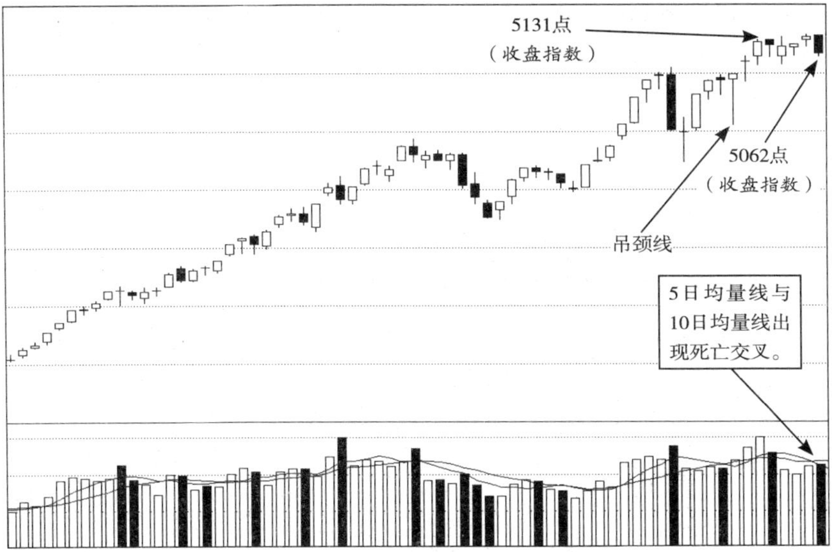

图28　上证指数2015年3月11日~2015年6月15日的日K线走势

信号二：股指滞涨。从图28来看，2015年6月8日~2015年6月15日的6个交易日，虽然上证指数收盘都收在5000点上方，但已有不祥征兆。因为这6个交易日大盘指数不但没有上涨，反而出现了微跌，从其第1个交易日收盘指数的5131点，跌至第6个交易日收盘指数的5062点，大盘指数跌了69点，指数跌幅为1.34%。K线图形显示，几根小阳线、小阴线横排着出现略有下倾的走势。这一情况表明，上证指数攀上5000点后走势很沉重，指数滞涨的现象十分明显。

信号三：5日均量线与10日均量线形成了死亡交叉。从图28中看，5日均量线向下穿过10日均量线，已出现死亡交叉。均量线死亡交叉是看跌信号，显示大盘指数有可能会出现进一步下跌。

很明显，当时上证指数攀上5000点后，3个看跌的预警信号都明摆在那里。如果遵循整数关的投资理论，按照高手经验中方法②进行操作，此时就应该坚决抛股市场了。

可见，投资者只要熟悉整数关理论，并严格执行整数关操作纪律，无论按照高手经验中的方法①还是方法②进行操作，都能在整数关的巨大风险来临之前从容地将股票卖出，做到在股市大地震发生前全身而退。

高手说，在大盘指数第一次向重大整数关冲击时，无论冲上去或未冲上去都存在变盘的风险，这已经成为股市中一种规律性现象，下面高手给我们介绍了几个实例。

实例一：美国纳斯达克指数冲击重大整数关见顶图。

> 瞧！当年美国纳指第一次冲上5000点重大整数关后，仅仅在5000点上方停留了几个交易日，接着指数就出现了大跌。这个跌势十分利害，两年后直跌至1108点才见底（见图29中小图），当年在5000点上方不卖出的投资者输得很惨。

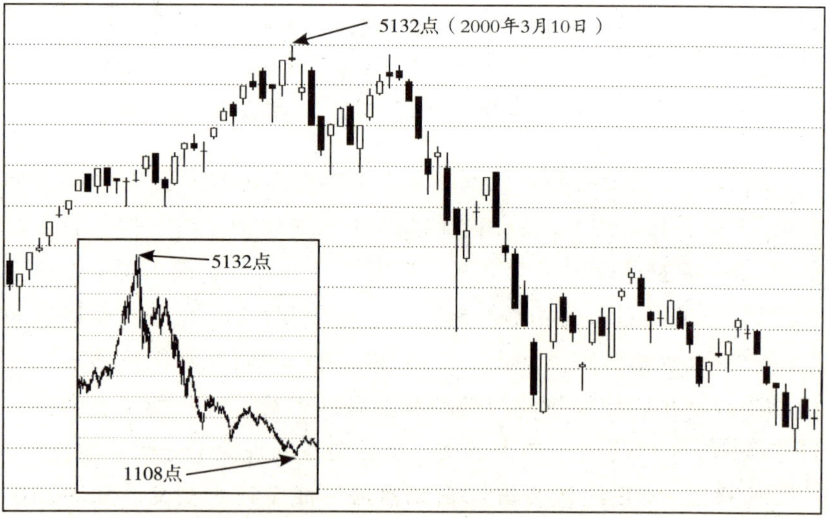

图29　美国纳斯达克指数2000年1月28日~2000年5月26日的日K线走势

实例二：奥地利ATX指数冲击重大整数关见顶图。

该指数第一次冲上5000点重大整数关后，仅在5000点上方停留了2天，之后股指就出现了狂泻。一年多后，该指数跌至1379点（见图30中小图）。高位未及时出逃者，损失惨重。

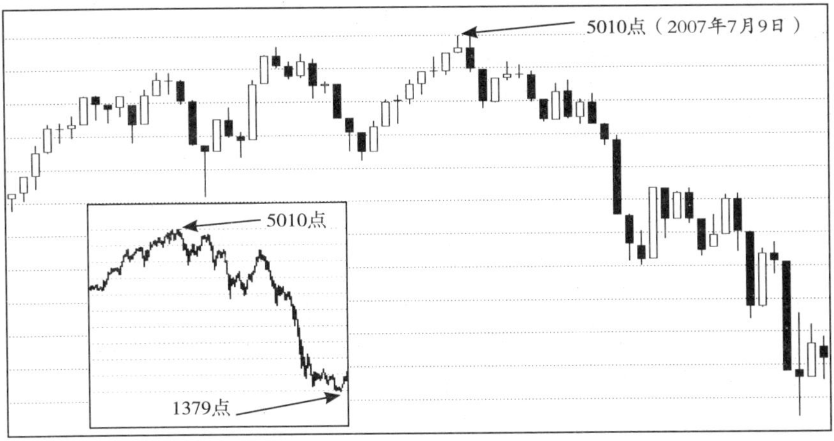

图30 奥地利ATX指数2007年5月14日~2007年8月21日的日K线走势

实例三：上证指数2007年冲击重大整数关见顶图。

2007年上证指数冲过了5000点整数关，由于在重大整数关口没有经过充分的消化整理，基础十分脆弱。虽然后来指数冲至6124点，但最终还是逃脱不了跌回5000点重大整数关之下的命运。而且这一跌，就跌出了个大熊市，一年后股指直跌至1664点才见底（见图31中小图），当初在5000点上方不卖出者都成了输家。

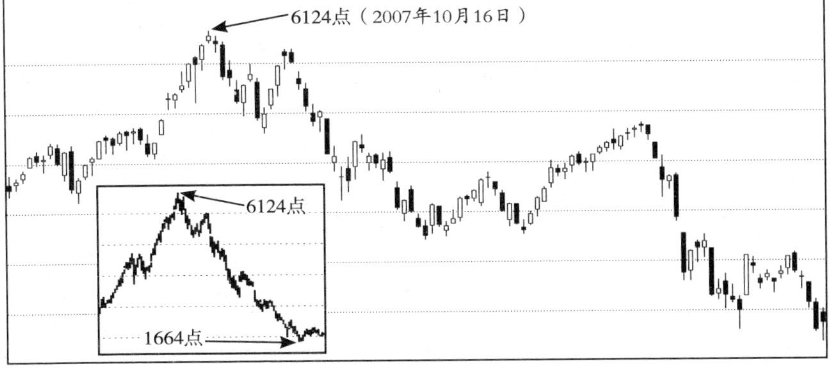

图31 上证指数2007年8月29日~2008年2月26日的日K线走势

实例四：法国巴黎CAC40指数冲击重大整数关见顶图。

这是法国巴黎CAC40指数第二次冲上5000点重大整数关，攀上6168点的见顶图（注：该指数第一次冲击5000点重大整数关而遭到重挫的时间是2000年9月）。但这一次也是好景不长，很快就从6000点上方摔至5000点重大整数关下方，而且这次也跌得很惨，几乎与上次一样，都是跌至2400多点才见底（见图32中小图）。可见，5000点重大整数关不是那么容易冲过去的。

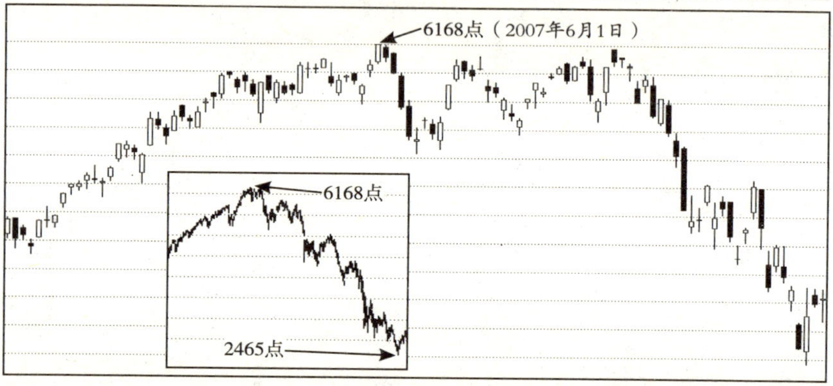

图32　法国巴黎CAC40指数2007年3月23日~2007年8月21日的日K线走势

实例五：中国台湾加权指数冲击重大整数关见顶图。

这是中国台湾加权指数第3次冲击10000点重大整数关的日K线走势图（注：前面两次冲击10000点整数关发生的时间分别是1990年2月、1997年8月，这两次都失败了）。当时图中构筑了一个双顶。后来双顶颈线被击破后，股指出现了暴跌（见图33中小图）。台湾股市每次冲击万点整数关都会出现一场劫难，这说明万点整数关阻力是非常大的。

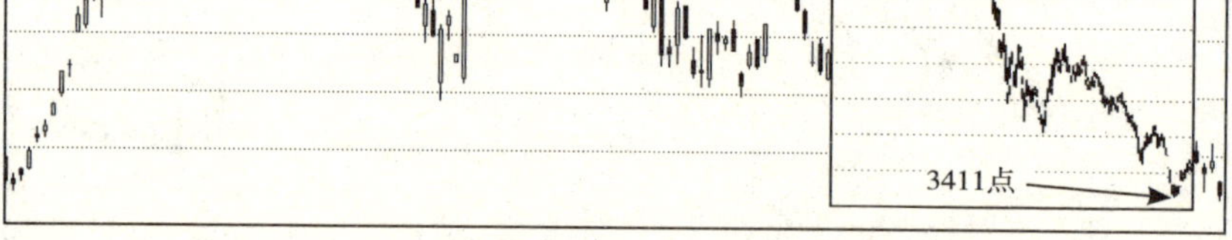

图33　台湾加权指数1999年12月17日~2000年9月8日的日K线走势

高手说，从上面实例中我们可以充分领略到重大整数关的巨大杀伤力。因此，投资者看到重大整数关一定要有敬畏之心。坚定地按照整数关的规则进行操作，如此才能躲过整数关带来的巨大风险。

>> 相关资料链接

一位券商资管基金经理怎样躲过大跌

从2015年6月15日开始，至6月29日连续11个交易日，A股经历断崖式暴跌，沪深两市总市值蒸发逾15万亿元。

现任齐鲁证券资产管理公司总裁助理，齐鲁星空、星汉等集合理财投资经理的叶展在煎熬中躲过了这场危机。他管理的齐鲁星汉2号集合资产管理计划（简称“星汉2号”）成功躲过了这次“股灾”。

叶展是如何躲过这场股灾的？他经历了怎样的心理较量去克服人性的贪婪和恐惧？

这期间，叶展至少写了7封信给投资者，其中两封信提到了5000点，这说明该基金经理对5000点整数关是很敬畏的。正因为对整数关的敬畏，使他成功地逃过了2015年6月的暴跌。下面就是叶展给投资者的两封信。

2015年6月16日　坏事总在你意想不到的时候来临

说说我们的观点：在5000点以上，我们已经全面降低了仓位，即使因此净值短期跑得没那么快，我们也恪守投资的基本原则：别人贪婪我恐惧。现在，净值给了理性奖励。

调整何时结束并无人知晓，我们能做的，是一如既往坚持理性投资的原则，秉承绝对收益为先的理念，让客户安心赚钱。

（编注：截至当日收盘，上证指数报4887.43点，跌3.47%。）

2015年6月19日　股市会变脸，星汉安心赚钱的承诺不会变

我在4500点以上开始减仓，5000点清仓。市场躁动时，保守和稳健显得不合时宜，但踩踏来临之际，理性会得到奖赏。我知道，投资人之所以愿意把钱交给我，绝不是让我用来赌博和冒险的，唯有时时如履薄冰，才能实现绝对收益、长期复利的既定目标。

因此，安全边际、风险收益比、回撤控制这些概念会在星汉的运作中被一再强调，过去如此，将来也同样如此。我希望星汉的持有人在任何市场环境中，都能夜夜安枕。

（编注：截至当日收盘，上证指数报4478.36点，跌6.42%。）

（摘自2015年7月2日的《东方早报》）

4 ♥ 思考题参考答案

1. 这是2013年下半年上证指数的日K线走势图。

2. 图中画圈处的K线图形，叫“三星并列”，所谓三星并列，是指十字线或带有上下影线的小阴线（也可以是小阳线）并排在一起的K线组合图形。三星并列在上涨中出现是见顶信号。投资者见到它应主动减仓，如股指（股价）出现拐头向下的现象，即马上止损离场。据了解，三星并列是杀伤力很强的见顶信号，因为三星中每一颗星，在K线中都是一种看跌图形，3个看跌图形并列在一起，就更加强化了见顶的意义。2013年12月上证指数出现三星并列后，就出现了一轮较大的跌势（见图34）。

当时盘中出现三星并列后，股指出现了连续下跌，最大跌幅达到了11.28%。

图34　上证指数2013年8月6日~2014年1月27日的日K线走势

三星并列见顶的意义重大，所以投资者若在大盘或股价上涨过程中看到三星并列图形，应高度关注，切不可不当一回事。若麻痹大意、放松警惕，是要吃大亏的。下面我们再举几个实例，让大家了解“三星并列”的厉害。

实例一：伟星股份（002003）。

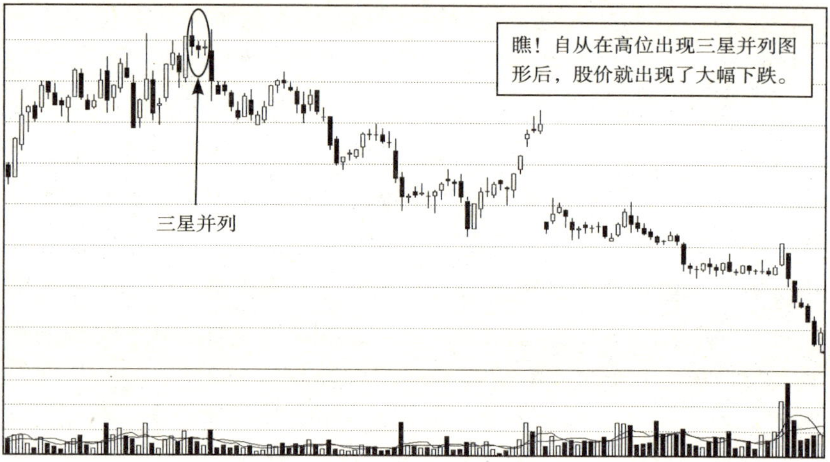

图35　伟星股份（002003）2010年10月18日~2011年4月29日的日K线走势

实例二：综艺股份（600770）。

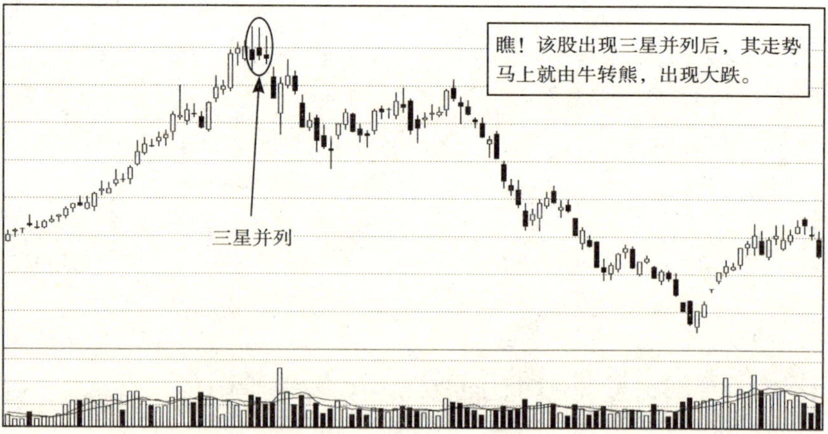

图36　综艺股份（600770）2007年11月28日~2008年5月20日的日K线走势

实例三：科泰电源（300153）。

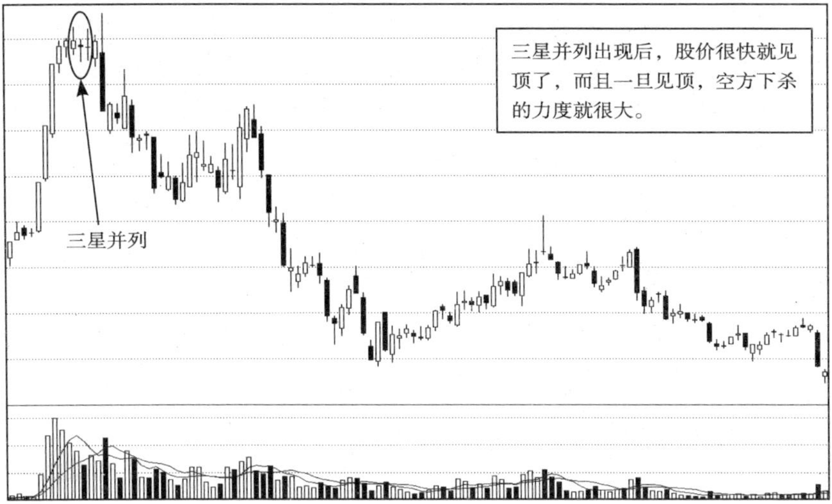

图37　科泰电源（300113）2011年1月2日~2012年4月25日的日K线走势

3. 2013年下半年上证指数后半部分的走势是一个矩形走势（见图38中画线处）。

图38　上证指数2013年下半年的日K线走势

矩形又叫长方形，箱形盘整。矩形的特征是：如果将股价横盘时出现的两个最高点用直线连起来，将股价横盘时出现的两个最低点也用直线连起来，即可画出一个长条形状。而股价就在这个长条形的宽度里不断地上下波动，当股价上升到长条形的上边线时就往下回落，而回落到长条形的下边线时就往上弹升，直到一方力量耗尽，股价就会选择一个向上或向下方向突破。矩形是整理形态，整理的结果究竟是往上还是往下，这要根据当时多空力量对比而定，在矩形形成过程中没有最后朝一个方向有效突破时，谁也不能妄下结论。矩形在技术上给投资者的启示是：整理、观望。因此，当我们明白这个道理后，就知道遇矩形走势应该如何操作了。如果你是个稳健型的投资者，就要坚持一条原则：只要股价仍在长条形范围里上下运动，就坚决作壁上观，不买股票，只有在股价有效突破矩形上边线时才可以看多做多。不过，要做到这一点并不容易，要经得起短线诱惑，并能严格遵守矩形的操作规范才行。如果你是个激进型的投资者，可根据矩形箱形整理的特点，进行适当的高抛低吸。但这里要提醒大家的是，不管你是什么类型的投资者，只要发现股价跌破了矩形的下边线，就应该坚决离场，这必须当作纪律来执行。

5 思考题参考答案

解答

1. 这是1996年上半年度上证指数的日K线走势图。

2. 1996年上半年上证指数从最低点512点涨至819点，半年里指数涨了60%。这个涨幅是很大的，如果当时有谁在500多点买进、800多点卖出，获利就会非常丰厚。但要操作好这段行情非常困难，因为当时大盘上涨时，一步三回头，上涨一段时间后指数就会出现大幅震荡。而当时很多投资者因受到前面股市走熊连续下跌的负面影响，生怕高位再次吃套，所以一见股市大幅震荡就忙不迭地选择了卖出，结果大多数投资者这次判断又错了。因为形势发生了变化，市场做多的条件已经具备，因此，主力这次是往上做而不是往下做。当然主力往上做，是不能让散户知道的，否则散户就会与主力抢筹。因此，主力又使用了惯用的花招，不断制造假的头部，不断制造空头陷阱，迫使散户提早下车。其实，当时盘中大幅震荡，主力的目的不是为了出货而是为了洗盘，那些在震荡中选择卖出的投资者正好中了他们的圈套，被洗了出去，从而踏空了后面的上涨行情，致使在震荡中过早卖出的投资者十分后悔。

有人说，这件事回过头来看，谁都能看明白其中的奥秘，但事前又如何知道这样的震荡，主力不是在出货而是在洗盘呢？高手提供了一条很实用且很有效果的鉴别行情性质的方法，即在股指震荡的低点画一条水平线。若指数回落跌穿水平线，就可以视为主力在出货；反之，若股指回落至水平线附近止跌回升，就可以视为主力在洗盘。

根据这个方法，我们可以在本图中画两条水平线（见图39）。线画好后马上就可以看出，大盘指数冲高回落，跌到水平线处即止跌了。这个止跌说明主力在震荡洗盘，止跌的地方就是新的买点。持股的投资者只要看到水平线没有被击破，就可以坚持看多做多——任凭股市风浪起，稳坐钓鱼台（持股待涨），这样就不会被主力忽悠提早下车，或被主力洗盘出局，就能做好这半年的行情，享受股市上涨带来的赢利机会。

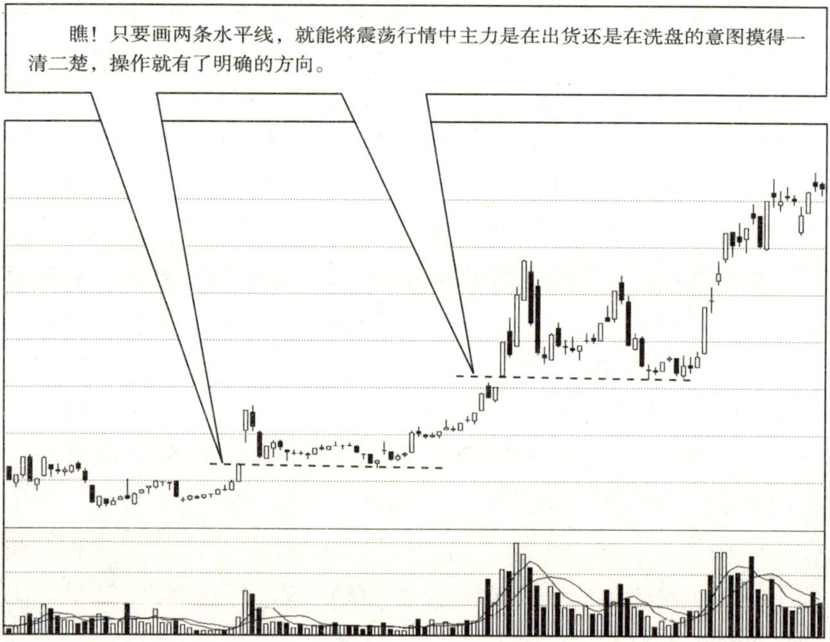

图39　上证指数1996年上半年度的日K线走势

6 思考题参考答案

解答

1. 这是2000年上半年上证指数的日K线走势图。

2. 类似图中画圈处的图形，我们在1996年上半年的上证日K线走势图中也见到过。1996年上半年上证指数从512点涨至819点，指数涨了60%，但是，当时上证指数上涨并不容易，一步三回头，几经波折才涨到819点。不过，这个一步三回头的走势也是有规律可寻的，即指数跳空后往上一冲就马上熄火了，然后指数就在缺口上沿处或下沿处保持水平震荡的走势，即股指无论怎样冲高回落，一旦跌至缺口的上沿或下沿处，就不会再跌下去了。而这个跌不下去的地方，对普通投资者来说，就是一个很好的买点。

一般来说，当大盘上涨时出现一步三回头，在缺口附近出现水平震荡的走势时，说明盘中的浮筹很多，主力需要通过在有限的范围里反复震荡，才能将浮筹清洗干净。但主力既然是在洗盘，就有其洗盘原则，即无论出现多大的震荡，都不会跌破主力预先设置的心理底线。这个底线就是主力洗盘时的生命线，这个生命线主力一定会坚守的。因此，投资者只要知道当时主力的心理底线在什么地方，操作时就不会犯方向性错误。

那么，如何确定主力洗盘时打压股价的底线呢？根据以往的经验，投资者只要在缺口的上沿或下沿处画一条水平线就可以了。若后面的股指（或股价）冲高回落时不跌到水平线下方，就可以认为主力是在洗盘，打压股价的底线就在水平线处。当然，若后面的股指（或股价）跌穿了水平线，那就要当心主力不是在洗盘而是在出货了。因此，投资者只要盯着水平线（见图40中画水平虚线处），操作时就会有方向，就能踏准股市的涨跌节拍（对市场敏感的投资者还可以按此水平线做一些高抛低吸），享受到后面股指上涨带来的赢利机会。

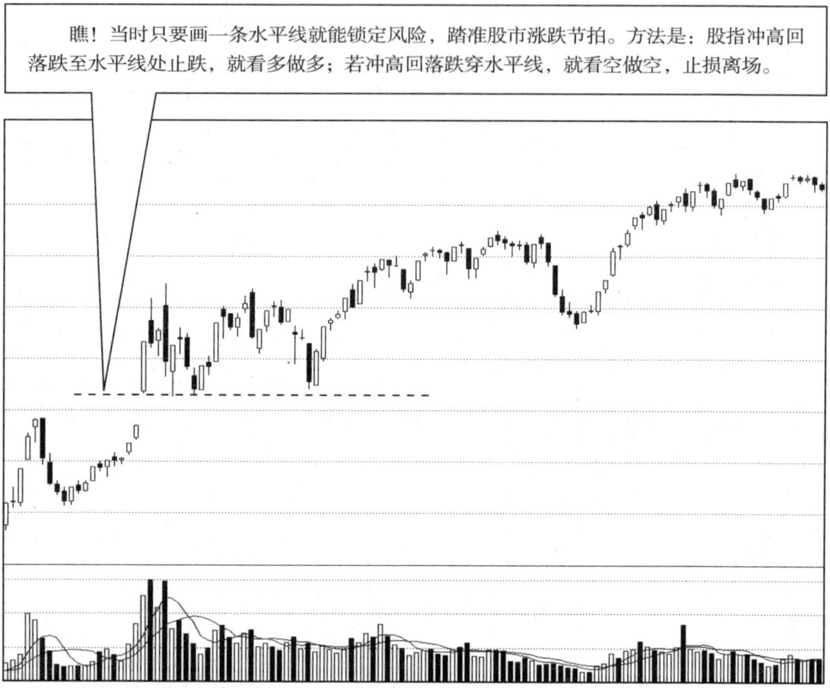

图40　上证指数2000年上半年度的日K线走势

7 思考题参考答案

1. 这是1998年下半年度上证指数的日K线走势图。

2. 图中箭头所指的这根大阴线是低位大阴线[注]，在技术上具有赶底的意义。也就是说，当它出现时股市的底部即将或者已经到了。投资者见到它就不应该再看空做空了，尤其在这根大阴线上方还有一个向下跳空缺口的情况下，更不要盲目割肉离场，因为这个缺口是衰竭缺口，也有见底意义，此时割肉说不定就割到地板上了，这样损失就很大。

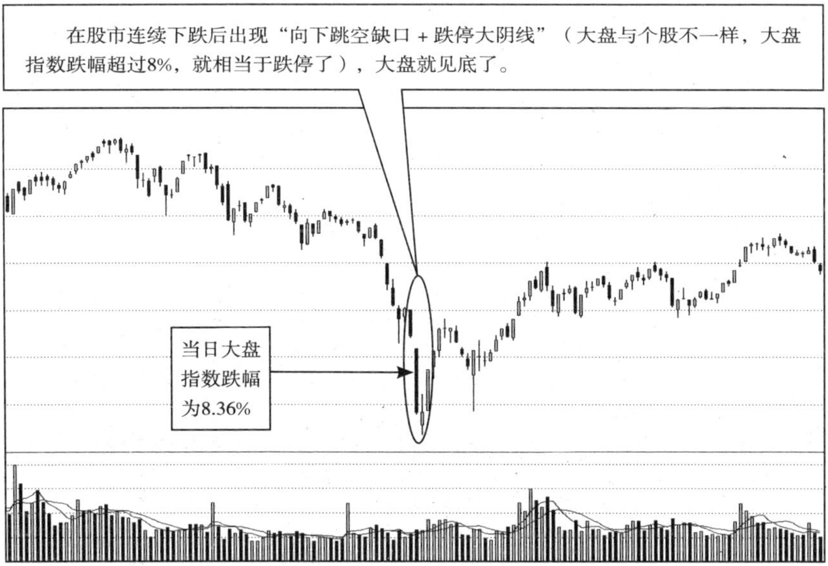

图41　上证指数1998年5月7日~1998年11月26日的日K线走势

【注】关于大阴线的特征、技术意义，详见《股市操练大全》第一册第23~27页。

类似的例子很多，我们这里再举一些实例以飨读者，让大家更加清楚地看到，临近底部时，主力是如何利用大阴线来制造恐慌情绪，诱使投资者割肉出局的。此时投资者千万不能上当，一旦盲目做空，就会掉入主力设置的空头陷阱中。

实例一：建设银行（601939）。2008年9月该股快要跌到底部时，出现了加速下跌的态势，最后砸出了两根跌停大阴线，股价才真正见底（见图42）。

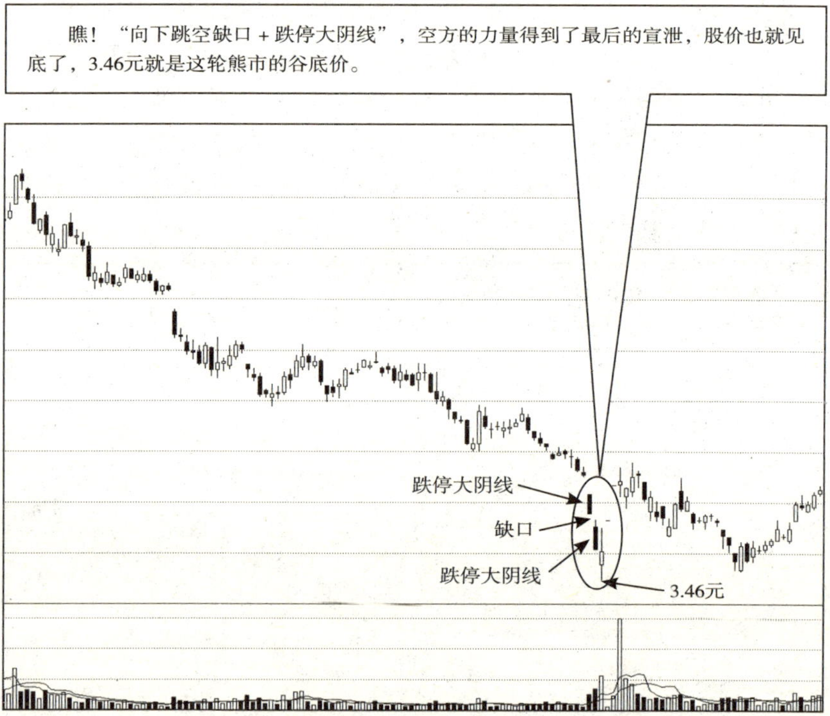

图42　建设银行（601939）2008年4月29日~2008年11月14日的日K线走势

实例二：登海种业（002041）。2006年10月，该股突然平台向下破位后，出现了两根跌停大阴线，而后股价很快就见底了（见图43）。

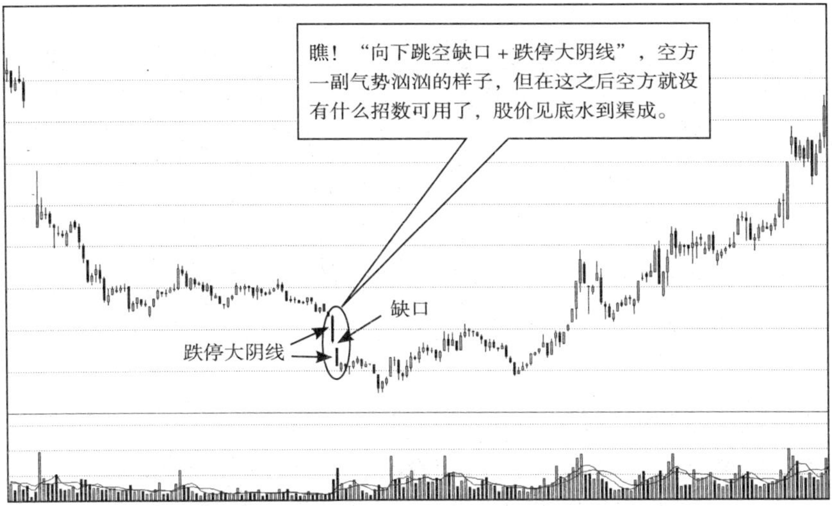

图43　登海种业（002041）2006年7月4日~2007年4月24日的日K线走势

实例三：华谊兄弟（300027）。该股是2013年创业板的大牛股。股价从12.15元一路上涨到81.80元才见顶回落。但是，2012年10月此轮行情起步前，该股也出现了大阴线赶底的现象（见图44）。

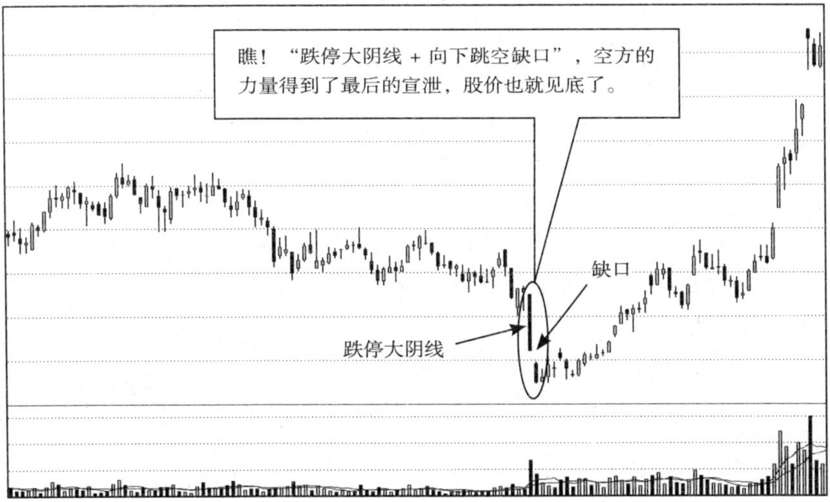

图44　华谊兄弟（300027）2012年7月26日~2013年2月20日的日K线走势

8 思考题参考答案

1. 这是2009年上半年上证指数的日K线走势图。

2. 股谚云:“一把直尺走天下。”意思是在股市里，你只要学会画线，将线画准确了，并按照画线的提示去操作，就能成为一个赢家。

本题中的高手擅长画线，他仅画了两条直线就将这轮行情掌控在手，并按照上升通道的要求进行操作，所以操作非常成功。

要想知道高手是如何操作的，我们不妨先了解上升通道操作有哪些规则。根据经典的技术理论，上升通道线有以下几条操作规则：

①股指（股价）只要在上升通道中运行，投资者就可以放心持股待涨。

②股指（股价）触及通道上轨就是一个短线卖点，触及通道下轨就是一个短线买点（见图45）。

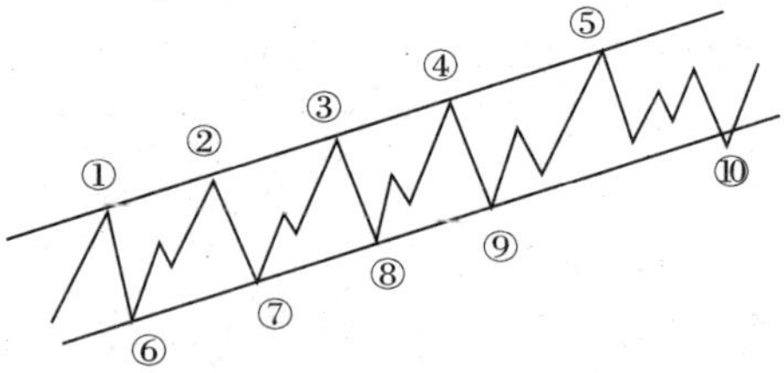

说明：①~⑤为短线卖点；⑥~⑩为短线买点。

图45　上升通道短线买点、卖点示意图

③股指（股价）往上突破上升通道上轨有两种情况：一种为假突破；一种为真突破。向上假突破，一般是因为得不到K线与成交

量支持（例如，向上突破时拉出的K线只是一般的小阳线，向上突破时成交量也没有明显放大）；反之，向上真突破，往往是因为得到了K线与成交量支持（例如，向上突破时连拉大阳或中阳，成交量也出现了明显放大的现象）。从统计数据上看，一个大的上升通道形成后，若发生突破向上通道的现象，多数为假突破，少数为真突破。因此，投资者对突破向上通道的现象需谨慎，因为一般都是假突破，冲上去后最终还会跌回通道之内，所以要学会逢高减仓而不是盲目追涨（见图46）。

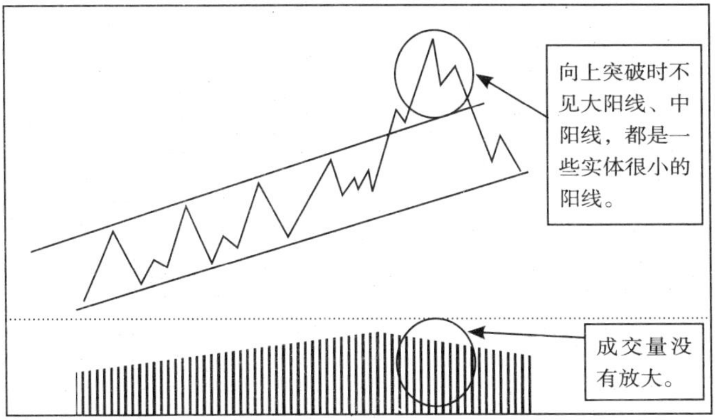

图46　上升通道向上假突破示意图

当然若碰到真的向上突破则另当别论，此时投资者可继续持股待涨，轻仓者还可以加仓（见图47）。但是，因为向上真突破的现象出现的概率较小，所以要认真加以鉴别，不要误判，一旦弄错了，就会给投资带来重大损失（注意：向上真突破多半出现在大盘走势处于特别强势之时，或超级强势股身上）。

④股指（股价）往下突破上升通道下轨也有两种情况：一种为假突破；一种为真突破。向下假突破一般是因为做空力度不足所致（例如，打穿通道下轨线都是一些小阴线，下跌时成交量很小）；反之，向下真突破则往往是因为做空力度很强而出现的一种结果

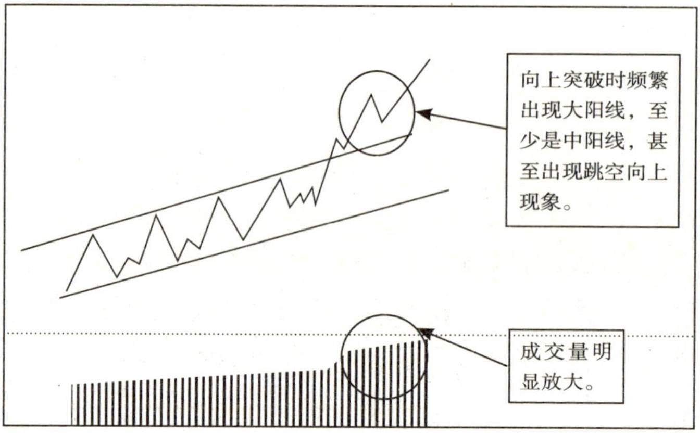

图47 上升通道向上真突破示意图

（例如，打穿通道下轨线是大阴线，下跌时成交量放大）。从统计数据上看，上升通道形成后，最后出现向下突破的现象，多数为真的向下突破，少数为假的向下突破。因此，投资者对突破上升通道下轨的现象一定要高度警惕。一旦发现真的向下突破现象，就必须眼疾手快及时止损离场，卖晚了就会损失（见图48）。当然，对主力（庄家）进行洗盘出现往下假突破的现象就不必紧张了，不要

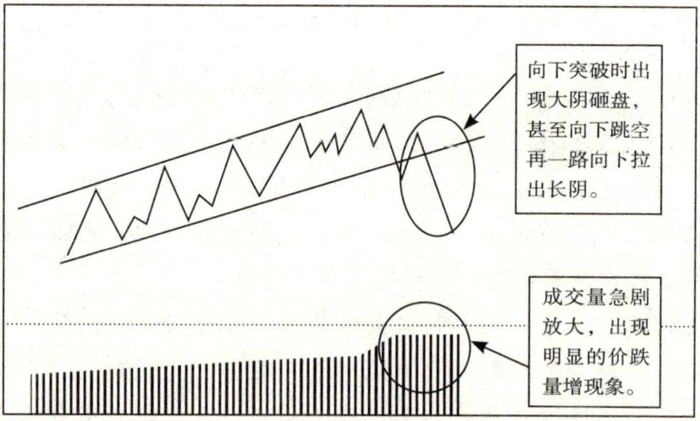

图48 上升通道向下真突破示意图

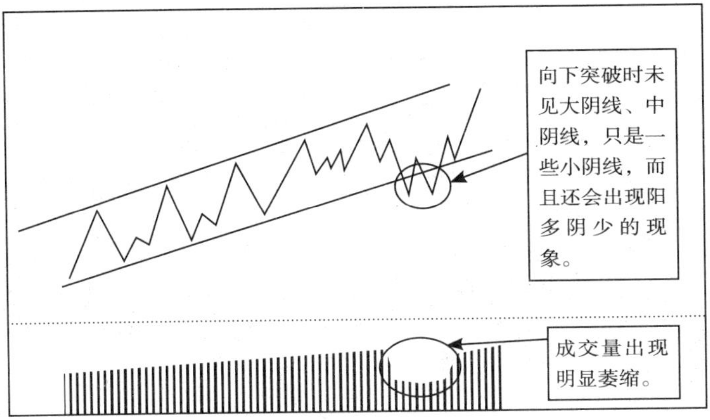

图49　上升通道向下假突破示意图

盲目止损离场（见图49）。但究竟是真的向下突破还是假的向下突破，一定要看清楚（操作时应认真地从阴线大小、成交量多少等方面加以仔细鉴别），若看错了就会犯方向性错误，给投资造成重大损失。

在我们了解了上升通道的操作规则后，再来看当时高手是如何操作的，很多事情就能看明白了。例如，2009年7月上证指数冲破通道上轨线创出新高。这个时候很多人追了进去，结果被套在山顶上，而高手根据通道交易规则，很快就判断出当时上证指数冲破上轨线创出新高是假突破（理由是：冲破上轨线时未见大阳线，成交量也没有放大，显然是主力在诱多）。于是，高手做好了随时撤退的准备，在突破上轨线的第四天，盘中拉出了一根T字形的K线后，高手感觉不能再等了，将股票全部卖了（因为T字线为见顶信号）。高手这次操作非常成功，它以利益最大化的结果胜利而归（见图50）。当然高手获胜不是偶然的，其骄人成绩是建立在对通道操作原理的深刻理解上。

高手的操作经验给我们的启示是：只要将一项技术研究透了，就能派上大用场。炒股技术不在于多而在于精，谁真正做到了，谁就是赢家。

> 高手就是在T字线处卖出的（见放大图）。高手坦率地说，若没有画通道线，他还不知道主力在诱多。画了通道线，让他清楚地看出这里是假突破，是主力在诱多。高手的经验使我们再一次领悟了通道线的神奇作用。

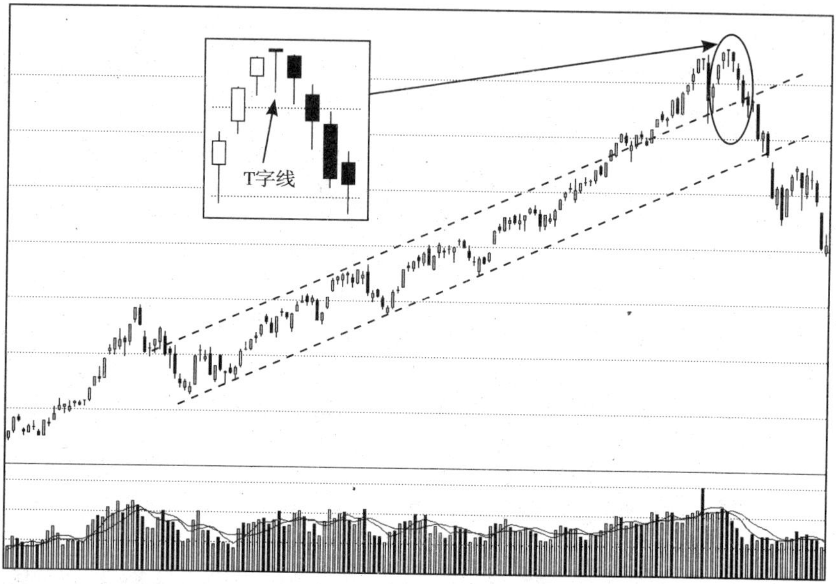

图50　上证指数2009年1月5日~2009年9月1日的日K线走势

9 思考题参考答案

解答

1. 这是2010年度上半年上证指数的日K线走势图。

2. 图中箭头所指处必须卖出。理由是：

第一，此处已跌破了上升趋势线（见图51）。上升趋势线被跌破，后市应该看空，所以要及时止损离场。

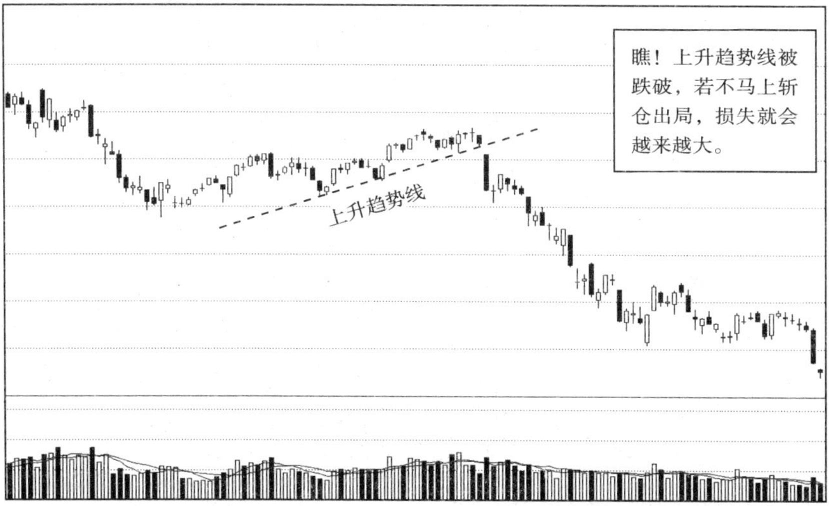

图51　上证指数2010年上半年的日K线走势

第二，图中出现了向下跳空缺口（见图52）。这个向下跳空缺口，在技术上称为向下突破缺口。向下突破缺口的出现，说明市况已发生逆转，原来的升势已经结束，接下来就是一轮跌势，而这个跌势才刚刚开始，下跌的空间还很大。因此，投资者见到向下突破缺口要及时做空，尽量以退出观望为宜。

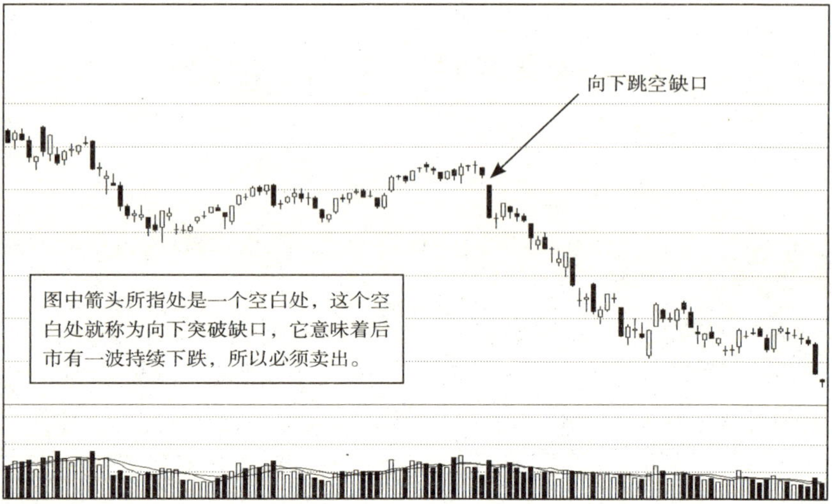

图52　上证指数2010年上半年的日K线走势

第三，图中出现了一根大阴线（见图53）。大阴线出现是盘中做空力量集中释放的结果，它的出现对多方是严重打击，意味着后市还有很大的下跌空间，投资者对此应顺势而为，及时止损离场。

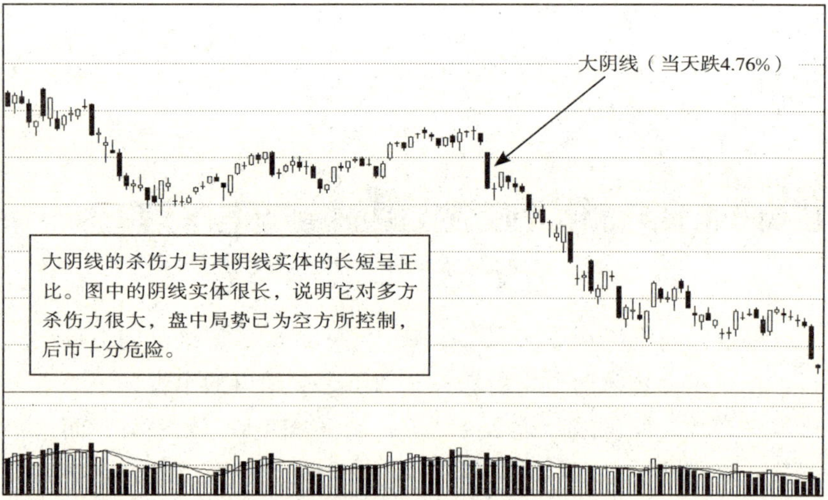

图53　上证指数2010年上半年的日K线走势

10 思考题参考答案

1. 这是2004年下半年度上证指数的日K线走势图。

2. 高手审视一个市场是弱势还是强势，通常是用均线来判断的。就拿本图来说，高手先用5日、10日、30日这一组短期均线组合，分析判断出当时的市场处于弱势状态（见图54）。从图中看，当时上证指数大部分时间都处于均线空头排列之中，偶尔有一段脉冲式的上涨行情，但上涨时间都很短，几天之内指数就见顶回落。

> 在这半年中，上证指数只出现过两波小幅反弹行情，这两波反弹行情都只持续了9天就画上了句号，而且反弹力度一次比一次差。除了这两波反弹行情外，大部分时间都因为均线空头排列而处于跌跌不休状态中，其走势之弱可见一斑。

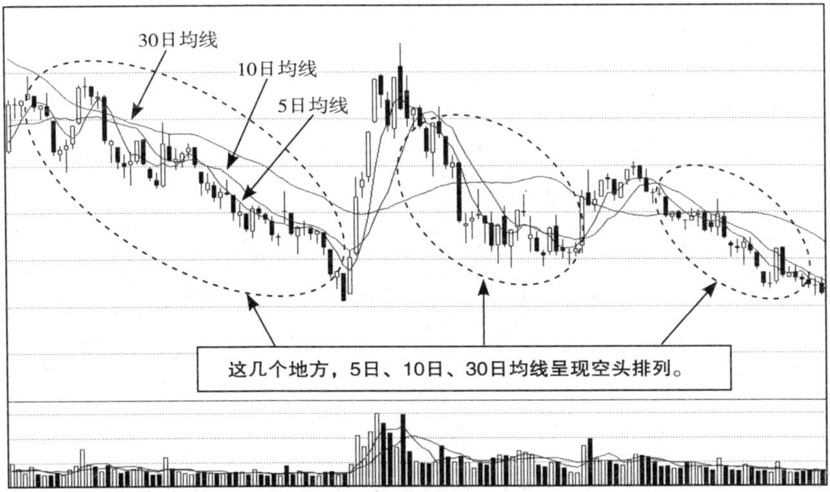

图54 上证指数2004年下半年的日K线走势

接着高手又用半年线（120 日均线）来判断市场的强弱。若当时市场是强势，半年线就会从下行状态逐渐转为上升状态，且指数也会站在半年线之上；反之，若当时市场是弱势，半年线就会出现持续下行状态，而且指数在触底反弹时，反弹到半年线处就会受阻回落。高手解释说，为什么要用半年线来测量市场强弱呢？因为半年线是鉴别牛熊的准分界线（注："准分界线"是相对于年线是鉴别牛熊的分界线说的），只有半年线走强，市场才能转危为安，下一步才有可能越过半年线，而后再突破年线，迎来新一轮牛市行情；而半年线走弱，就说明市场危机非常严重，市场还有继续下跌的空间。换句话说，熊市还会继续，最黑暗的时刻还没有到来。面对这样的市场，投资者需要高度警惕，切忌盲目抄底做多。高手说，我们在图中加了半年线后就会发现，2004 年下半年的上证指数被半年线压着，出现了一路向下的现象，这说明当时市场走势非常弱（见图 55）。

在图中加入了半年线，当时上证指数走势就一目了然，反弹到什么地方结束、何处是卖点，可谓清清楚楚。

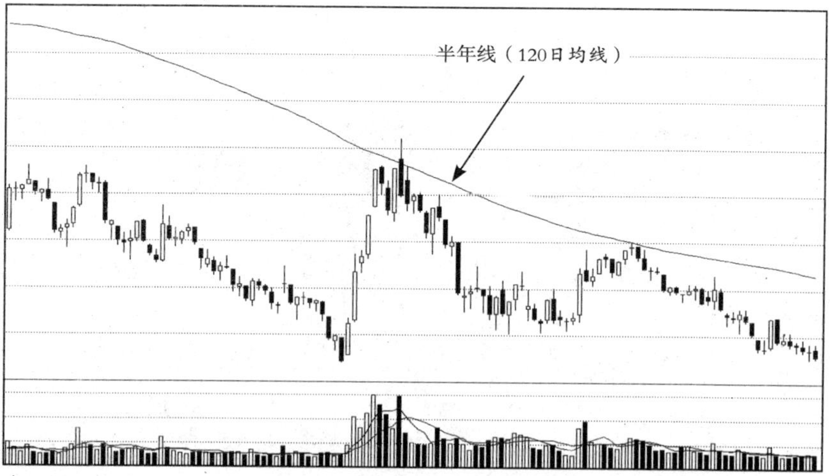

图55 上证指数2004年下半年的日K线走势

高手告诉我们，遇见弱势市场，对大多数投资者来说，最好的操作策略就是离场休息，持币观望。因为弱势市场风险大、机会少，操作出现失误的频率高，而且一旦套住，止损不及时，就会越陷越深。当然，对一些市场敏感的投资者来说，弱势市场也会有短线机会，若把握得好，赢利的可能性还是存在的。例如，本图中出现了两波反弹，若能在技术指标超卖时逢低加入，到反弹高点离场，短期收益还是很可观的。不过操作时要记住，反弹到半年线处必须离场。因为是弱势市场，主力做到半年线就鸣金收兵了，冲上半年线的可能性很小，即使勉强冲上去了也很快会跌下来。所以指数反弹到半年线就一定要卖出，这要作为纪律来执行。若疏忽了，投资就会出现重大损失。

思考题参考答案

1. 这是2007年下半年上证指数的日K线走势图。

2. 图中画圈处的头部，是迄今为止中国A股市场上最大的一个头部。2007年10月上证指数在6124点见顶后，牛市就转入熊市，然后股市就一路下泻，一年后最低跌至1664点。因此，说起这个头部，老股民对它印象特别深刻。

头部出现后，当然应该跑，尤其在6124点这个头部，后面跌得如此凶狠，那就更应该跑了。这个道理大家都懂，但问题是，头部出现后，很多人并不知道这就是头部，仍在那里看多做多，所以出现了深套，甚至输得血本无归。这样的教训是非常深刻的。

那么，如何来识别头部呢？高手以6124点头部为例，告诉了我们空方尖兵、双顶、顶背离等6种识别头部的方法。这里逐一向大家进行介绍。

见顶信号一：空方尖兵。上证指数在6124点见顶时，曾出现了一个空方尖兵的图形（见图56中画框处）。空方尖兵是一个K线组合，其图形的特征是：最左边的K线是一根阴线并带有很长的下影线，而后股价就出现了回升，收出若干根小阳线，正当人们认为盘面平安无事时，空方又突然发起进攻，连收阴线，股价就此形成连续下跌的走势。从图形上看，最左边的带有长下影线的阴线，是空方在大规模杀跌前所做的一次试探性进攻，有人把这根长下影线视为空方深入多方阵地的尖兵，这就是空方尖兵名称的由来。空方尖兵是一个看跌图形，该图形出现后，股价往往会出现一轮深幅调整。

值得注意的是，空方尖兵的图形有很大的欺骗性。我们发现，在沪深股市的历史中，大盘有好几次构筑头部时，主力都用它来掩护出货，上当受骗的投资者非常多。因此，我们认为，无论是大盘还是个股，在涨幅较大的情况下出现空方尖兵的图形都是一个危险的信号。投资者如果遇到这种情况，就必须无条件地退出观望。这要作为一条铁的纪律来执行，不要犹豫，不要拖。这是防止受骗上当、避免在顶部吃套的一个非常有效的方法。

图56　上证指数2007年8月22日~2007年11月28日的日K线走势

见顶信号二：双顶颈线破位。图中画上一根颈线后就会发现，一根长阴线已经将双顶的颈线击穿（见图57）。从技术理论上说，双顶颈线被打穿后，就会出现一轮大的跌势。因此，双顶的颈线历来被多方视为生命线，一旦生命线失守，多方阵脚马上就会大乱，兵败如山倒的现象就会发生，后果将不堪设想。所以在双顶颈线失守后，投资者只能认赔出局，否则灾难将接踵而至，损失会越来越大。

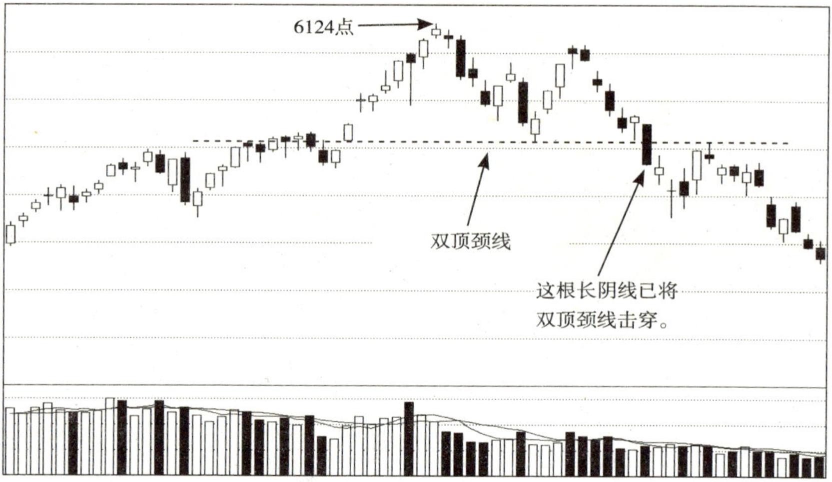

图57　上证指数2007年8月22日~2007年11月28日的日K线走势

见顶信号三：股指走势与成交量走势出现顶背离。从图中看，当时上证指数在上升的最后一个阶段，虽然指数在向上走，但成交量明显不配合，阳线量（指收阳线时放出的成交量）出现萎缩状态，与指数上升走势呈现顶背离状态（见图58画虚线处），这在技术上也是一个重要的见顶信号。

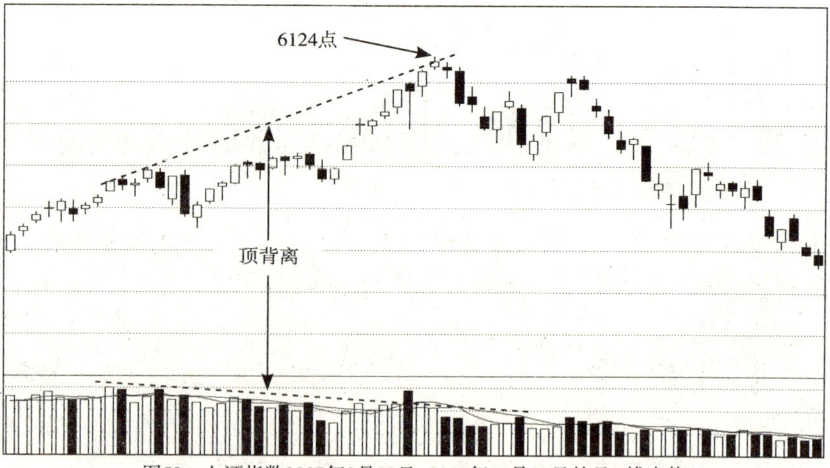

图58　上证指数2007年8月22日~2007年11月28日的日K线走势

见顶信号四：天量天价。股市有句名言，“天量之后是天价”。当时上证指数在 6124 点见顶前的第三天拉出了一根吊颈线，吊颈线是见顶信号，当日的成交量放出了近期的天量。“吊颈线 + 天量”是一个严重的见顶信号。果然，在这之后第三天此轮牛市行情就在 6124 点画上了句号（见图 59）。

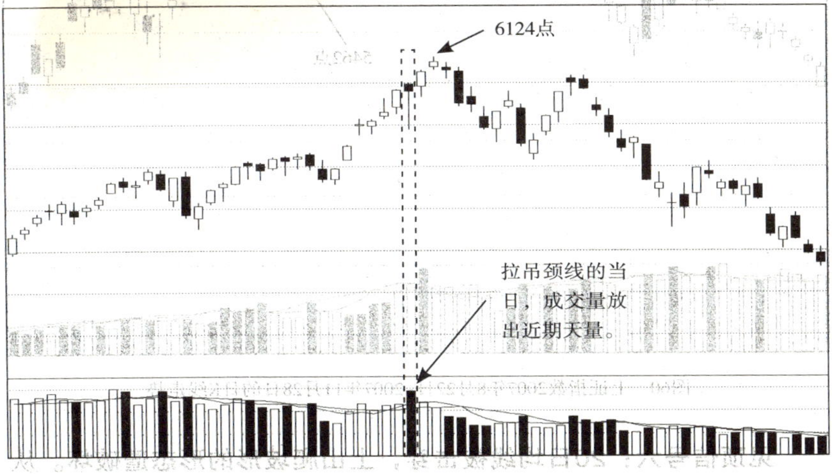

图59　上证指数2007年8月22日~2007年11月28日的日K线走势

见顶信号五：向下跳空缺口。2007年10月，上证指数在6124点见顶，回落至5462点后曾出现了一波反弹走势，股指反弹至6005点再次掉头向下，并在图60中箭头A所指处出现了一个向下跳空缺口（见图60）。从技术上来说，这个缺口是一个向下突破口，对趋势起着导向作用。一般来说，向下突破缺口出现后，预示股市的大调整拉开了序幕，形势变得对多方越来越不利。此时，稍有技术分析常识的投资者都会选择离开，退出观望。

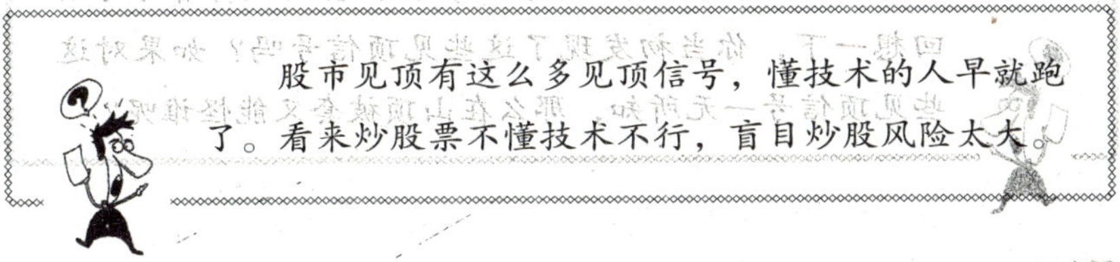

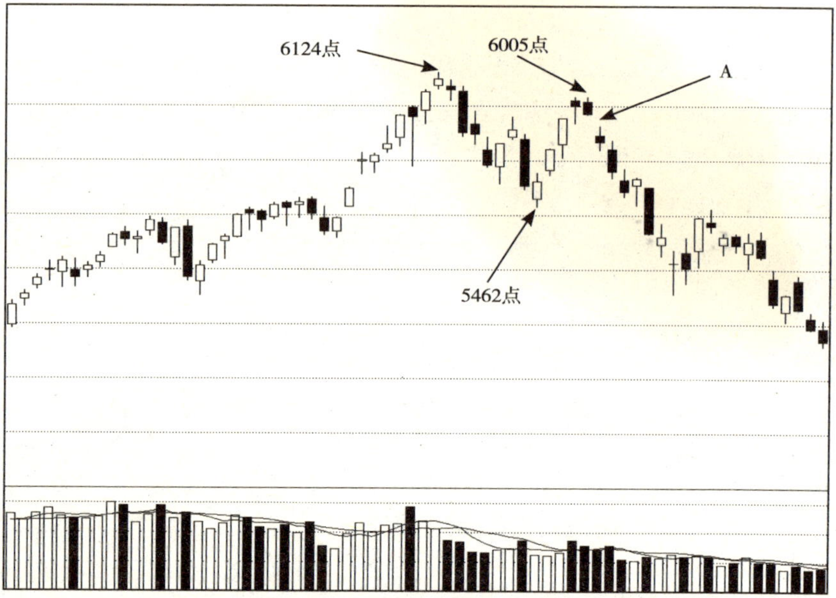

图60　上证指数2007年8月22日~2007年11月28日的日K线走势

见顶信号六：20日均线被击穿，上山爬坡形的形态遭破坏。从图中看，上证指数摸高6124点后的第8天，出现了1根跌幅达4.86%的大阴线，一下子将20日均线拦腰切断（见图61）。上证指数前期沿着20日均线往上爬升的上山爬坡形的形态遭到了破坏（编者按：有关上山爬坡形的特征与技术意义，详见《股市操练大全》第二册第60~63页），这对多方来说是一个很严重的问题。按照均线理论，如果短期内上山爬坡形的形态无法修复，股指必将有一次劫难。因此，投资者见此情形，只能三十六计走为上计，先卖出再说。

每次大盘见顶时都会套住很多人，但被套的投资者可仔细回想一下，你当初发现了这些见顶信号吗？如果对这些见顶信号一无所知，那么在山顶被套又能怪谁呢？

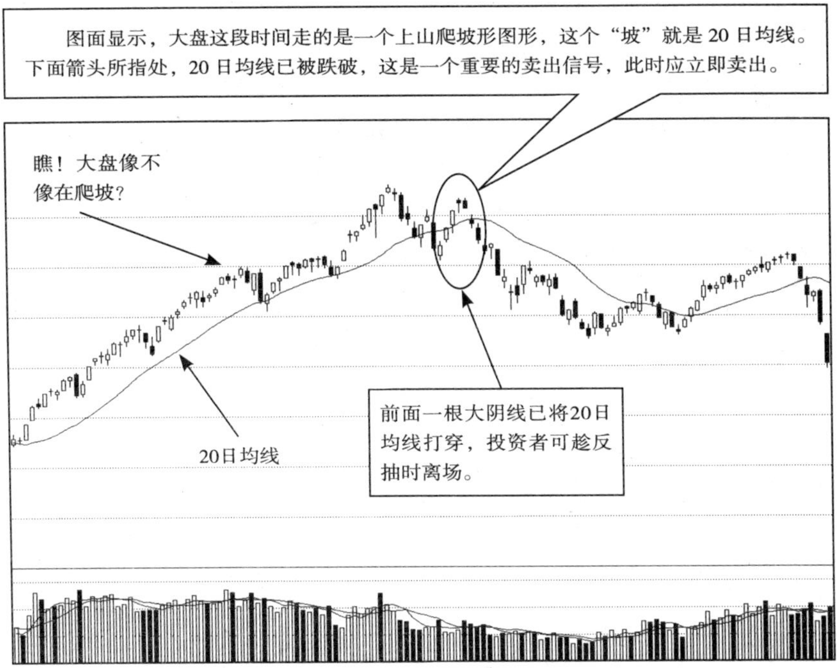

图61　上证指数2007年7月18日~2008年1月22日的日K线走势

除了上面讲的6个卖出信号外[注]，当时盘面上还出现了一些卖出信号，如均线组合上出现了死亡谷，日线MACD形成了死亡交叉，这里就不详细介绍了。总之，从当时的上证指数在6124点见顶这段走势看，它的卖出信号有很多，全部明显地摆在大家面前。投资者只要仔细观察、认真分析，发现并抓住这些卖出信号并不难。只要抓住了这些卖出信号，就可以做到在高位成功逃顶，成为这轮行情的赢家。

【注】为了叙述方便，同时也为了让读者对卖出信号看得更明白，我们将这些卖出信号分开来叙述。但在操作时，投资者应将这些卖出信号综合起来分析，以求提高对行情判断的准确率。

思考题参考答案

1. 这是2009年下半年上证指数的日K线走势图。

2. “凡事预则立，不预则废。”这是高手炒股的一个基本原则。高手炒股与普通散户炒股有很大不同，他们的行动都是有准备、有计划的，而大多数散户炒股都是脚踏西瓜皮，滑到哪里是哪里。

我们采访了很多高手，发现在2008年大熊市结束后，他们都忙得不亦乐乎，或是对市场进行调查研究，或是查阅一些资料，或是召开座谈会、交流会，在高手之间进行相互切磋。其中，讨论最多的问题是：2008年大熊市结束后出现的见底回升行情属于什么性质？这轮行情能走多远？可能会在什么地方见顶？见顶后局势将怎么发展？面对这样的行情应采取什么策略？

首先，我们来解答第一个问题。说说高手们为什么会如此重视2008年大熊市结束后出现的见底回升行情的性质。这是因为，高手认为行情的性质不同，操作方法就有很大的不同。一旦把行情性质弄错了，后面的麻烦就大了，轻则花了大力气结果赚不到什么钱，重则花了大力气还要赔钱，甚至赔大钱。

据了解，在2008年大熊市结束后，高手们经过反复研究，最终达成共识，认为2008年大熊市结束后的见底回升行情（即2009年出现的一波上升行情）的性质，应该与1994年大熊市结束后出现的见底回升行情性质类似，属于大熊市后的恢复性上涨行情。

这个定性非常重要，因为恢复性上涨行情有以下特点：第一，它不同于熊市中的反弹行情。它的上涨幅度要比熊市中的反弹行情大，而且不像一般的反弹行情结束回落时会创出历史新低，它回落的最低点要高于前面熊市的最低点。第二，它也不同于牛市中的上升行情。因为牛市中的上升行情在阶段性见顶后，经过短期回调，会继续展开升势，而恢复性的上升行情结束后，会出现长时间的震荡调整，并且这个震荡调整往往与熊市类似，投资者会感到很痛苦。恢复性上涨行情是特殊时期、特殊条件下产生的与众不同的独立行情，这个行情有其自身的特点，能否正确认识它、理解它非常重要，这将直接关系到投资者的操作成败。

高手告诉我们，若要充分了解2008年大熊市结束后出现的这轮上涨行情的性质及其未来的发展趋势，就有必要回顾一下1994年超级大熊市结束后，为什么会出现一轮恢复性上涨行情？这里的主要原因是：因为超级大熊市不同于一般性熊市。超级大熊市的特点是，跌幅特别深、下跌速度特别快，而一般性熊市跌幅浅、下跌速度缓慢，一轮熊市要跌上几年时间。超级大熊市对投资者的杀伤力远大于一般性熊市。所以在其熊市结束后出现的上涨行情基础很不稳固。很多人已被前面的大熊市跌怕了，一旦市场中有什么风吹草动，落袋为安的思想就会占上风，此时盘中做空力量就会暴增。这就决定了恢复性上涨行情走不高，到了一定高度行情就会戛然而止。

不过，恢复性上涨行情不是熊市中的反弹行情，两者有本质区别。因为在恢复性上涨行情出现时，导致股市走熊的一些基本面因素已经消失，行情走不高主要是投资者情绪不稳定所致。因此，股市冲高回落后再度走成大熊市，创出新低的可能性就不存在了。这样恢复性上涨行情结束后，股市走势就会在一个上有顶（即后面指数上涨不会超过恢复性上涨行情的高点）、下有底（即后面指数下跌的最低点比前面超级大熊市的谷底要高出一截）的箱体里进行长期震荡。通过这种长期震荡，才能将投资者情绪稳定下来，盘中才能积聚较强的做多力量。只有到了这个时候，大盘才会选择向上突破，展开新一轮上涨行情。

下面请大家仔细看看1992年10月~1997年5月的上证指数月K线

走势图（见图62），就会发现，1994年的大熊市是中国A股市场跌幅最大的一次熊市，仅仅一年多时间上证指数就跌掉了79.14%。在熊市见底后，马上就出现了一轮恢复性上涨行情；恢复性上涨行情结束后，大盘经过几年时间的震荡整理，而后才逐步走强，出现了新一轮的上攻行情。

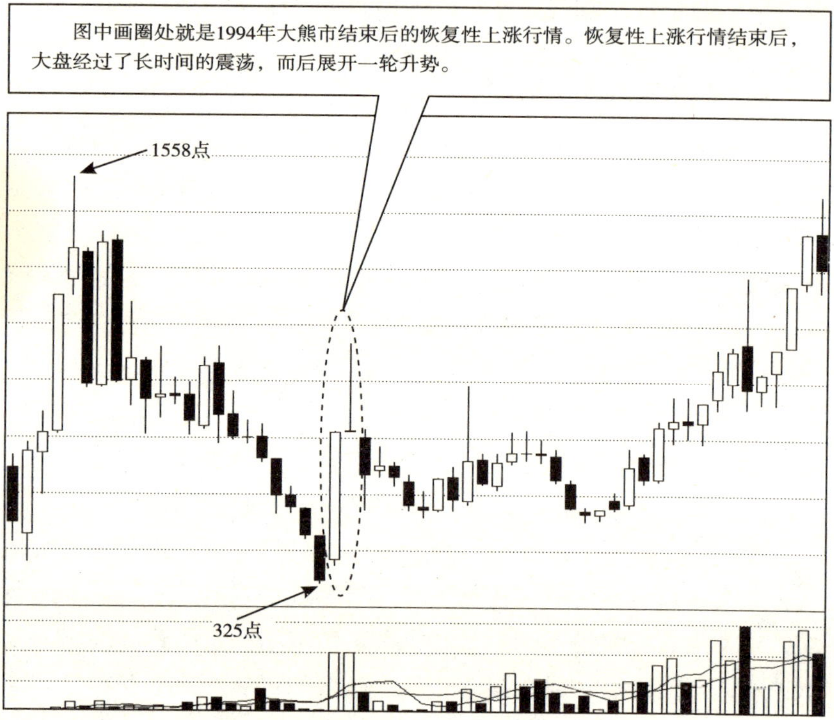

图62　上证指数1992年10月~1997年5月的月K线走势

高手说，2008年大熊市前后的情况与1994年大熊市前后的情况相似，因此可以拿来进行比较。如果仔细观察，当时它们都是先出现暴涨后出现暴跌，然后出现一段小幅回升的走势，其走势犹如英文字母“N”形状（见图 63、图64 ）。

高手说，股市的历史有惊人的相似之处。在一般情况下，我们说明："日价位线图"是将每日收盘价连在一起而形成的走势图。从日价位线图可以清楚地看出，当时两者的走势都呈现"N"形状。

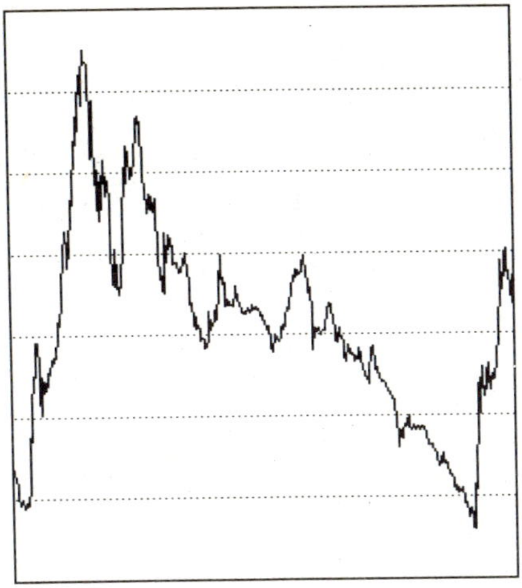

图63　上证指数1992年11月17日~1994年9月13日的日价位线

图64　上证指数2006年11月6日~2009年8月4日的日价位线

只要知道前者的走势是怎么走的，就可以判断后者的走势会怎么走，这里并不需要什么特别的技巧，只要你坚定地相信"股市历史会重演的"道理，就能对行情趋势做出正确的判断。我们还是回到图上来，既然沪市在1994年恢复性上涨行情结束后，出现了连续几年的低位震荡走势，那么，2008年末~2009年的恢复性上涨行情结束后，也一定会出现几年的低位震荡走势。当然这个低位震荡走势是不会创出历史新低的，这个大家不用担心。而且在长期震荡后，大盘最终会选择向上突破的。

高手说，了解了什么是恢复性上涨行情，以及恢复性上涨行情结束后局势会怎么变化，就能帮助投资者制定出正确的操作策略。高手谦虚地表示，其实我们操作没有什么特别的方法，仅仅是按照恢复性上涨行情出现后的操作要求进行买卖而已，是照章行事，所以我们赢了。而在恢复性上涨行情中做得不成功的投资者，主要原因就是没有对当时行情的性质做出正确的判断，对什么是恢复性上涨行情的知识知之甚少，甚至一无所知，所以操作时手忙脚乱，亏钱也就在所难免了。

接下来解答第二个问题。2009年的恢复性上涨行情究竟会在何处见顶？这也是高手重点关注的一个问题。一些高手经过深入研究后发现，它极有可能在3000~3400点之间见顶。理由是：

（1）按照黄金分割理论，2009年恢复性上涨行情在回升至前面熊市下跌的0.382处附近，遇阻回落的可能性极大。据了解，2007年10月~2008年10月这轮大熊市从6124点跌至1664点，总共跌掉4460点，4460 × 0.382=1704点，1664点 + 1704点 = 3368 点。也就是说，若按回升0.382计算，这轮恢复性上涨行情见顶的位置就可能出现在3368点附近。

有人问，2009年恢复性上涨行情，为什么不可以在黄金分割位0.5或0.618处见顶呢？这里有两个原因：第一，3700点附近的密集成交区会使大盘知难而退。比方说，若是按照回升0.5计算，那么恢复性上涨行情见顶的位置就可能移至3894点附近，而要达到这个点位就会遇到一个重大障碍——3700点附近的密集成交区。这个密集成交区就是阻止大盘继续上行的拦路石，要搬掉这个拦路石是相当难的。据了解，2008年大熊市期间，上证指数从5000多点一路跌至2900多点时，管理层针对股市连续大跌而推出了一些重要的利好政策。当时大盘在利好政策的刺激下，上证指数从2990点反弹至3786点。但无奈这个时候大熊市格局已定，短期的利好政策只有一时的刺激作用，但它不能扭转熊市的向下趋势，沪股在3700点附近停留了一段时间，最终还是选择了向下突破（大盘之后就一路狂泻，一直跌至1664点熊市才见底）。这样，当时3700点附近反弹被套的大量筹码，就成了阻止将来大盘上升的一个密集成交区。对这样的密集成交区，考虑到恢复性上涨行情中投资者情绪还不稳定、盘中做多力量也不是特别强盛等因素，大盘是很难冲过这道关口的。市场主力对此心知肚明，他们会在此之前就鸣金收兵，所以恢复性上涨行情回升的高度只能在0.382附近，而不可能在0.5或0.618处附近。

（2）30月均线将会压制大盘上行。2009年恢复性上涨行情有个先天不足之处，即在它上涨时，30月均线却横在半空中。这样在它上涨接触到30月均线时，30月均线就会对它的上行起到一个强制的下压作用，迫使它掉头下行。也许有人会想，如果上天眷顾，大盘会不会冲破30月均线的阻挠，继续上行呢？答案应该是否定的。如真要出现这种局面，除非盘中积聚了极大的做多能量，一般情况下是绝对冲不过去的，而遗憾的是，恢复性上涨行情本来就是投资者情绪不稳、做多力量不足的上涨行情，在这种情况下，大盘碰到了30月均线只会被打压下来，而不可能冲上去（见图65）。

瞧！2009年恢复性上涨行情走到30月均线的地方，就画上了句号。30月均线横在半空中，将大盘指数打弯了腰，大盘指数只能掉头向下。可见，当时30月均线横在半空中，对大盘杀伤力有多么厉害。

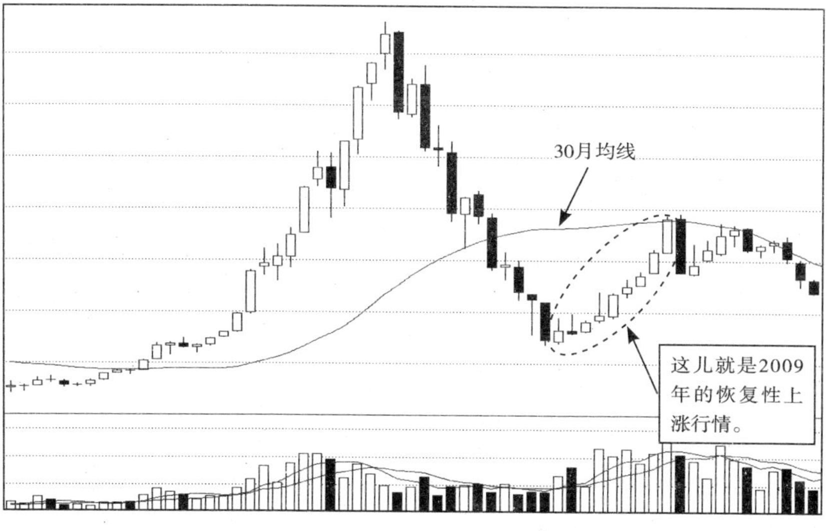

图65 上证指数2005年6月~2010年6月的月K线走势

最后再来解答第三个问题，面对这样的行情应该怎么操作。高手告诉我们，首先，投资者要确定行情的性质，当知道这是恢复性上涨行情，投资者就要采取阶段性看多做多的策略，到了一定位置就必须卖出，而不能像在大牛市中那样捂着股票不动。其次，要在恢复性上涨行情预定的目标位（如3300~3400点）到达时主动止盈出局，或者看到K线见顶信号出现时马上卖出，止损离场。最后，卖出后可参照1994年恢复性上涨行情结束后的震荡走势，确定一个震荡范围进行高抛低吸（比如，将2000~3000点作为一个箱体，在3000点处卖出，在2000点处买进）。当然，震荡行情最后还是会走出来的，走出来的方向是向上而不是向下。到了这个时候，就不要再高抛低吸了，要及时改变操作方法，学会捂股待涨，因为一轮新的牛市上升行情出现了。

K 思考题参考答案

1. 这是2006年下半年度上证指数的日K线走势图。

2. 图中画圈处的K线图形叫“冉冉上升形”。冉冉上升形的K线图形特征是：股价经过一段时间横盘后出现了向上倾斜的一组小K线（一般不少于8根），其中以小阳线居多，中间也可夹着一些小阴线（见图66）。这种不起眼的小幅上升走势就如冉冉上升的旭日，故名“冉冉上升形”。它往往是股价日后大涨的前兆，如若成交量也呈温和放大态势，这种可能性就很大。从沪深股市历年来的走势看，大牛市行情启动初期，就是常以这种形式表现出来的。另外，在一些大牛股上涨初期的K线图形中也经常会有冉冉上升形的图形出现。因此，投资者在分析大盘走势或挖掘牛股时，若见此K线图形，可先试着做多，如果日后股价出现拉升现象，再继续加码买进。例如，本图中出现冉冉上升形K线图形时，当时的上证指数还在1800点下方运行，之后股市就一路上涨，一直攀升至6124点才见顶。若当时有谁根据冉冉上升形的K线信号，积极看多做多，后面获利空间就非常大。

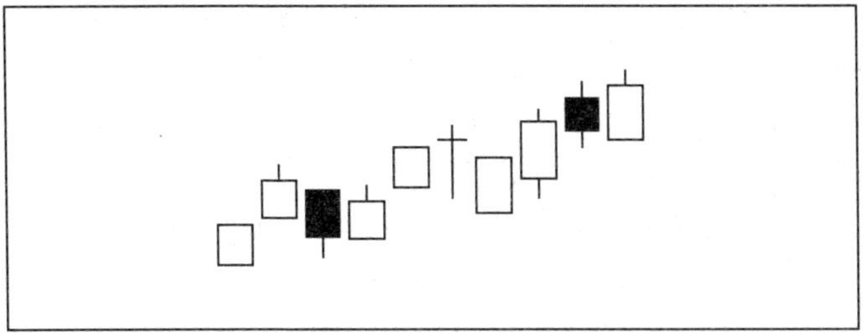

图66　“冉冉上升形”K线组合图形示意图

思考题参考答案

解答

1. 这是1994年上半年度上证指数的日K线走势图。

2. 从图中看，当时上证指数在这半年中呈现一路下跌的走势，盘中做空力量非常强大，持股做多者输得很厉害。

其实，盘中做空力量强，从一开始的K线图形中就能看出。比如图中第一个画圈处是一个穿头破脚[注1]的K线图形，就显示出它有极强的做空动能。图中靠右边的一根长阴线把前面的几根阳线都覆盖了。这种现象有人形容为“狮子大开口”（指这根长阴线一下子把前面的几根阳线都吞吃了）。可见，当高位出现这种气势汹汹的穿头破脚图形时，投资者应予以高度警惕，此时，首先是绝对不能再买进股票了，其次，要赶紧将留在手中的股票处理掉，处理得越早，损失越少。

如果说在图中第一个画圈处还看不明白盘中做空力量有多强，那么，到了第二个画圈处，主力砸盘动作表现得非常明显，此时稍有股市经验的投资者，无论如何都能看出盘中做空力量特别强大。

下面我们就对第二个画圈处的K线图形做一些解析，看看当时盘中到底发出了哪些重要的看跌信号。

第一，吊颈线[注2]（见第2个画圈处最左边的1根K线）。图面显

【注1】 关于“穿头破脚”K线组合的特征、技术意义与相关实例，详见《股市操练大全》第一册第70~72页、第七册第42~53页。

【注2】 关于“吊颈线”的特征、技术意义与相关实例，详见《股市操练大全》第一册第29~31页。

示，当时大盘跳空高开，留下一个跳空缺口后拉出这根吊颈线。虽然当天是放量上涨的，但收了一根吊颈线却是不祥之兆。因为从技术上说，吊颈线是一个看跌信号。

第二，吊颈线加上后面的一根阴线，又组合成一个穿头破脚的图形。在这个穿头破脚图形中，后面的一根阴线将前面的一根吊颈线覆盖了。这一方面说明，前面吊颈线看跌信号的有效性已被市场验证。如果吊颈线出现后大盘继续高开高走，那么这根吊颈线的看跌信号就是假的，我们还不能以此判断主力在刻意做空。但在吊颈线的后面出现了这根阴线，此时就能正式确定这根吊颈线的看跌信号是真的了。另一方面，跳空缺口上方马上就出现了一个凶神恶煞似的穿头破脚图形，说明当时大盘的形势非常严峻。这对多方来说是极为不利的，后市岌岌可危。

第三，乌云盖顶。第2个画圈处的第3、第4根K线合在一起就是一个乌云盖顶的K线组合，这也是一个重要的见顶信号。

第四，下跌三连阴。第2个画圈中的最后3根K线都是阴线，合在一起就是一个下跌三连阴走势。下跌三连阴是股市中经常见到的下跌形态，而且这个下跌三连阴已经将前面向上跳空缺口完全封闭。大家知道，向上跳空缺口很快就被封闭，说明盘中看空、做空的人很多，而做多的人很少，所以才会导致这样的现象出现。

第五，成交量暴增。在第2个画圈处众多见顶信号出现时，下面的成交量比以前成倍增加，如此大的成交量出现在下跌途中，用一句行话来说，就是价跌量增，后市看跌。其实，在股市里待久了就会知道，这样暴增的量，不用分析就能判断这是主力大量卖出所致。

综上所述，第2个画圈处反映盘中做空的力量非常强，在此情况下，投资者唯一的选择就是马上卖出。因为在这么强大的做空力量压制下，股市后面还有很大的下跌空间，卖晚了，特别是继续看多做多，损失就会非常大。

该案例给我们的重要启示是：

（1）当盘中存在较大的做空动能时，投资者应顺势而为，停止看多做多，马上止损离场，这就是规避市场风险的最明智的做法。

（2）做股票要想获得成功，就要努力成为先知先觉者。例如，能在图中第一个画圈处（见图67）出逃的投资者就是先知先觉者，在第二个画圈处出逃的是后知后觉者。在第二个画圈处仍在不断买进股票或者持股不抛者则是不知不觉者。股市里输钱输得最厉害的就是不知不觉者。

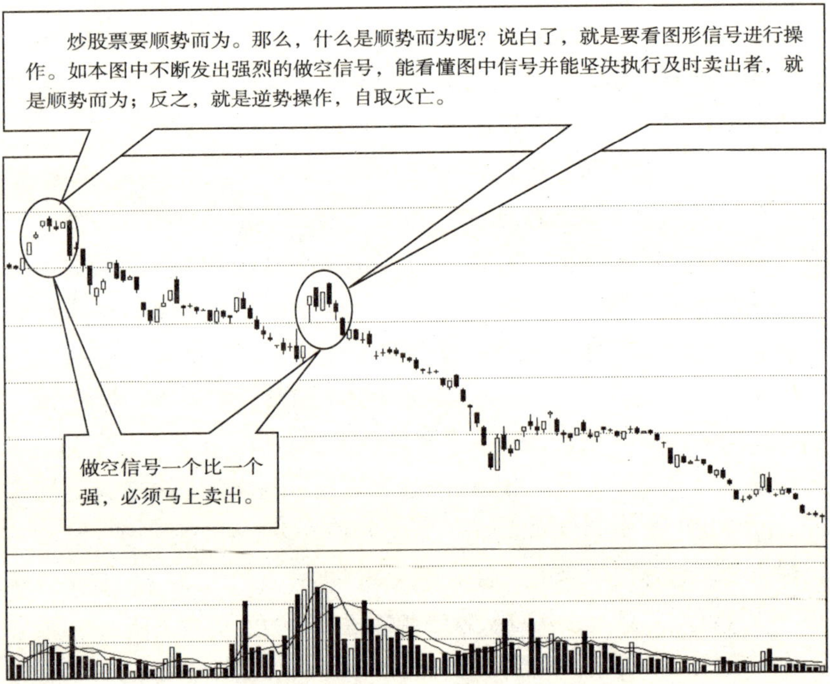

图67　上证指数1994年上半年度的日K线走势

2 思考题参考答案

解答

1. 这是2000年下半年上证指数的日K线走势图。

2. 填充：空方尖兵。

空方尖兵是一个见顶图形，其特征是：最左边的K线是一根阴线并带有很长的下影线，而后股价就出现了回升，收出若干小阳线，正当人们认为盘面平安无事时，空方又突然发起进攻，连收阴线，股价就此形成急速下跌的走势（见图68空方尖兵放大图形）。

值得注意的是，在沪深股市的历史中，大盘有好几次构筑头部时，主力都用它来掩护出货，上当受骗的投资者非常多。故此，无论是大盘还是个股，在涨幅较大的情况下出现空方尖兵的图形都是一个危险信号。投资者如遇见它，必须无条件地退出观望，这要作为一条铁的纪律来执行。不要犹豫，立即卖出，这是防止受骗上当、避免在顶部吃套的一个非常有效的方法。

说明：我们把2000年下半年上证指数见顶时的空方尖兵图形进行放大，就能清楚地看出该图形的欺骗性。例如，箭头A所指处是一根长下影线，使大家误以为探底成功了，特别是在这之后连收4阳，更让大家误以为多方要发力上攻了；但箭头B所指的一根中阴线则暴露了主力的意图；再后面箭头C所指的一根大阴线就把主力造顶出货的目的完全揭露了。大家了解了这个图形特征，今后就不会再被它骗了。

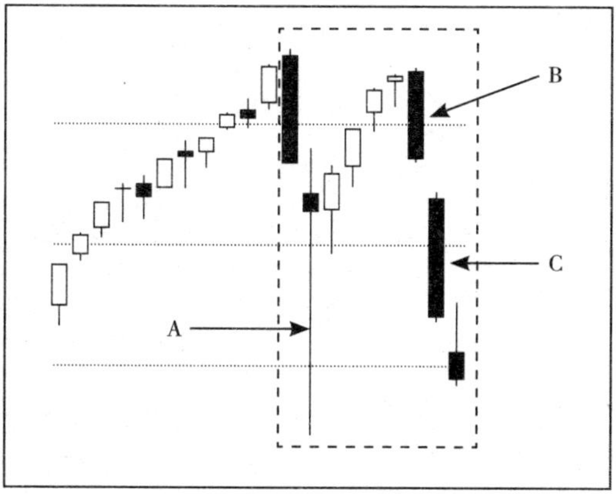

图68　空方尖兵

3 思考题参考答案

1. 这是2013年上半年上证指数的日K线走势图。

2. 高手的判断是对的。理由是：

第一，从图中看，箭头所指的低点是当时股市加速赶底形成的一个低点，它符合股市快速见底的特征——先缓慢下跌，后快速下跌；先拉小阴线，后拉大阴线，最后出现一根带有长下影线的锤头线。锤头线在此出现是一个见底信号，而且这根锤头线的下影线特别长，股价从下影线的最低点拉回到收盘价有很长一段距离，股价回上来时，力度很强，并且呈现放量回升的态势。从技术上说，这种形式的单针探底可靠性较强，至少短期内很难再创出新低。

第二，高手告诉我们，下影线特别长的单针探底获得成功在股市上有很多先例。高手给我们举了一个例子（见图69）。从图中看，当时沪指出现了一根很长的下影线，股指后面没有再创过新低，过后不久，就出现了一轮上攻行情。

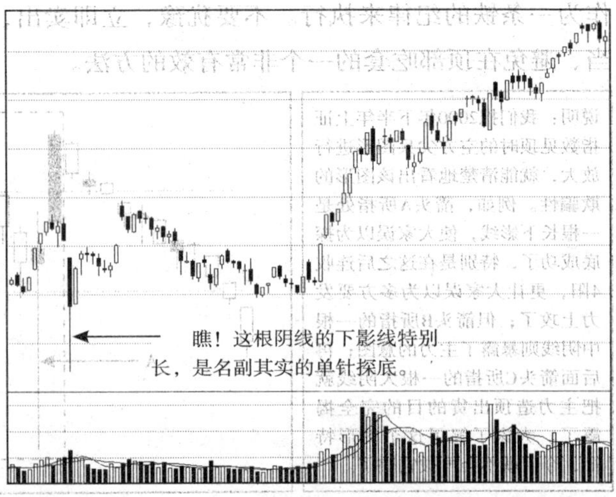

图69　上证指数1992年11月12日~1993年3月25日的日K线走势

第三，从历

史经验看，这轮下跌的空间与时间均已调整到位。高手说，“股市历史不断重演”是股市中的一个规律性现象。投资者做股票时，无论是分析大盘还是个股走势，都要参照历史经验，这样获胜的概率就会显著提高。就拿 2013 年上半年的上证指数走势来说，在它单针探底出现 1849 点这个低点前的一段时间，曾经出现过一个 1949 点的低点（见图 71）。这样的情况与上证指数在 1993 年 12 月 ~ 1996 年 12 月的走势极为相似，当时上证指数在恢复性上涨行情见顶、指数被腰斩后，出现过 524 点、512 点两个低点（见图 70）。当时上证指数在出现 512 点这个低点后，股市就没有再创过新低，之后就出现了一轮牛市大行情。以此对比，是否就可以推断出，2013 年 6 月出现 1849 点后，大盘指数不会再创新低，而是也会开启一轮牛市行情呢？

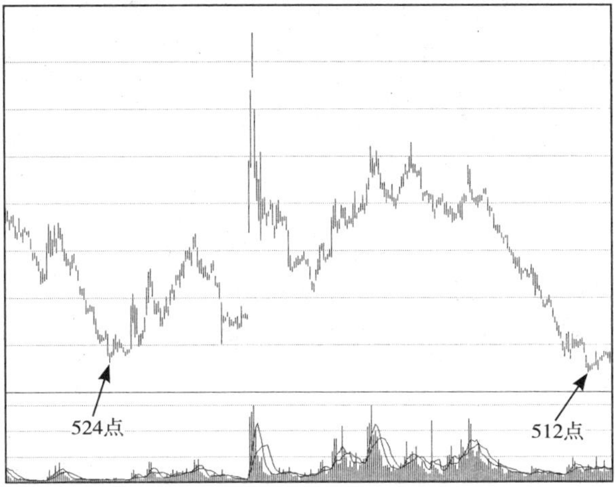

图70　上证指数1994年11月10日~1996年2月5日的日K线走势

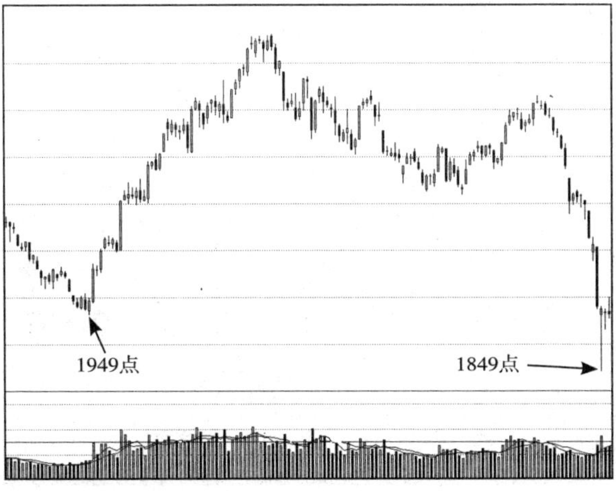

图71　上证指数2012年12月5日~2013年6月27日的日K线走势

高手这样推断是有道理的：因为上证指数在1994年恢复性上涨行情见顶后出现的一段下跌走势，其性质是小熊市。小熊市的最低点一定会比前面大熊市的最低点要高，这是由其市场性质决定的（注：关于大熊市、小熊市的特点与两者之间的区分，详见《股市操练大全》第十册第502~512页）。图70中，前面大熊市的最低点是325点，而小熊市中的最低点是512点，512点离325点不足200点。在小熊市里空方的力量不及大熊市里空方的力量，所以指数跌到512点后就跌不下去了。512点就成了当时这轮小熊市的最低点，之后不久就出现了一轮牛市大行情。同样的道理，上证指数在2009年8月恢复性上涨行情见顶后出现的一段下跌走势，其性质上也应该是小熊市。因为在它之前也出现过一个大熊市，大熊市的最低点为1664点。而现在大盘指数跌至1849点（见图71），1849点离1664点距离同样不到200点，所以很有可能是这轮小熊市的最低点。以后的事实证明，高手这个判断是正确的，上证指数在2013年6月探至1849点后就未再创新低，经过一段时间的筑底之后走出了一轮牛市大行情（见图72）。

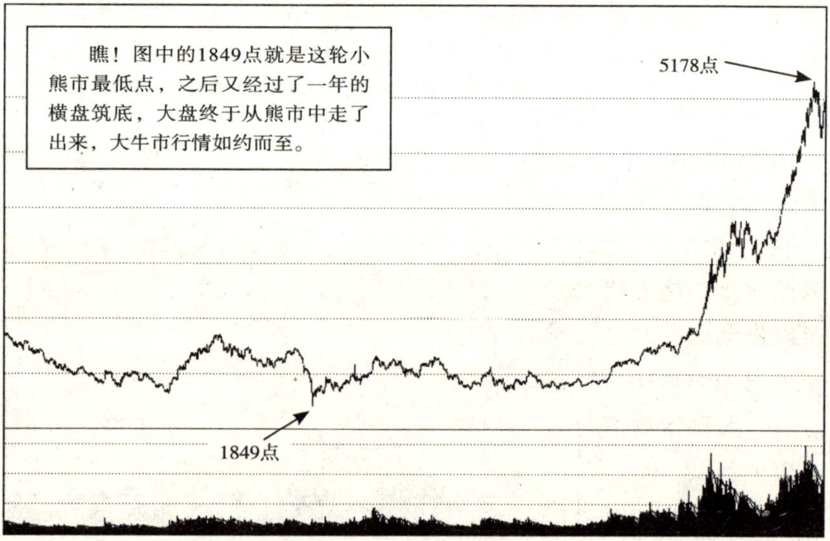

图72　上证指数2012年5月7日~2015年5月13日的日K线走势

第四，月K线图显示（见图73），2013年6月上证指数被砸到1849点，这个点位极有可能是2009年8月上证指数在摸高3498点见顶后，连续几年调整下来的最低点。由此可以推断，这轮小熊市在1849点见底了。其见底的最重要标志是，当指数跌至1849点时被240月均线有力地托起。240月均线是中国A股市场全体投资者20年来持股的平均成本线。从1990年12月上海证券交易所成立算起，我们国家的股市总共只有20多年的历史。如果当时连240月均线都被击破了，那就意味着1993年以后入市的投资者（包括机构投资者）整体上都是亏钱的，这显然是不可想象的。所以，240月均线就是中国A股市场的生命线，这条生命线，管理层与股市中的各方人士（包括投资者）都十分看重，它不会被空方击破。另外，空方打到这个地步，也会因为敬畏这条生命线而收手，空方也惧怕在这个地方抛出的筹码会被无形之手统统拿走，偷鸡不成反蚀把米。高手通过对几方面因素的综合考虑，得出一个结论：2013年6月上证指数快速跌至1849点是盘中做空力量充分释放所致，它被240月均线挡在门外是必然的，1849点就是这轮小熊市的最低点。高手认为，既然小熊市低点已探明，大家可以趁股市还在筑底时逢低吸纳，耐心持股，日后必有丰厚的投资回报。

图73　上证指数2008年11月~2015年4月的月K线走势

4 思考题参考答案

1. 这是1999年上半年度上证指数的日K线走势图。在此期间，因管理层推出积极的利好政策（比如清理整顿场外交易市场、开辟证券公司合法融资渠道、扩大证券投资基金试点等一系列政策），中国A股市场在5月份由科技股引领，爆发了一轮井喷行情。因为这轮行情是从5月19日开始的，故被人们称为“5·19”行情。虽然这轮上涨行情时间不足一个半月，但指数涨幅却相当惊人，上证指数从1047点起步，最后摸高至1756点，这轮逼空式的上涨行情才画上句号。据了解，当时上证指数在短短一个多月里就大涨了67.72%，一举扭转了股市连续几年疲弱不堪的局面，这对推动中国A股市场健康发展起到了非常重要的作用。所以后来每当股市走熊、人气丧失时，大家都会提起当年的“5·19”行情是如何让股市绝处逢生的，可见“5·19”行情在投资者心目中的重要地位。

2. 画圈处是一个底部岛形反转的图形。什么是底部岛形反转呢？我们先请大家看一张底部岛形反转的示意图（见图74）。

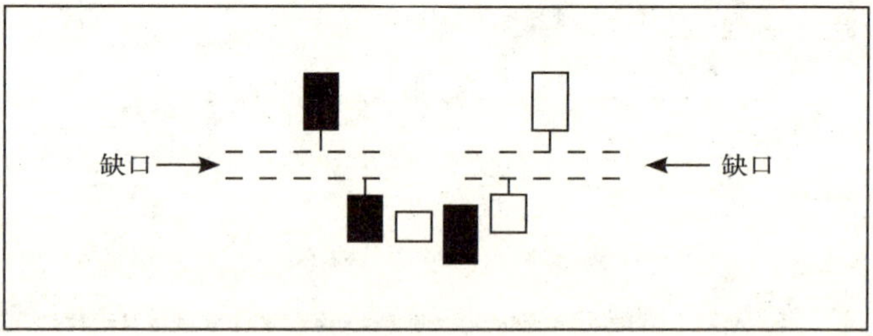

图74 底部岛形反转示意图

底部岛形反转的图形特征是：在下跌行情中，股价已有了一定的跌幅后，某日突然跳空低开，留下一个缺口，日后几天股价继续下沉，但股价下跌到某个低点又突然峰回路转，股价开始急速回升，并留下了一个向上跳空的缺口。这个缺口与前期下跌时的缺口基本上处于同一价位区域。从图形上看，股价明显分成两块，中间被左右两个缺口隔开，使得图中下面一块图形犹如飘离海岸的岛屿（有时候这个岛屿也可能由一根K线组成）。底部岛形反转时常会伴随着很大的成交量。如果成交量小，这个底部岛形反转图形就很难成立。底部岛形反转是个转势形态，它表明股价已见底回升，将从跌势转化为升势。

图75画圈处就是一个典型的底部岛形反转图形。股价在上涨时，成交量放大现象十分明显，此时投资者见此情形应该马上跟进，这样就能享受到股市大涨带来的盛宴。

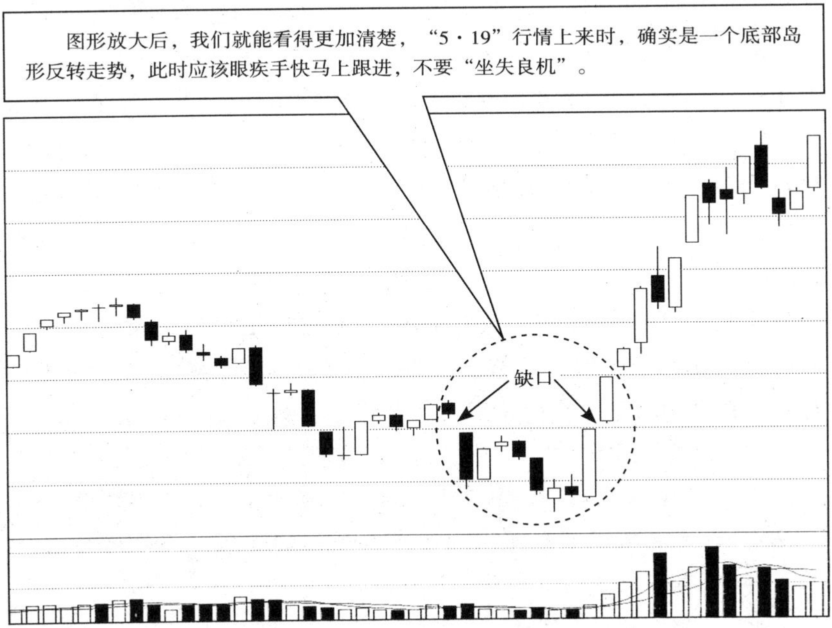

图75　上证指数1999年4月1日~1999年6月7日的日K线走势

5 思考题参考答案

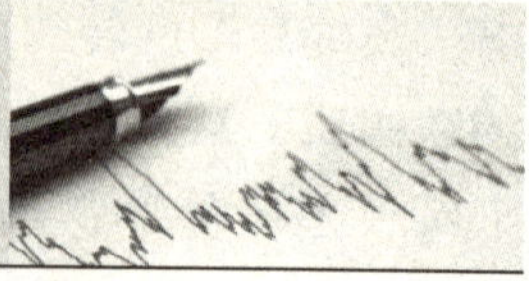

1. 这是2005年下半年上证指数的日K线走势图。

2. 本题是根据当时真人真事编写的一个故事。当时的情况是：上证指数2245点见顶后，一连走熊了5年，在这5年熊市中出现过多次反弹，但每次反弹结束后，大盘不仅会跌回原地，而且会跌穿前期低点后再创新低。久而久之，大多数投资者就产生了一种思维定式，反弹冲高回落后，若不卖出，以后再跌回原地卖出就亏大了。所以，本题中大多数投资者都在画圈处选择了卖出；而A君却反其道而行之，在这个地方选择了大量买进。其实，A君不是指一个人，当时确实有一批有眼光的股市高手在此选择了重仓，本题中的A君就是指他们这些人。据了解，这些人为什么敢在此处积极看多做多，是有其深刻理由的。我们采访了一位高手，他就是在见到“金山谷”中5日、10日、30日均线两次向上发散时大量买进的。因为金山谷的出现标志着上升趋势已经确定，后面会有很大的上升空间，所以他才敢于在此重仓做多。

那么，什么是金山谷呢？其实，金山谷是相对于银山谷而言的，就是先有银山谷，后有金山谷。为了让大家对银山谷、金山谷有一个直观的印象，我们先请大家看两个实例（见图76、图77）。

什么是金山谷？以前没有听说过。高手用金山谷赚大钱，这说明他们确实有一套与众不同的本领，我得好好向高手学习。

实例一：江西铜业（600362）。

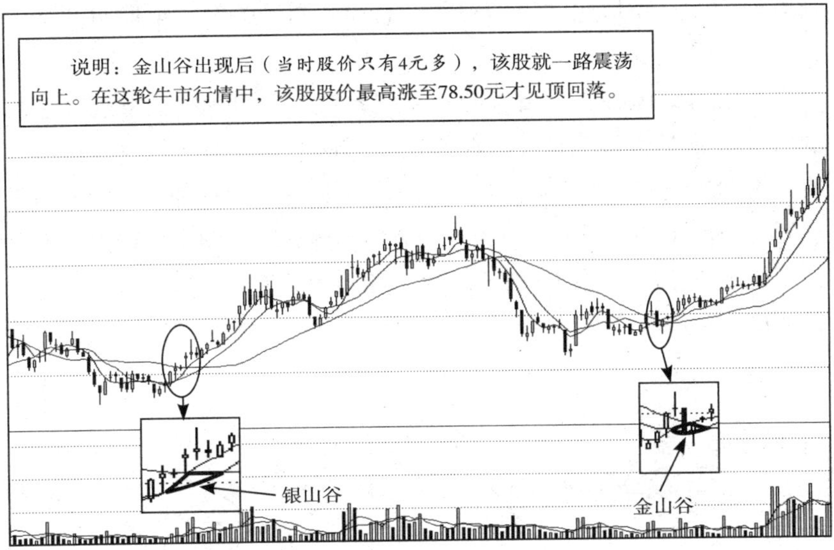

图76　江西铜业（600362）2005年6月10日~2006年1月19日的日K线走势

实例二：中信证券（600030）。

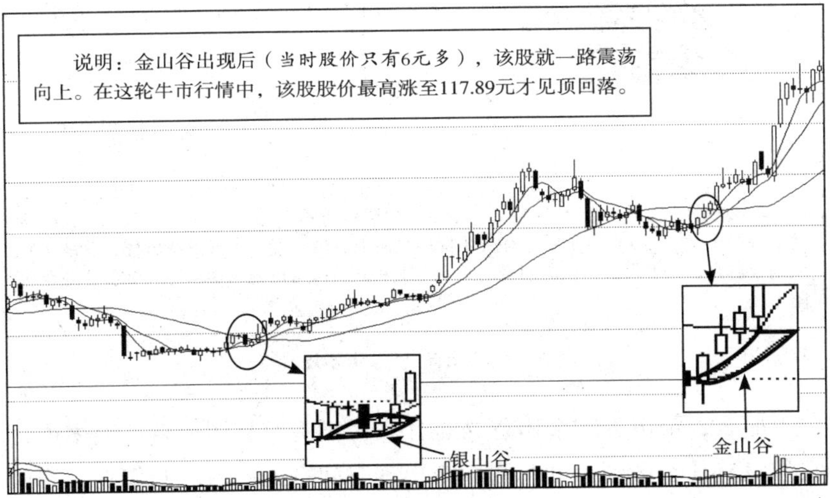

图77　中信证券（600030）2005年9月26日~2006年4月11日的日K线走势

大家可以清楚地看到，上面两个实例中各有两个画圈处，左边画圈处中的三角形叫“银山谷”，右边画圈处中的三角形叫“金山谷”。

有了对银山谷、金山谷的直观印象后，下面我们就来说说它们的特征。其基本特征是：短期均线由下往上穿过中期均线和长期均线，中期均线由下往上穿过长期均线，从而形成了一个尖头朝上的不规则三角形（见图78中银山谷、金山谷示意图）。图中出现尖头朝上的不规则三角形，表明多方已积聚了相当大的上攻能量，这是一个比较典型的买进信号，所以人们形象地把它称为银山谷、金山谷。

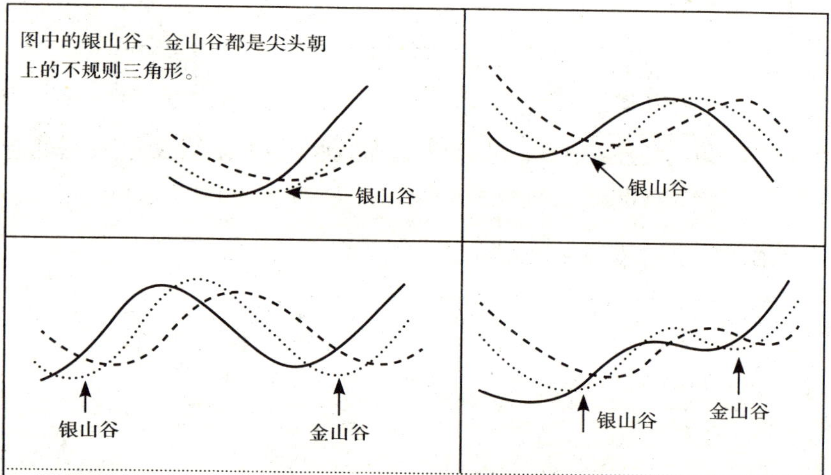

说明：①短期移动平均线用“———”表示，中期移动平均线用“…………”表示，长期移动平均线用“– – – –”表示。②有时几根均线向上发散并无三角形形状出现，而是交叉或粘合后直接向上发散。因为两者的技术意义相同，故可以视为银山谷、金山谷的变化图形。

图78　银山谷、金山谷示意图

那么，银山谷和金山谷又有什么区别呢？从图形特征上来说，它们没有什么区别，其不同在于出现时间有先有后。我们把在均线上先出现的尖头朝上的不规则三角形称为银山谷，后出现的尖头朝上的不规则三角形称为金山谷[注]。通常，金山谷的位置要高于银山谷，但有时也可略低于银山谷。从时间上来说，两个“谷”之间相隔时间越长，金山谷的含金量就越高。就技术上而言，金山谷买进信号的可靠信要比银山谷强，其原因是，金山谷的出现既是对银山谷做多信号的再一次确认，又说明多方在有了前一次上攻经验后，这次准备更加充分了，这样成功概率自然会更大些。因此，稳健型的投资者应把买进点设在金山谷处，这样投资风险要小得多。从统计资料来看，在银山谷处买进股票，日后成功与失败之比为7：3，而在金山谷处买进股票，日后成功与失败之比为8：2。可见，在银山谷处买进，与在金山谷处买进，所冒的风险是不一样的。

在大家了解了什么是银山谷、金山谷后，我们再来看扑克牌图中A君的行为，就能知道他在图中画圈处，积极看多做多、重仓持股的原因了。A君说，虽然当时上证指数已从2245点跌至998点，若从基本面、政策面上分析，熊市可能已结束，998点就是这轮熊市的谷底。但是在当时的市场环境中，熊市的阴风并没有散去，还会不时袭击股市，所以尽管当时大盘出现了触底反弹走势，但这个反弹行情能否演变成反转行情，新一轮牛市行情是否就此开启，他心里并没有多少把握。因此，他一直在持币观望，迟迟没有动手，直到他看见图中出现了金山谷（见图79中画圈处）才一下子兴奋起来。因为A君知道，在这个时候，大盘出现了金山谷，表明主力开始积极做多了，新的牛市行情可能开始了，于是他在这个地方重仓杀入。而当时在这个地方卖出的投资者，后来都后悔不已。

【注】并不是所有出现银山谷后上涨的股票，后面都会有金山谷出现，有的在出现银山谷后股价就上去了（如果是V形反转，就不会出现金山谷）。这样对稳健型投资者来说，以金山谷作为买进点的人，也可能因此而失去一些获利机会。这也就是我们通常说的“有所得必有所失”吧！这种情况不仅是稳健型投资者经常会碰到的，激进型投资者又何尝不是鱼和熊掌不能兼得呢？激进型投资者把银山谷作为买进点，获利机会虽然多了一些，但所冒的风险要比把金山谷作为买进点大得多。

A君看到金山谷出现后（当时上证指数只有1100多点）马上买进，买得非常及时、非常正确。之后不久，中国A股市场就迎来了一轮轰轰烈烈的牛市大行情（这轮行情上证指数涨至6124点才见顶回落），A君获利十分丰厚。

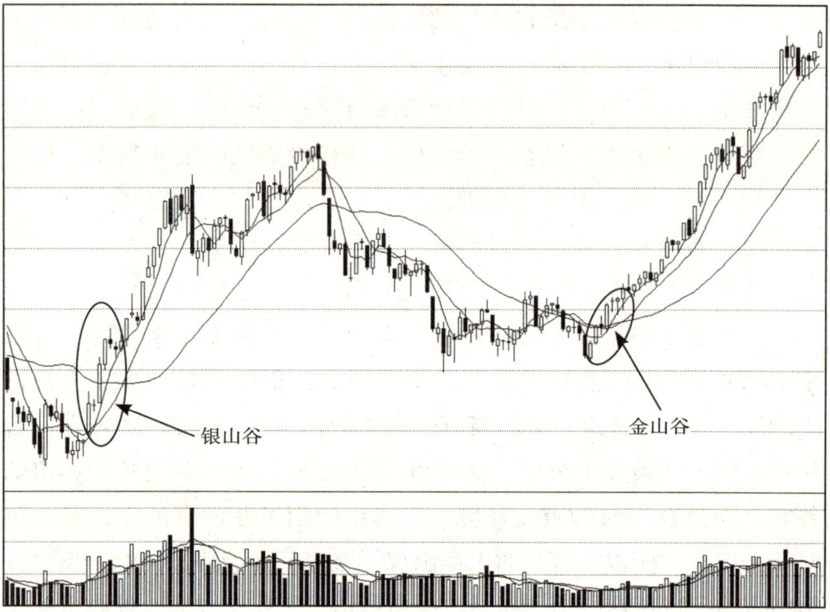

图79 上证指数2005年7月1日~2006年2月15日的日K线走势

6 思考题参考答案

1. 这是2014年下半年上证指数的日K线走势图。

2. 普通投资者的一个短板是：缺乏对行情趋势的预判能力。高手则不同，由于他们掌握了一些特殊方法，所以对行情趋势的预判能力远胜于普通投资者。本题中的高手就是用他的秘诀对行情趋势做出了正确的预判。2014年7月，中国A股市场开启了一轮牛市行情，这轮牛市行情刚出现时，很多人都把它视为反弹行情，认为这轮行情走不远，上升空间有限，所以，多半采取了短线操作方法，打一枪就走，生怕持股时间长了会吃套。但短线操作方法是不适合牛市行情的，牛市来了就要学会捂股。本图中我们看到上证指数从2014年7月的2100多点起步，一路上涨到2014年末的3300多点，指数涨了近6成，如果在这轮牛市行情中捂好一只股票，少则可以赚上两三倍，多则可以赚上五六倍甚至更多，其收益比短线要高得多。

据了解，这位高手研判大势主要是看图形走势，但高手重点是看月K线图而不是看日K线图，因为高手认为，看月K线图比看日K线图准确性更高。为了加深大家对高手这个秘诀的印象，我们先请大家看一张图（见图80），然后再来做解释。

炒股一定要学会看图，但怎样看图也很有讲究。有些人炒股只看日K线图，而不看周K线、月K线图，那很容易犯错误。因为月K线图是图中“老大”，若不知晓老大在做什么，又怎么能看准大势呢？

图80　上证指数2004年10月~2015年4月的月K线走势

请问：图80中3个画圈处都是明显的上涨行情，为什么有的走势特别强，而有的走势相对较弱、涨幅有限？其中的原因是什么？

大家看过图了，也思考过了，我们在这里揭晓谜底。高手判断行情强弱的秘诀就在月K线图的几根均线上。高手研判大势的方法是：如果月均线处于完全多头排列状态（即5月、10月、30月均线同时向上发散），那么这轮上升行情的性质就是超强势，它开启的将是一轮牛市行情；如果月均线处于半多头排列状态（即只有5月、10月均线在向上发散，而30月均线却横在半空中），那么这轮上升行情的性质就是阶段性强势，它开启的是一轮反弹行情而不是牛市反转行情。投资者看到月均线完全多头排列，就可以积极做多，一路持股；而看到月均线半多头排列，就只能谨慎做多，阶段性持股。

高手的手里有了这个秘诀（注：迄今为止，未见其他地方有此方法介绍，这也属于高手的“专利”），难怪他对每次上升行情的性质判断特别准确。例如，2005年6月上证指数在998点见底后，行情刚起来不久，他就判断市场进入了一轮牛市，属于超强势状态，此时投资者必须采取积极看多做多、持股待涨的策略。而 2008 年 11 月，上证指数在 1664 点见底后起来的上升行情，他只是谨慎地看好。他认为当时的市场只是大熊市后的一波反弹行情，故而这轮行情上涨空间不大，极有可能在 3000 点附近受阻回落。因此，投资者对这轮行情不要寄予太大希望，在投资策略上要谨慎做多，不能把股票一直捂在手里，一旦遇到空方阻击，就应果断离场。

又如，2014年下半年上证指数出现了一轮上涨走势，他一开始就认识到这是一轮新的牛市行情，把它定性为超强势状态，所以他建议大家放弃熊市思维，积极看多做多，持股待涨，享受牛市带来的盛宴。另外，高手认为，若是一轮新牛市行情，指数翻倍前不会出现大的调整，故而他让大家在4000点下方坚决看多做多，一路持股。

又及：本书完稿后向读者征求意见时，很多读者认为本题内容十分重要，对他们日后操作会有很大帮助。但同时这些读者也向我们提出了一些要求。例如，①请将高手独门秘诀介绍得更详细些；②希望从高手的经验中悟出一些道理来，从而能给大家带来更多的启示与帮助；③多举一些相关实例。收到读者的信息反馈后，我们做了认真研究，现答复如下：

一、关于高手研判大势方法的解析

据了解，这位高手对大势发展的神奇预见本领，秘密就在几条月均线的排列上面。高手是根据月均线排列的各种状态来对行情的发展做出准确预测。这个问题说穿了并不复杂，我们只要在上证指数月K线图上加上5月、10月、30月这3条均线，股市进入了什么状态、未来的走势如何发展，就容易看清楚了。

为了说明这个问题，我们不妨先重温一下均线的基本知识。假如现在有人问你，均线处于什么状态下可以积极看多做多？你该怎么回答呢？答案只有一个，在均线处于多头排列的情况下，可以积极看多做多。

正因为如此，我们在观察大盘月K线图时，一定要加上5月、10月、30月3根均线，看看它们在什么时候处于多头排列的状况、什么时候处于半多头排列状况（所谓半多头排列，是指这3根均线中只有2根均线处于多头排列，而另一条均线则游离在外）、什么时候处于空头排列状况、什么时候处于多空交织的整理状况（见图81、图82）。

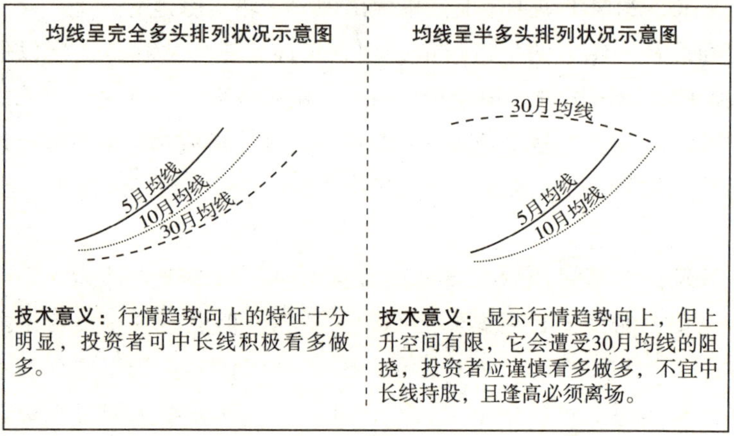

图81　月均线排列状况示意图之一

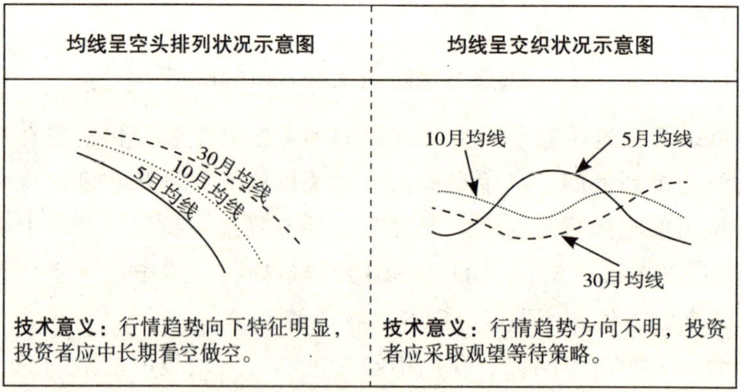

图82　月均线排列状况示意图之二

高手告诉我们，当图中的均线状态分布明朗后，大家就可以依据月均线排列的情况，判断大盘在什么地方属于超强势状态、在什么地方属于一般性强势状态、在什么地方处于弱势状态，等等。然后就能按照“不同状态采取不同对策”的原则，决定具体怎么操作。例如，在均线呈现完全多头排列[注1]、大盘处于超强势状态下，投资者就可以采取重仓看多做多的策略；在均线不是完全多头排列而是呈现半多头排列，大盘处于一般性强势状态下，投资者就应该采取谨慎看多做多、逢高出局的策略；在几条均线交织在一起，大盘处于较弱的状态时，投资者就只能在一定范围内采取高抛低吸或在外采取持币观望的策略；在均线呈现空头排列[注2]、大盘处于极弱的状态下，投资者必须采取看空做空、止损离场的策略。

月均线是什么排列状态，就采取什么操作策略。在我们了解股市操作的这个基本原则后，有很多疑问就能迎刃而解了。现在我们回过头来看高手这几年操作成功的奥秘在什么地方。例如，为什么高手在2005年6月与2014年7月这两次熊市见底后，采取的是积极看多做多策略，而在2008年10月熊市见底后，采取的却是谨慎看多做多策略，这个只要看一看上证指数5月、10月、30月均线排列的状况就明白了（见图83左侧）。我们相信，任何人了解股市操作的基本原则后都会这样操作的，这里面并没有让人感到特别神秘之处。

又如，为什么高手自从 2009 年 8 月上证指数在 3487 点见顶后，就认为上证指数将进入弱市状态，有一个较长时间的弱市调整过程？原因就是，上证指数中的 5 月、10 月、30 月均线开始进入互相交织的状态。2011 年 8 月后，高手判断上海股市进入了超弱状态，此时他建议大家坚决看空做空，原因则是上证指数中的 5 月、10 月、30

【注1】 关于均线多头排列特征、技术意义与相关实例，详见《股市操练大全》第二册第16～19页。

【注2】 关于均线空头排列特征、技术意义与相关实例，详见《股市操练大全》第二册第19～22页。

月均线开始进入完全空头排列状态（见图 83 中第 2 个画圈处）。

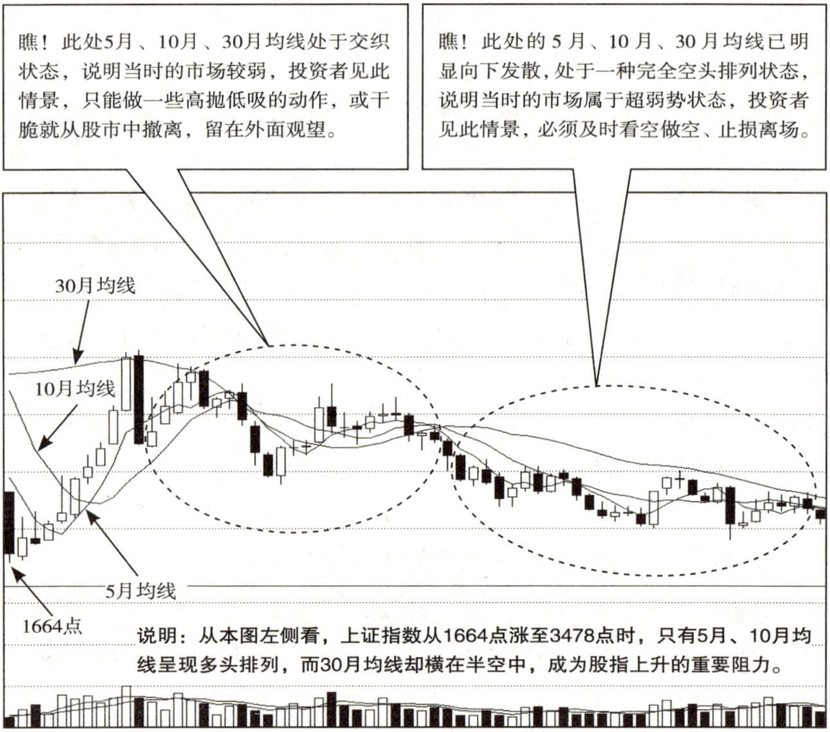

图83　上证指数2008年10月~2014年1月的月K线走势

高手告诉我们，在分析大势、识底抄底时，观察月均线排列非常重要，因为月均线排列向我们展示的是股市强弱状态，以及未来的发展趋势。因此，投资者只要把月均线排列研究清楚了，就可以把握好投资的大方向，踏准股市涨跌的节拍。高手的这条经验值得我们认真学习与借鉴，这对我们做好股票、扩大赢利面有十分重要的现实意义。

二、从高手经验中悟出的道理

（编者按：一名伟人曾经说过，感觉到的东西不能深刻理解它，而理解了的东西才能深刻感觉它。前面我们披露了高手的秘诀——用观察月均线排列来研判大势。但这还不够，因为就事论事的讨论，说到底还只是停留在感觉层面上。接下来，我们还必须进一步了解高手在运用月均线排列技巧取得优秀成绩的背后所蕴藏的一些深刻道理。只有这样，投资者才能从感觉层面上升到理解层面，才能真正做到知其然且知其所以然。倘若如此，能知其所以然者，与股市大赢家的距离就越来越小了。)

通过前面的讨论，我们能从高手运用月均线研判大势的经验中，悟出以下一些深刻的道理。

道理一：做股票，一定要重视月 K 线图在研判大势、识底抄底中的重要作用。实践证明，用月 K 线图判断大盘趋势，把握好牛熊转换的拐点，不仅准确率高，而且显示买点或卖点的位置十分清晰，投资者操作起来十分方便。因此，聪明的投资者一定要加强对月 K 线的研究，永远记住用月 K 线管住周 K 线、日 K 线的基本原则，这样才能踏准股市涨跌的节拍，在操作上不会出现大的失误（编者按：有关这方面的理由与实例，详见《股市操练大全》第五册第 2~11 页）。

道理二：在研读月K线图时，要特别重视均线排列的状态。投资者操作时，一定要仔细看清楚均线是处于完全多头排列状态还是处于半多头排列状态、是处于交织整理状态还是处于空头排列状态，因为均线排列处于不同状态，所采取的投资策略是不同的。投资者只有把均线的状态看明白了，才能提高操作的成功率。

道理三：做股票的最好时机，是月K线图中5月、10月、30月均线处于完全多头排列状况这个阶段。因为5月、10月、30月均线处于完全多头排列状态，说明盘中积聚了极大的做多能量，行情上涨的空间很大。但是，股市中出现完全多头排列的情况并不多见，所以投资者要特别珍惜这种难得一见的投资机会，切不可出现这样的机会时，自己却视而不见，无动于衷。

据查证，上证指数运行20多年来，出现月均线完全多头排列的状况，总共只有3次，这3次股市都出现了大涨。第一次上证指数5月、10月、30月均线形成完全多头排列时（见图84中左边画圈处），大盘处于512点见底后的回升期，最后上证指数涨至2245点见顶回落，这轮牛市行情最大涨幅达到了338.48%；第二次上证指数5月、10月、30月均线形成多头排列时（见图84中间画圈处），大盘处于998点见底后的回升期，最后上证指数涨至6124点见顶回落，这轮牛市行情最大涨幅达到了513.63%；第三次上证指数5月、10月、30月均线形成多头排列时（见图84中右边画圈处），大盘处于1849点见底后的回升期，最后上证指数涨至5178点见顶回落，这轮牛市行情最大涨幅达到了180.04%。综观这3轮牛市行情，指数都出现了大涨，个股涨幅更是惊人，很多股票涨幅都在数倍以上，涨幅超过10倍以上的现象在市场中屡见不鲜。可见，虽然月均线处于完全多头排列状态的机会并不多，但一旦出现，股市必定会大涨。因此，投资者一定要紧紧抓住这个机会重仓出击，切不可坐失良机。

有人问，月均线处于完全多头排列状态，胜算率有多高？可以毫

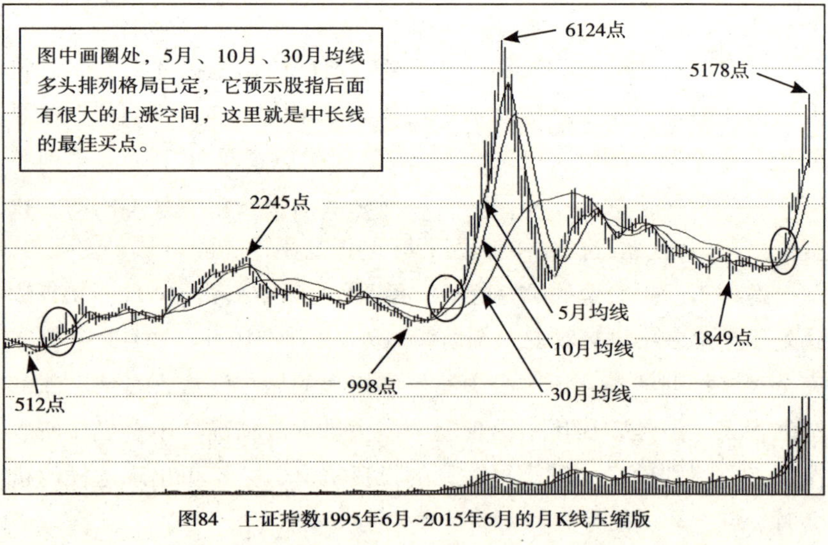

图84　上证指数1995年6月~2015年6月的月K线压缩版

不夸张地说，至少在8成以上吧！投资者心里要明白，月均线处于完全多头排列状态，一定是牛市的大反转行情，而不是什么阶段性的反弹行情，指数上升空间广阔，及时跟进者，后来的赢利机会都很大。

据了解，这种情况不光存在于沪深股市中，在其他成熟市场的股市中也是如此，所以大家要对这种投资机会予以高度重视。这是股市中最好的赚钱机会，千万别把它错过了。

下面我们来看其他股市的几个实例：

实例一：中国香港股市。

从图85看，当中国香港恒生指数中的5月、10月、30月均线形成完全多头排列状态时，股市出现了一路大涨的走势。第一次月均线呈完全多头排列时，大盘指数从1987年12月的最低点1894点，涨至1997年8月的最高点16820点，这轮牛市延续了近10年时间。第二次月均线呈完全多头排列时，大盘指数从2003年4月的最低点8331点，涨至2007年10月的最高点31958点，这轮牛市延续了4年多时间。

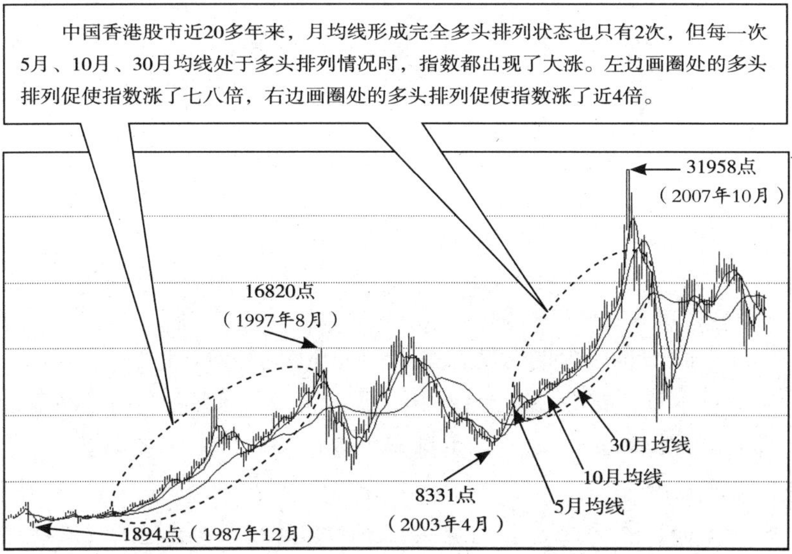

图85　中国香港恒生指数1986年12月~2012年5月的月K线压缩版

实例二：美国股市。

图86是美国道琼斯指数近30年的月K线走势图。图面显示，在这段时间，美国道琼斯指数中的5月、10月、30月均线出现完全多头排列共有2次，每次都让美国股市出现了大涨。

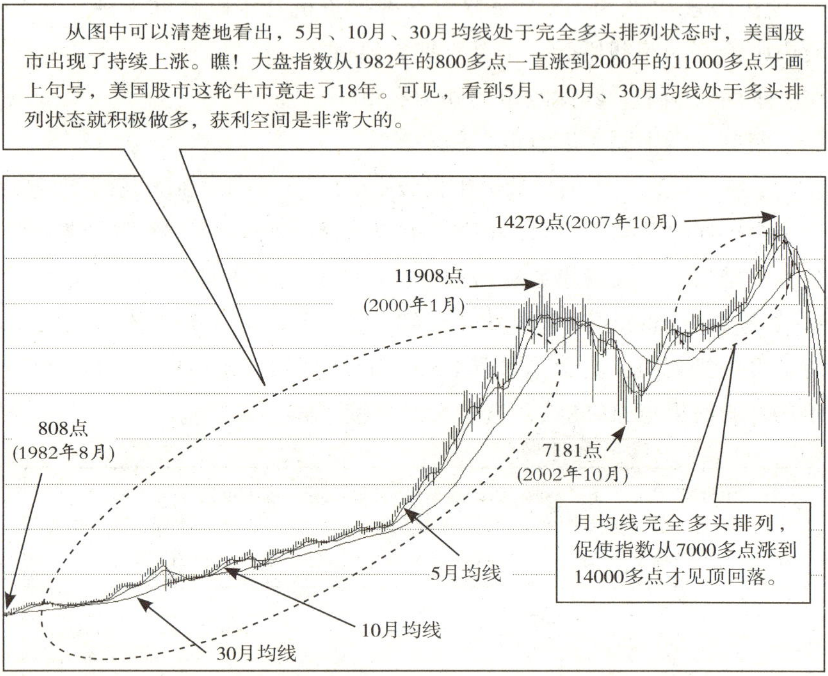

图86　美国道琼斯工业指数1982年8月~2009年3月月K线压缩版

实例三：日本股市。

日本股市最辉煌的时期就是20世纪70年代至80年代，因为这个时期，日本日经指数中的5月、10月、30月均线形成了一个完美的多头排列，正是这个完美的多头排列，促使当年的日本股市一路高歌猛进（见图87）。

道理四：均线多头排列分为完全型多头排列状态与不完全型多头排列状态（又称半多头型排列状态）。**当均线处于半多头型状态**

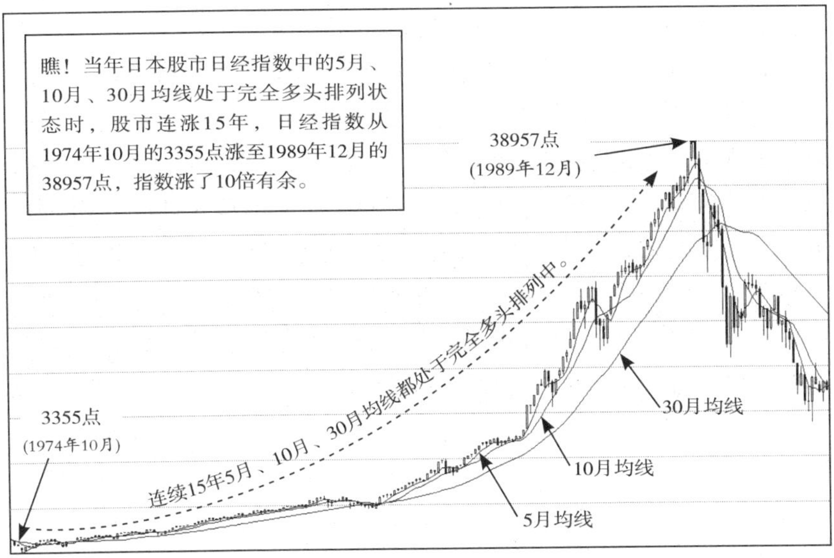

图87　日本日经指数1974年7月~1992年12月的月K线压缩版

时，只能阶段性地看多做多；倘若中长线看多做多，那必定要吃大亏。股市走熊后，在指数跌至熊市谷底后出现的反转行情，如果当时只是5月、10月均线呈多头排列，而30月均线却游离在外，那么这种均线排列就不是完全的多头排列，而只是一种半多头排列状态。在均线处于半多头排列的情况下，投资者只能谨慎地看多做多，持股时间不能太长，逢高必须出局，否则很容易在高位吃套。

均线多头排列的状况不同，反转行情上升的力度就大不一样。在股市中，一直有一个问题让很多人疑惑不解。这个问题是：为什么上证指数在2008年10月跌至1664点后出现的一轮反转行情，其上升力度远不如上证指数在1994年7月跌至325点、2005年6月跌至998点后出现的反转行情力度呢？后者的反转行情出现后，无论是其上升空间，还是反转行情的延续时间，都要比前者大得多。这个问题若从别的角度很难解释得通，因为既然它们都是股市跌至熊市谷底后出现的熊转牛的反转行情，其力度应该是相同的，至少不会有很大差异。但遗憾的是，上证指数在1664点后形成的反转行情，最高也只摸至3478点，上涨仅一倍有余（而当年上证指数325点、998点后形成的牛市反转行情，之后都出现了几倍的涨幅）。另外，上证指数在跌至1664点后出现的这轮反转行情不仅上涨空间小，上涨延续的时间也很短。从1664点至3478点，整个一轮涨势仅维持了8个月时间（注：当年上证指数从325点涨至2245点的牛市反转行情维持了7年多时间，从998点涨至6124点的牛市反转行情维持了2年多时间）。

这个问题，如果从月均线排列角度去解释，就很容易将问题说清楚。从理论上说，月均线多头排列状态的不同，反映出股市中做多的能量有很大差异。通常当这几根均线处于完全多头排列状态时，说明盘中做多力量占据了绝对有利地位，其后的上涨空间很大，上涨持续的时间也很长，所以投资者可以大胆地看多做多。例如，上证指数从 325 点涨至 2245 点、从 998 点涨至 6124 点的这两轮牛市反转行情，之所以上涨空间很大、上涨时间很长，都是因为 5 月、10 月、30 月均线处于完全多头排列状态的缘故。但是，当这几条均线处于半多排列状态时，情况就大不相同了，说明盘中做多力量并没有完全掌控局势，空方还有很大的反击力量，它后面的上涨空间就不会很大，上涨的持续时间也不会很长，所以，投资者只能谨慎地看多做多。例如，上证指数从 1664 点涨至 3478 点的这轮牛市反转行情，之所以上涨空间小、上涨持续时间短，就是因为 5 月、10 月、30 月均线没有处于完全多头排列状态，而只是半多头型排列状态（编者按：当时这段行情起来时，仅 5 月、10 月均线出现了多头排列状态，而另一根很重要的 30 月均线却横在半空中）所造成的。可见，均线多头排列状况不同，后市的发展与上涨空间就会大不一样。

有人认为，如果当时多方主力再努力一把，将30月均线攻克，上涨空间就会被打开。这样，这轮牛市行情就可继续下去，那么1664点上来的反转行情就不会在3478点见顶了，或许3478点就变成了上涨途中的一个驿站。

其实，这样的想法在现实中是不会出现的。因为持有这种观点的人，太不了解 5 月、10 月、30 月均线处于半多头型排列状态的技术意义了。当盘中的月均线处于半多头状态时，大盘上涨就患上了先天不足的毛病，后市无论多方如何努力，注定这轮熊市见底的反转行情有很大的局限性，多半会中途夭折的。这是不以人的主观意志为转移的一个客观规律。换句话说，在月均线处于半多头型状态时，行情上涨至 30 月均线处必然会遭到空方的有力反击。这样行情的发展一般只有两种结果：一种结果是，大盘指数触及 30 月均线行情就掉头向下；另一种结果是，大盘指数暂时冲过了 30 月均线，但之后又会重新跌到 30 月均线之下。这样的情况并非是什么个案，而是有大量的实例可以佐证的（见图 88、图 89）。

瞧！当时深证成指在5月、10月均线处于半多头排列的状况下出现了一轮反转行情。虽然大盘指数暂时冲过了30月均线，但最终仍然在空方的坚决打压下又跌到了30月均线下方，之后大盘指数出现了长时间的调整。

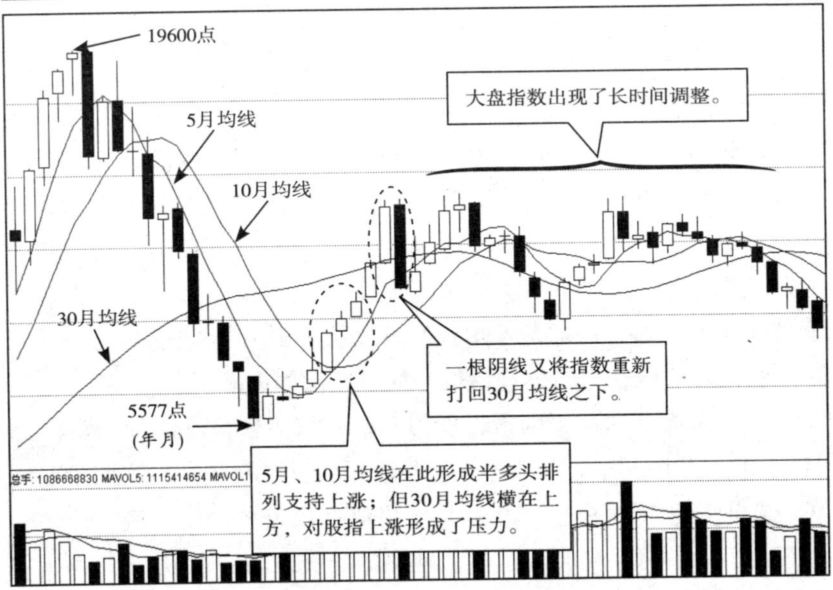

图88　深证成指2007年6月~2011年12月的月K线走势

当年日本股市从最高点38957点狂泻到14194点后，出现了一轮见底回升行情。在低位，大盘指数中的5月、10月均线出现了多头排列，但30月均线横在半空中。这种半多头排列的上涨行情先天严重不足。果然，后来当指数上涨触及30月均线时就出现了掉头向下的走势。

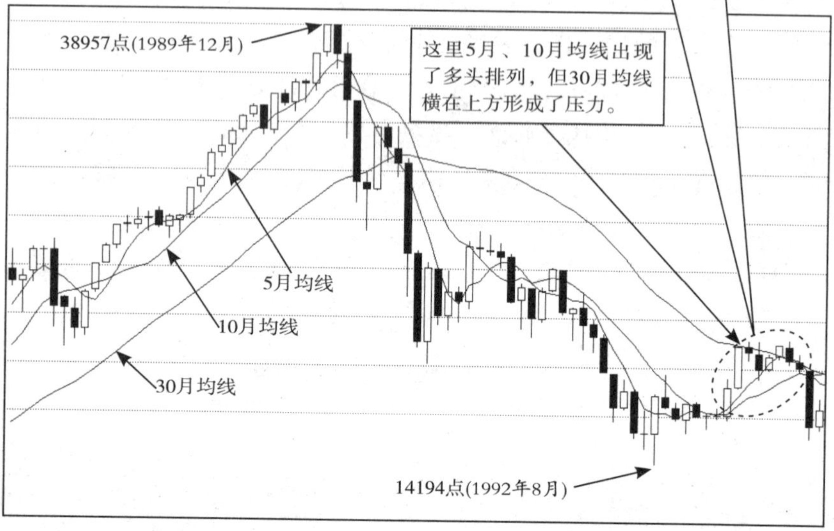

图89　日本日经指数1987年6月~1993年12月的月K线走势

道理五：5月、10月、30月均线处于交织整理状态，应先退出观望。这是为什么呢？因为5月、10月、30月均线一旦处于交织整理状态，会出现两种情况：第一，股市将在狭长空间内进行长时间的震荡整理；第二，震荡整理的最后结果，有可能选择向上，也有可能选择向下，这一切都是未知数。不过从历史统计数据来看，5月、10月、30月均线在交织整理后选择向下突破的居多。

正是考虑到这两个因素，所以我们建议大家，看到月K线图中5月、10月、30月均线处于交织状态时，一般情况下，应该把股票卖掉，先退出观望再说，当然这是对稳健型投资者说的。倘若你是一个激进型投资者，同时又掌握了娴熟的短线技巧，在5月、10月、30月均线处于交织整理状态时，可以适当地高抛低吸，从中博取一些短线差价。不过在这个阶段进行操作时应把握好两个原则：① 投入的资金不宜太多；② 要见好就收，不可恋战。特别是，如果你发现5月、10月、30月均线交织整理后选择了向下突破，此时就应该马上卖出，坚决撤退。

为什么要建议大家这样操作呢？每个人都可以想一想，上证指数在 2009 年 8 月从 3478 点这个高点回落后，连续几年，5 月、10 月、30 月均线都处于交织整理状态，此时逢高退出（编者按：这一段时间，上证指数涨至 3000 点上方出现过好多次，大家完全可以从容地逢高退出，关键问题是，谁真正地做了？）是很容易的。但很多人并没有认识到，5 月、10 月、30 月均线处于交织整理状态是股市中的一个“漩涡”，长时间地在“漩涡”里逗留，结局不妙也就在预料之中了（注：后来上证指数从 3000 多点一路跌至 1800 多点）。

大盘5月、10月、30月均线处于交织整理状态的情况不仅在沪深股市里出现过，在其他股市里也经常出现，但最后震荡整理后多数都选择了向下突破（见图90、图91）。所以我们要提醒大家，头脑里一定要记住，一旦5月、10月、30月均线进入交织整理状态，我们先从股市中退出来，一两年不做股票又怎么样呢？只要把资金留住，保存好实力，等股市春暖花开时（比如，当5月、10月、30月均线处于完全多头排列状态，至少是半多头排列时）再做股票，这样稳稳当当地赚钱又有什么不好呢？

当然，5 月、10 月、30 月均线处于交织整理状态，整理到最后，也有少数情况是选择向上突破的。那么，投资者碰到这样的情况应怎么操作呢？第一，看到 5 月、10 月、30 月均线处于交织状态，仍然应该坚持先退出观望；第二，等 5 月、10 月、30 月均线交织整理到最后选择向上突破，上升趋势明朗后再跟进做多不迟。

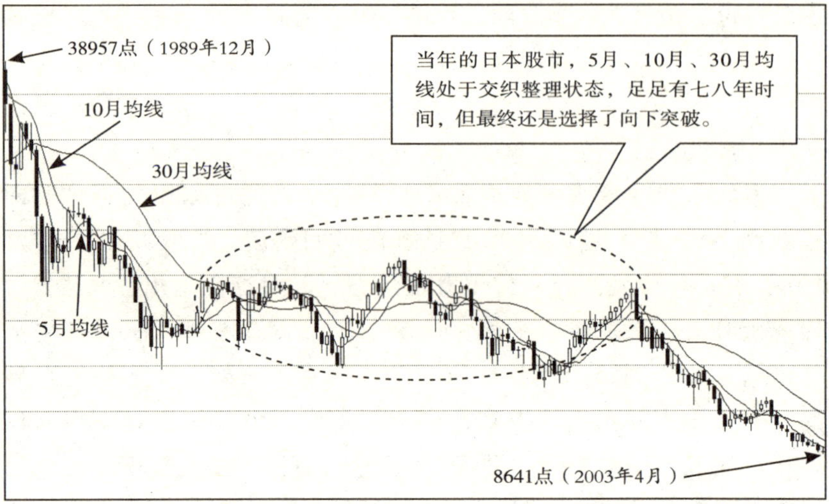

图90　日本日经指数1990年2月~2003年4月的月K线走势

2000~2001年，美国道琼斯指数中的5月、10月、30月均线波动收窄，之后交织粘合在一起，但最后仍然是选择了向下突破，道琼斯指数从当年最高点11908点跌至7181点，指数最大跌幅接近40%。可见，投资者见到5月、10月、30月均线处于交织状态，及时退出观望是明智之举。

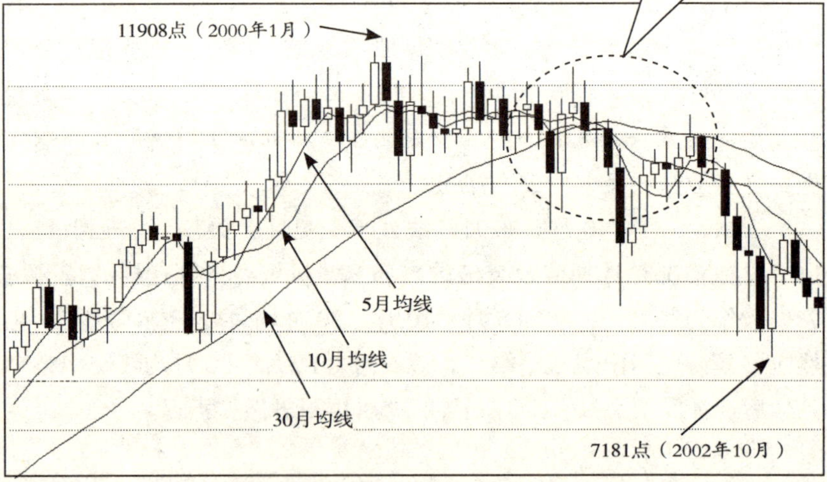

图91　美国道琼斯指数1997年5月~2003年2月的月K线走势

有人问，为什么要这样操作呢？我们看一个实例就能明白其中的道理。图 92 是美国道琼斯指数 1971 ~ 1986 年的月 K 线走势图。从图中看，当年道琼斯指数中的 5 月、10 月、30 月均线交织在一起的时间有 10 年多之久。在这漫长的时间里，道琼斯指数就在一个狭长空间里进行震荡。它真的选择向上突破是 10 年后的事情了。因为资金是有时间成本的，如果有谁耗在里面 10 多年，最终才等到向上突破，那么这种不计时间成本的投资太不值得了。正确的做法是：投资者看到 5 月、10 月、30 月均线处于交织状态时先退出，这 10 年的调整震荡不参与，把资金用到别的地方，等 10 年后指数明确选择向上突破时再跟进做多（长线买点见图 93 中的标识）。因为此时的 5 月、10 月、30 月均线已处于完全多头排列状态，投资者积极参与，获利颇丰。

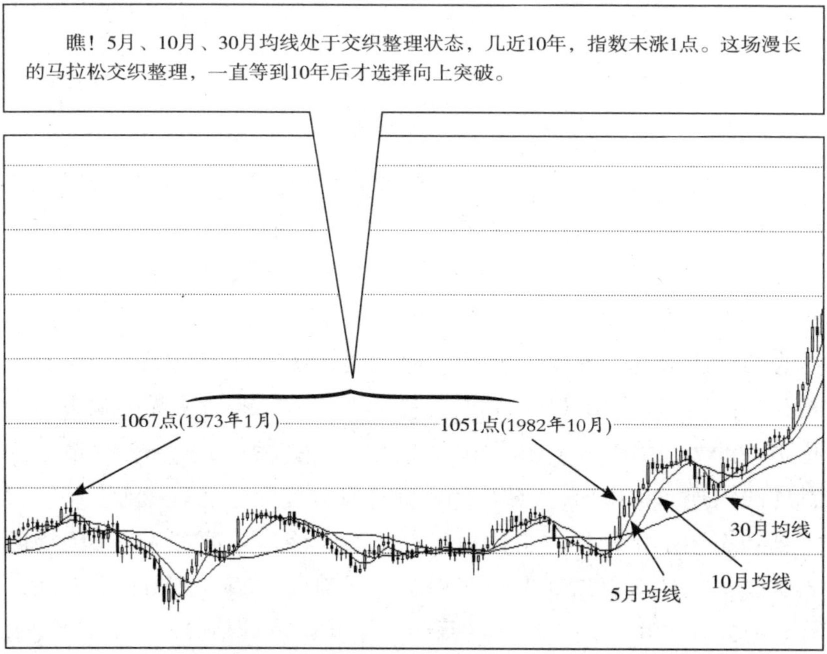

图92　美国道琼斯指数1971年12月 ~ 1986年3月的月K线走势

本图是图92的后续走势图。大家只要记住：5月、10月、30月均线处于交织状态时，采取观望策略，向上突破后，跟进做多；5月、10月、30月均线形成完美的多头排列（见图中长线买点①、长线买点②），积极持股待涨。以此方式操作，那真是大赚特赚了。

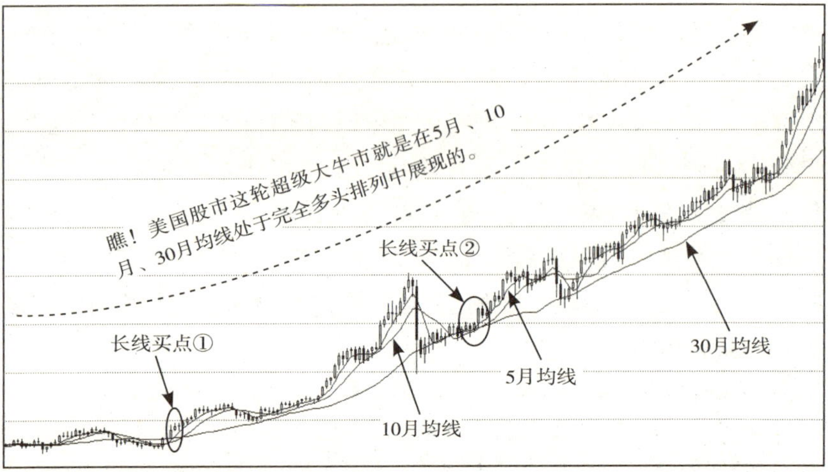

图93　美国道琼斯指数1979年9月～1996年1月的月K线走势

道理六：月均线出现空头排列时，无论是完全空头排列还是半空头排列，股指都会出现大跌。因此，投资者看到月均线出现空头排列，应及时离场。我们在说到月均线多头排列时，曾强调5月、10月、30月均线呈现完全多头排列时的上升力度与呈现半多头排列状态时的上升力度是不一样的。但我们在调查月均线空头排列时发现，5月、10月、30月均线呈现完全空头排列与半空头排列状态，股指下跌的力度并没有什么明显的差别。也就是说，投资者只要看到月均线出现空头排列，5月、10月、30月均线无论是呈现完全型空头排列状态还是呈现半空头排列状态，都应该马上看空做空，因为后市都毫无例外地会出现一轮深幅调整。例如，2007年10月，上证指数在6124点见顶后出现了连续暴跌，刚开始也只是5月、10月均线出现空头排列，30月均线并没有参加到空头排列状态中，但股指照样是一路狂泻，跌得非常惨。

那么，为什么股市下跌时，均线出现完全空头排列与半空头排列，在下跌的力度上没有什么差别呢？这主要是因为股市有一个潜规则——“下跌容易上涨难”。当股市由牛转熊，一旦市场确定行情见顶后，往往就会形成“兵败如山倒”的现象。所以在这种情况下，即使月均线出现半空头排列，股指照样会大跌。我们强调这一点，目的就是要提醒大家，观察月均线空头排列时，不能看到5月、10月、30月均线出现完全空头排列就坚决做空，看到5月、10月、30月均线处于半空头排列状态就谨慎做空。倘若大家依照观察月均线多头排列的方式进行操作（例如，看到完全多头排列就积极做多，看到半多头排列就谨慎做多），就很容易出现重大的投资失误。

道理七：善于休息者才能成为股市的最终赢家。在股市里有一个重要现象：很多投资者在股市里都赚过钱，甚至赚过大钱，但最后赚的钱都赔回去了，成了输家。为什么会出现这样的现象呢？经过调查我们发现，这一切都是因为赚了钱后不懂得休息所造成的，输钱的人几乎都是整天泡在股市里忙忙碌碌的人。他们是一群不会休息、不懂得以逸待劳的投资者。有人以为，在股市里忙是好事。其实不然，有时股市里最“勤劳”、最忙的投资者往往都是输钱最多的投资者，因为他们的忙是瞎忙，瞎忙的结果只能是“赔了夫人又折兵”。

很多事实告诉我们，做股票一定要学会休息，要知道，瞎折腾的结果就把有限的资金都折腾光了。我们发现，股市里一些大赢家在股市形势不好（如均线出现空头排列时）或形势不明朗（如几根重要均线出现了交织状态）时，都会选择离开股市，好好休息。

例如，被人称为“私募教父”的赵丹阳，他在2008年初，登报宣布退出中国A股市场后，一直在海外寻找投资机会，已有好几年时间没有买过A股，直到2014年上半年才重新回归中国A股市场。据悉，当初他在决定离开沪深股市时，上证指数尚在5000点附近徘徊，而2014年上半年他回归中国A股市场时，上证指数已跌到2000点附近。指数跌掉了近60%。显然，赵丹阳这几年休息下来，不仅规避了沪深股市连续下跌带来的巨大损失，而且他把这笔资金放在别的市场、别的项目上，为他的资本带来了增值。2014年上半年他回归A股时，在2000点附近抄底，又让他大赚一笔。反观我们现在股市中的很多投资者，从2008年初一直忙碌到现在，又有几个人能在上证指数5000点附近保住资金呢？据调查，能把资金保留住当初七八成已经是很了不起的事情了；打对折，甚至只及当初资金三四成的，大有人在。可见，在股市里会休息与不会休息，结果是完全不同的。

道理八：股市运行是有内在规律的，月均线的排列状况与股市涨跌、牛熊转换都存在着密切的因果关系，这个规律对任何时间段、任何国家的股市都适用。有人认为，沪深股市是政策市，暴涨暴跌，无规律可言。这个观点是错误的。我们认为，股市中的政策只能对股市的短期走势产生影响，而股市的长期趋势是由股市内在规律所决定的。大家只要打开各国、各地区的股市月K线走势图，观察各自5月、10月、30月均线的排列状况，就会发现，无论什么股市，只要5月、10月、30月均线形成完全多头排列状况，大盘必然会有一波力度很大的牛市上涨行情；5月、10月、30月均线形成完全空头排列或半空头排列状态，大盘必然会出现一波力度很大的熊市下跌行情；5月、10月、30月均线形成交织状态，大盘必然会出现长时间的震荡整理……这些基本规律，在沪深股市，在美国、日本、中国香港股市中都会反复出现，其中并不存在什么实质性的差别。

所以，我们在这里可以大胆地对大家说，无论什么样的股市，其内在运行的规律都是一致的。作为一个聪明的投资者，不要回避这个规律，而要正视这个规律，并自觉地利用5月、10月、30月均线排列与股市涨跌、牛熊转换的因果关系，及时抓住股市中的投资机会，主动规避股市中的风险，那么你在股市中一定会有所作为。

请大家记住下面几点：

① 当5月、10月、30月均线处于完全多头排列状态时，此时的投资策略是：应积极看多做多，持股待涨。

② 当5月、10月、30月均线处于半多头排列状态时，此时的投资策略是：应谨慎看多做多，在股指触及30月均线时，应及时逢高离场。

③ 当5月、10月、30月均线处于交织整理状态时，此时的投资策略是：因其方向不明，应先规避风险，退出观望。（当然，对一些短线技巧娴熟的投资者来说，在这个阶段，可适当地进行高抛低吸，博取一些短线差价。但操作时应注意两点：一是只能用少量资金参与；二是要见好就收，不可恋战。）

④ 当5月、10月、30月均线处于完全空头排列或半空头排列时，此时的投资策略是：全线卖出，坚决地看空做空，而且要时刻铭记在均线处于空头排列的情况下，千万不要盲目抄底，此时保存实力是最重要的。

我们相信，只要记住上面这几点（这是股市高手留下来的最重要的操作经验），并把它付诸实践，最终一定可以把自己锤炼成为一个慧眼识大势、抄大底、逃大顶的股市大赢家。

三、错判行情性质带来的严重后果

在向读者征求意见时，有人对本题内容不以为然，特别是一些刚入市的新股民，他们认为很多人不去研究行情的性质，炒股也能炒得很好。针对这个问题，为了对大家负责，我们认为有必要将我们了解到的真实情况——错判行情性质带来的严重后果——告诉大家，以引起大家的重视，避免犯重复的错误。

典型案例一：在半多头行情末端积极做多，严重被套。

我们采访的对象是一名老股民（为叙述方便，暂叫A君）。按理说，老股民都有一定的炒股经验，不至于在行情末端盲目做多，出现深套。但这样的事情还是发生了。A 君告诉我们，2009 年上半年行情走得很强，股指一路向上，他认为这是 2008 年熊市结束后的新一轮牛市行情，特别是在上证指数冲过 3000 点后，更坚定了他看好后市的信心。因为 2008 年大熊市中，上证指数跌至 3000 点后出现过一次强劲反弹，然后反弹失败，3000 点被击破，股指再次出现狂泻。A 君就此认为，3000 点是一道牛熊分界岭，如果 2009 年这波上升行情能冲过 3000 点，那就标志着进入了一轮新牛市大行情，后市上涨空间巨大。正因为有了这样的想法，所以在 3000 点后他又加仓买进，几乎满仓操作。但他未想到的是，上证指数冲至 3478 点就戛然而止，随后就开启了长达 5 年之久的熊市行情。A 君在 3000 点上方被套得严严实实，达两年之久。他实在无法忍受这种深套之若，趁一波小反弹出局了，此时资金已损失大半，让他后悔不已。

评点：A君若知道上升行情的性质，他当时参与的行情是半多头行情，就不会认为这是一轮新的牛市行情，悲剧就不会发生了。因为半多头行情上涨空间有限，阻力位就在3000点上方，A君就绝对不会在3000上方进行加仓了。而当时上证指数之所以在3478点遇阻回落，原因就是触及了横在半空中的30月均线，此时30月均线就像一把利剑，将冲上来的多头杀得溃不成军。可见，A君的投资失败就是因为不知道行情的性质、不知道什么是半多头行情造成的。

典型案例二：在大空头行情中抢反弹，损失惨重。

这次我们采访的对象也是一名老股民，暂叫B君。一开始B君做得还是很不错的，2007年牛市见顶前，他发觉做多能量不足就提前止盈出局了。B君的恶梦就出现在2008年大熊市中。2008年大熊市中大盘曾经出现过几次反弹，B君禁不住诱惑，抱着在反弹中抢一把赢利的想法，他几次反弹都参与了，因为止损不及时，且又是重仓，所以输得特别厉害。B君告诉我们，他参与2008年大熊市中的几次反弹，资金损失达到了60%，这使他心里感到十分沮丧。

评点：大空头市场是指在月均线空头排列下，下跌速度特别快的一个市场。一般来说，在月均线处于绝对空头排列的市场，普通投资者是不宜参与反弹的。

参与反弹犹如接空中丢下来的飞刀，稍有不慎，就会严重受伤。B君的错误，就是没有认清当时行情的性质，没有认识到大空头市场对多头来说就是一个绞肉机，只有不参与、不手痒，尤其是不能重仓做反弹，才能保住身家性命。B君忘了这些，所以犯下了大错。

典型案例三：行情进入月均线空头排列状态，多做多错。

这次我们采访的对象既有老股民，也有新股民。2010年后，股市越来越弱，一些被深套的老股民，不断补仓，不断被套；而一些新入市的股民，还没有弄清股市是怎么回事，买进后就在那里站岗放哨。在这个时期，买进即套，屡买屡套成了常态。

评点：2010年后，上证指数月K线图显示，5月、10月、30月均线均出现了向下发散，形成了空头排列。月均线空头排列是对多方极为不利的，此时最好的策略就是持币观望。若不认清当时市场的性质、不知道月均线空头排列表明市场进入了弱市而盲目做多，必然会受到重创。

典型案例四：行情进入月均线完全多头排列状态，做短线只能赚小钱（有时还要亏钱**）；做中长线，一路持股才能赚大钱。**

这次我们采访的对象，主要是一些老股民。2014年下半年上证指数出现一轮上涨行情，当时多数老股民都不看好其后市，很多人都认为这轮行情走不远，是短命行情。而当时的上证指数走势也印证了市场中大多数人的情绪，在其上涨初期一直走得战战兢兢（见图94），敢于积极持股做多的投资者少之又少，多数人都是看一段走一段，稍有风吹草动，马上落袋为安，完全是按照熊市反弹的模式在操作。

2014年下半年中国A股市场开启了一轮新牛市之旅，但一开始行情走得十分艰难，每触及前面的一个高点，大盘指数都会应声回落，投资者看多做多都十分谨慎。

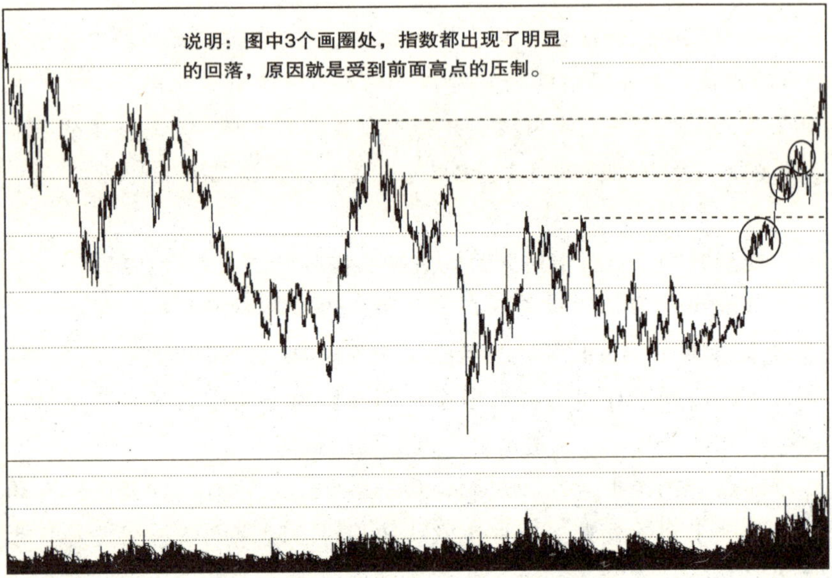

图94 上证指数2011年8月31日~2014年11月20日的日K线走势

但后来的事实证明，大多数人对这次行情的性质又判断错了，它不是什么熊市中小反弹行情，而是小熊市结束后的一轮新的牛市行情，其性质与998点上来的一轮牛市行情相同，属于超强势状态，它上升的空间远比2008年10月的1664点~2009年8月的3478点这波行情要大。在这轮行情中，一些投资者因对行情的误判，畏首畏尾，从而踏空了上涨步伐；后又在股市大涨后追进被套在高位，出现了两头操作严重失误的情况。

评点：每次牛市大行情结束后，很多老股民都只能赚小钱，赚大钱的人很少，这次也不例外。这轮行情是中国A股市场上第二次冲上4000点的牛市大行情，上证指数从2000点涨至5000多点，仅用了不到一年时间，力度之大可想而知。但据了解，在这轮牛市大行情中，大多数老股民都处于踏空状态。例如，当初行情从2000点涨至2500点出现震荡时，很多人担心行情反弹就此结束，选择离开；在行情涨至3000点出现激烈震荡时，一些还在持股看多做多的老股民，惧怕2009年冲至3000点上方突然暴跌的悲剧重演，纷纷选择了落袋为安；在上证指数冲过3478点（注：2009年8月上证指数见顶的位置）而仍拿着股票积极做多的老股民已不足两成。之后随着行情深入，指数越涨越高，大多数老股民已不敢再追高买进，手里有股票的也只是少量还没有被解套的股民。可见，这轮牛市大行情基本上与许多老股民是无缘的。其实，老股民要避免牛市踏空的错误也很简单，前提就是要认清行情的性质，如果5月、10月、30月均线处于完全多头排列，就坚决看多做多，尽量少做短线，一路持股待涨，就是最好的投资策略。要知道，大牛市行情来了，捂好一只股票最后涨N倍是很正常的事，这比做短线赚点蝇头小利的收益要高。因此，只要确定市场是强势，是大牛市就要耐心持股，因为只有耐心持有好股者才能赚到大钱。（**注：耐心持股并不是一直不卖，在其大幅上涨头部信号出现后，还是要卖出的。例如，2015年6月12日上证指数在5178点见顶，然后出现了连续暴跌，若不卖出，损失就非常大。可见，当大的头部信号出现后，就必须卖出。关于卖出的技巧，详见《股市操练大全》第七册——识顶逃顶专辑。**）

编后说明：俗话说，看准大势赚大钱，看错大势输大钱。本题正文内容偏少，而“又及”内容偏多，是因为本题讨论涉及如何正确看大势这个主题。能否看准大势，对投资者来说实在是太重要了。正是考虑到这一点，我们集中力量，在有关专家的帮助下，撰写了“又及”的内容，目的是想通过它为投资者看准大势助一臂之力。如有不当之处，请读者批评指正。

7 思考题参考答案

1. 这是1993年上半年上证指数的日K线走势图。

2. 当时上证指数创造了用最短的时间走完一轮大牛市行情的新纪录。据了解，上证指数从 1992 年 11 月 17 日的 386 点起步，至 1993 年 2 月 16 日摸高 1558 点见顶，这轮大牛市行情的涨幅为 303.63%，但所用时间极短，前后总共只用了 63 个交易日就为这轮大牛市画上了句号（见图 95）。大家可以想一想，仅仅六十多个交易日，整个股市就涨了三倍有余，然后马上就见顶了。这样的情况除了当年的老股民亲身经历过外，以后进股市的投资者就再也没有见到过。（注：2015 年上半年，深圳创业板的主升浪从 2015 年 1 月 5 日的 1429 点涨至 2015 年 6 月 5 日的 4037 点时，有人就认为其涨得太快了，将它称为“神创

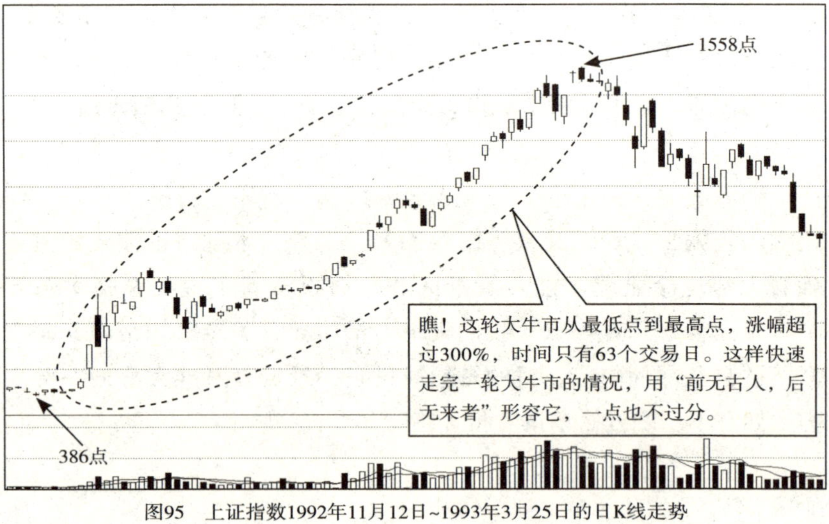

图95　上证指数1992年11月12日~1993年3月25日的日K线走势

板”。但这个神创板，无论是其涨幅还是其上涨的速度，都无法与前者相比。）即便把范围扩大，环顾世界股市，也没有发现过有哪一个国家的股市，用这么短的时间就走完一轮涨幅超过 300% 的大牛市。可以说，当时上证指数出现如此快的上涨，在世界股市历史上又创下了一项世界纪录。

3. 从图中看，1993 年上半年的上证指数正走出一个下降三角形图形。如果我们将 1993 年上半年上证指数日 K 线走势中的高点与高点、低点与低点分别用直线连起来（见图 96 中画线处），这就成了一个典型的下降三角形。下降三角形的主要特征是高点逐渐下移，但每次下探的低点都几乎处在同一水平位置上，反弹时成交量不大，下跌时却比反弹时成交量要大。下降三角形中出现的这种量价背离状况，往往是跌势未尽的表现。下降三角形是下跌趋势中的一个整理形态，最后结果是往下突破居多。一般来说，下降三角形出现在高位，极有可能是长期见顶的图形，所以股民对这种图形要保持警惕。

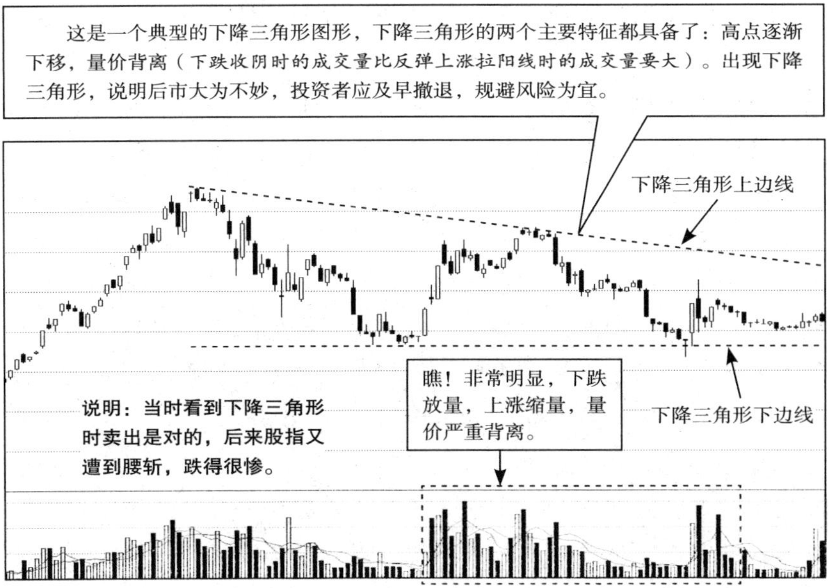

图96　上证指数1993年上半年的日K线走势

8 思考题参考答案

1. 这是1991年下半年上证指数的日K线走势图。

2. 当时为什么会出现这样的走势呢？其原因是，上交所成立初期，第一年能交易的股票品种只有 8 个，始终没有增加，因为当时上市交易的股票数量少，股票整体上处于供不应求的状态，卖出的人太少，买进的人太多，所以出现了大盘指数连续上涨的现象。不过，在大盘涨了一段时期后，中间又出现了一段横盘走势。之所以出现横盘现象，其主要原因是：当时在股市里面的人因为股票连续上扬，账面上获利已经非常丰厚，为了不让煮熟的鸭子飞走，他们在股票涨到一定程度时就将股票卖了，而这些卖出的股票则被场外新增资金照单全收。这样在股市里就出现了一种围城现象——赚了钱的投资者急着想出去，而等在外面的投资者却急着想进来，致使大盘指数涨了一段时期后，中间就会出现一段横向盘整的走势。其实，这个横向盘整走势就是当时股市里围城现象的真实写照。待围城现象结束后，大盘指数又出现了单边上扬走势。对这样的单边上扬走势也很好理解，因为在股票供不应求的大环境中，刚买进股票的一些新的投资者在没有充分获利前，是不会随便把股票卖掉的。用现在时髦的话说，当时这些拿着股票的新投资者都有一种惜售心态，正是这种惜售心态，造成了股市有价无市的状况，从而导致股指不断往上攀升。

3. 早期股市里的围城现象，给我们一个重要启示：**当市场处于超强势状态，或者面对一个超强势的投资品种，在其连续上扬打开涨停板的时候，就是外面的人积极介入的最佳时机。一旦买进，持股待涨，后面往往还有很大的获利空间。**

这条经验对我们现在与将来的股市操作有着非常重要的参考意义。为什么会出现这样的现象呢？因为当大盘指数走势处于强势状态时，一些具有特别题材与概念的个股就会受到大资金的特别关注，这给市场带来了一个重要的投资机会。大家可以想一想，2014年、2015年大牛市中，什么样的投资者赚钱最多，并且赚得最容易、最安全呢？答案就是，面对超强势品种，在它们打开涨停板时积极加入的投资者。据了解，2014年下半年，特别是2015年6月之前，A股市场中的超强势品种主要就是连续涨停的新股。一旦新股打开涨停板马上跟进，持股一段时间后获利就会十分丰厚。据有关资料统计，2015年6月之前新股打开涨停板后买进，到下一次见顶时卖出，平均有2倍以上的赢利。这样的赢利不仅远远超过了同期大盘指数的涨幅，也超过了同期所有板块的平均涨幅。更夺人眼球的是，有的个股还创造了中国A股市场短期内快速上涨的新纪录——新股打开涨停后，仅过了10几个交易日，股价涨幅就超过了3倍。

下面请大家看几个实例：

实例一：美康生物（300439）。该股是2015年4月22日上市的，上市后连拉涨停，到第11个交易日涨停板打开，股价最低探至94.07元（见图97中间的箭头所指

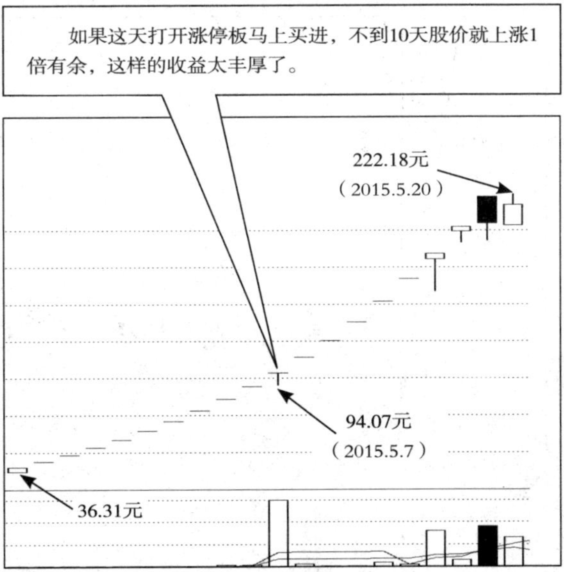

图97　美康生物（300439）2015年4月22日~2015年5月20日的日K线走势

处），后又拉了上去，K线图上收出一根T字线，当天成交放出巨量，换手率达到55.97%。而仅仅过了9个交易日，股价就翻了一倍有余，最高达到了222.18元。

实例二：中文在线（300364）。该股是2015年1月21日上市的，上市后连拉涨停，到第15个交易日涨停板打开，当日股价最低探至34.01元（见图98中左边箭头所指处），收盘再次封至涨停，当日换手率达到40.72%。之后，股价又连拉涨停，摸高至79.89元见顶回落。但这个顶仅是该股上升途中的一个小顶，随后该股出现了持续2个月的横向震荡走势。2015年5月7日再次拉涨停，随后股价就一路上涨至198元见顶回落。若从其2015年2月10日打开涨停板这天算起，在3个多月时间里，股价就大涨了近5倍，这样的上涨速度太惊人了。

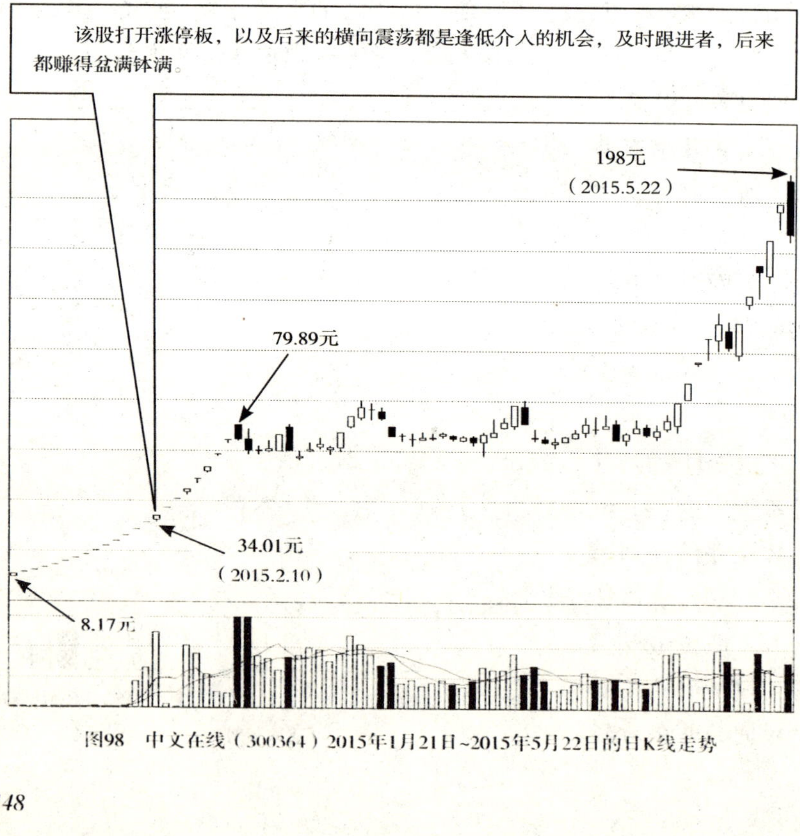

图98　中文在线（300364）2015年1月21日~2015年5月22日的日K线走势

实例三：诚益通（300430）。该股是在 2015 年 3 月 19 日上市的，上市后连拉涨停，到第 10 个交易日涨停板打开，股价最低探至 54.06 元（见图 99 中左边箭头所指处），后又回升上去，当日换手率达到 57.29%。虽然从这之后该股再也没有出现过一字线涨停，但该股强势特征依旧，特别是经过一段时间横盘后，股价出现了加速上扬的态势，直至 2015 年 5 月 28 日摸高至 186 元才见顶回落。若从其 2015 年 3 月 31 日这天打开涨停板算起，在不到 2 个月的时间里，该股股价就大涨了 244.06%。这个上涨速度是非常快的。以前很少见过。

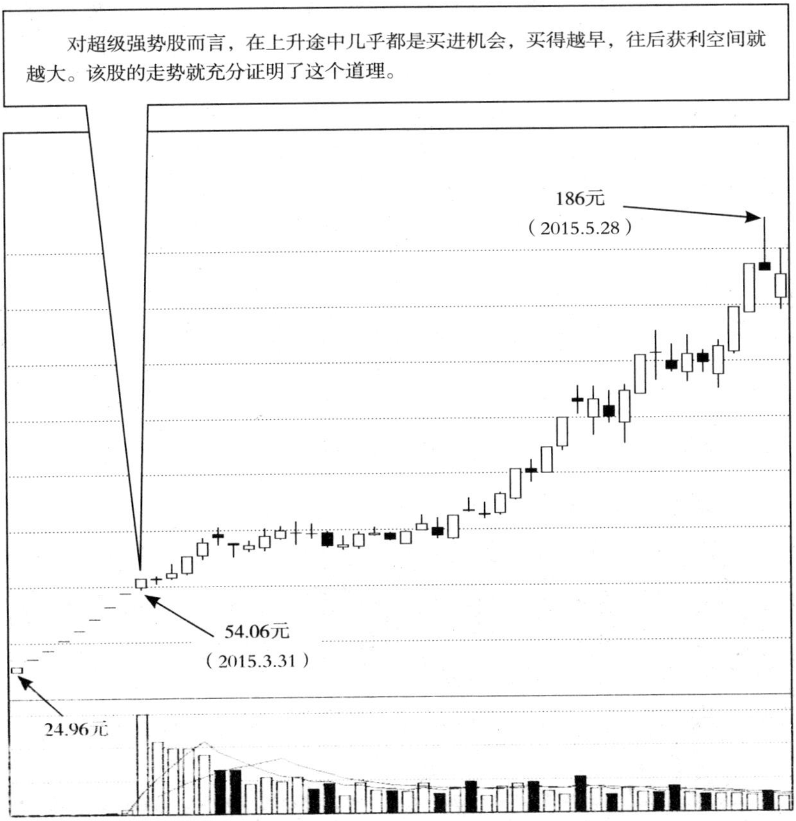

图99　诚益通（300430）2015年3月19日~2015年5月29日的日K线走势

实例四：春秋航空（601021）。该股是2015年1月21日上市的，上市后连拉涨停，到第9个交易日涨停板打开，股价最低探至50.97元（见图100中左边箭头所指处），虽然后来股价呈现不断震荡的走势，但其震荡向上的态势十分明显。若从2015年2月2日打开涨停板这日算起，3个月后股价就涨了2倍，足见当时该股走势十分强悍。

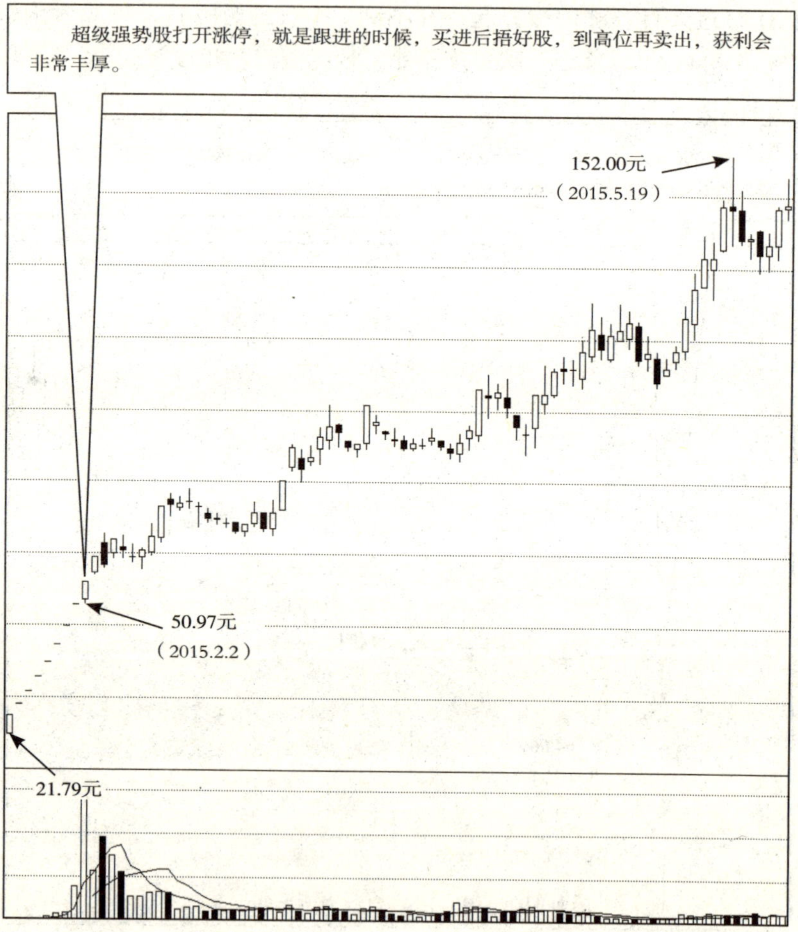

图100　春秋航空（601021）2015年1月21日~2015年5月27日的日K线走势

实例五：盛洋科技（603703）。该股是在2015年4月23日上市的，上市后连拉涨停，到第9个交易日涨停板打开，第10个交易日股价被打至跌停，跌停价为31.46元。让很多人没有想到的是，跌停后的第二天就以连拉大阳的方式直线攀升，股价一直摸高至131.47元才见顶回落。若从2015年5月7日该股跌停这天算起，该股在16个交易日内股价涨了3倍有余，这个涨幅太惊人了，它创下了近10多年来中国A股市场短时期内股价涨幅的最高纪录（见图101）。

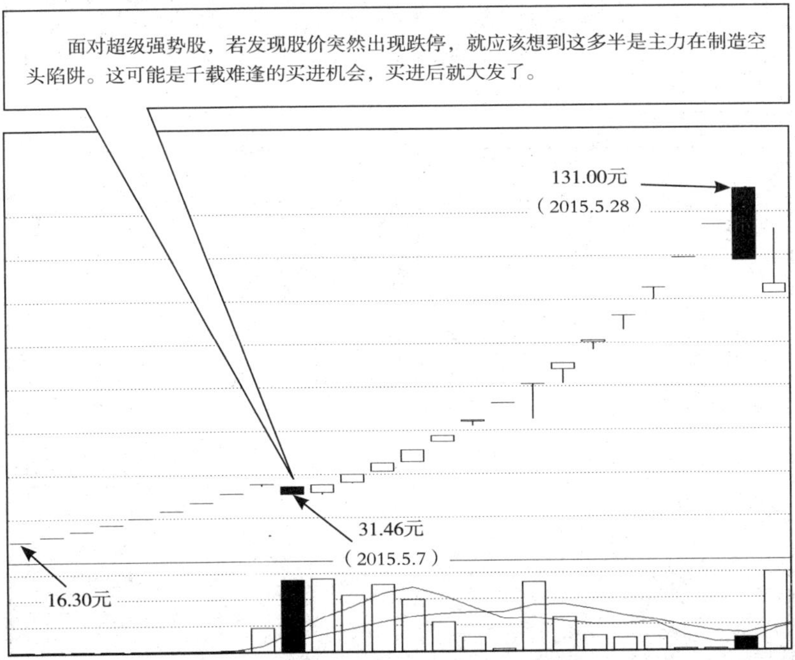

图101　盛洋科技（603703）2015年4月23日~2015年5月29日的日K线走势

有人问，你们上面举的都是新股例子，那么，是不是说超级强势股只能在新股中寻找呢？这倒未必。虽然新股中超级强势股最多，但在其他股票中也会有超级强势股出现。因此，投资者对非新股的超级强势股也要予以重点关注。下面请大家看两个实例。

实例六：龙生股份（002625）。该股是一只上市多年的老股，长期以来股价一直在低位徘徊。因受利好消息刺激，2015 年 3 月 26 日开始出现了连拉涨停的情况，一下子连拉十几个一字线涨停，2015 年 4 月 23 日涨停板打开，股价最低跌至 39.98 元，成交放出巨量，换手率达到了 34.23%，之后横盘了几天，股价又出现了直线飙升的走势，自其 2015 年 4 月 23 日打开涨停板后的 15 个交易日，股价就涨了一倍有余（见图 102）。

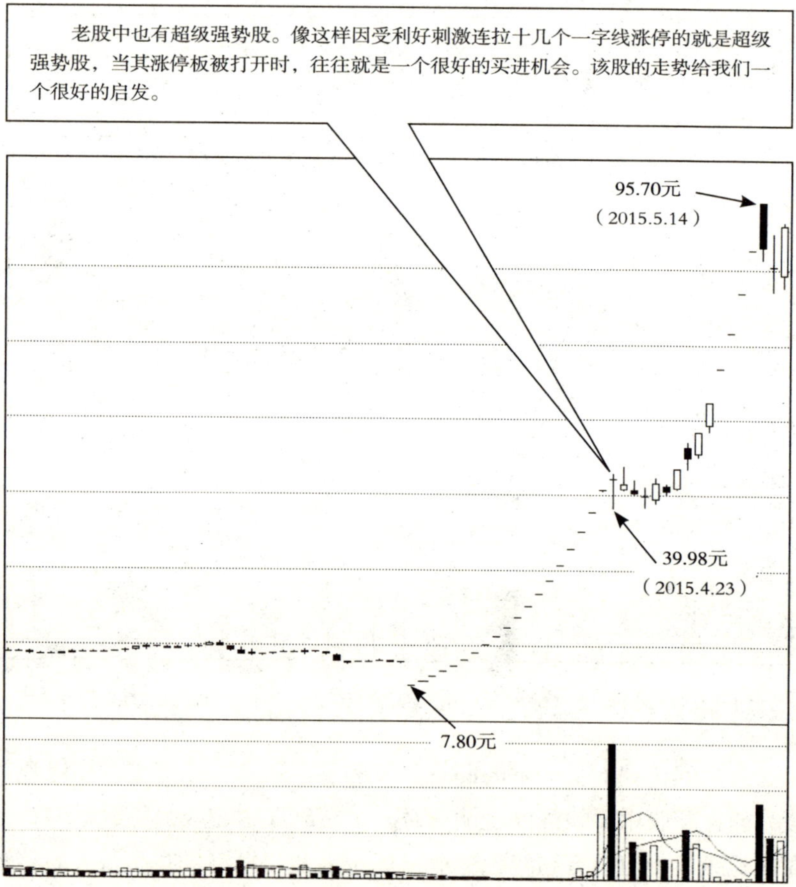

图102　龙生股份（002625）2014年11月7日~2015年5月18日的日K线走势

实例七：成飞集成（002190）。该股也是一只上市多年的老股，但该股题材特别多，2014年5月因受到利好题材刺激，股价连拉一字线涨停，涨停板打开后成交放出巨量，当日股价最低探至26.12元。之后股价出现了短时间横盘，然后就一路逼空向上，直至攀升至72.60元才见顶回落。若从其2014年5月26日打开涨停板这日算起，在不到2个月的时间里，股价就涨了近2倍，这样的上涨是很厉害的（见图103）。

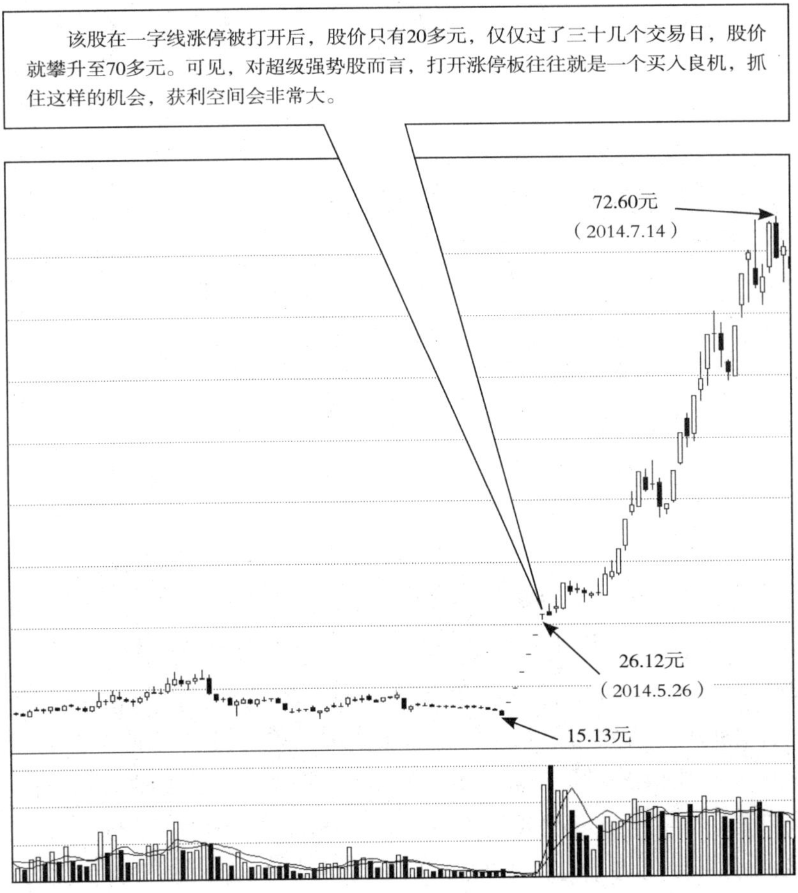

图103　成飞集成（002190）2013年9月4日~2014年7月15日的日K线走势

9 思考题参考答案

解答

1. 这是2002年上半年上证指数的日K线走势图。

2. 图中箭头A所指处的一组K线组合名称叫“曙光初现”。其特征是：在连续下跌行情中先出现一根大阴线或中阴线，然后接着出现一根大阳线或中阳线，阳线的实体深入到前一根阴线实体的二分之一地方（注：画圈处右边的两根K线可以视为一根K线，这样其阳线基本上已插入前面阴线的半山腰处）。曙光初现，顾名思义是指黑夜已经过去，黎明即将来临。从技术上来说，该K线形态出现后，暗示股价已经沉底或已到了阶段性底部，股价见底回升的可能性很大，因此投资者见此图形可考虑适量做多。当然能不能买进股票，还要看市场是否认可它的上涨信号。我们看到，在本图中曙光初现后，马上就出现了一个向上跳空缺口，并拉出了一根大阳线。这说明市场认可了它的上涨信号，此时买进，安全系数更大。

图中箭头B所指的K线叫“T字线”，又称蜻蜓线。因其形状像英文字母T，故称为T字线。它的开盘价、最高价和收盘价相同（或基本相同），K线上只留下影线，如有上影线也是很短的。T字线的信号强弱与其下影线呈正比，下影线越长，则信号越强（本图中T字线的下影线很长，因此它当时发出的信号是很强烈的）。一般来说，T字线因所处的位置不同，各自的技术含义也不相同。若T字线是出现在股价有较大涨幅之后，此时T字线在技术上显示的是一种见顶信号。T字线出现在股价有较大跌幅之后，此时T字线在技术上显示的是一种见底信号。为什么T字线在不同场合，表示的含义有如此大的差别呢？这主要是因为T字线是一种庄家线，它完全是由主力（庄家）控盘所造成的。在T字线上我们处处可以看到主力（庄家）做的手脚。比如股价大幅飙升后出现的T字线，这种在高位拉出的T字线，其实就是主力（庄家）为了掩护高位出货而放出的一颗烟幕弹。市场涨幅较大时，股价若出现大抛盘，散户一般都如惊弓之鸟，逃得比谁都快。但是由于主力（庄家）一早就以不计卖价的大卖单抛出，所以散户根本来不及溜走，而正当散户惊慌失措的时候，尾市又突然出现了一股神秘力量，大笔买单将股价重新推到开盘价位置。这种翻手为云、覆手为雨的操作手法，显然不是散户所为，散户也不可能做到。这只有控盘主力（庄家）才能做得出。主力（庄家）这样做的目的就是，为了让散户产生一种错觉，觉得这种先抑后扬的T字线走势是股价拉升过程中的一种洗盘行为。这会逼迫一些抛出筹码的短线客再度追涨买进，让持筹的散户放心做多。紧接着第二天或第三天股价还会向上走，这样更会使一些股民戒心全无，这时主力（庄家）见诱多成功，就趁机大量出货，在人们的一片看好声中，神不知鬼不觉地实现胜利大逃亡。因此，在高位出现的T字线的后面，股价出现大幅或持续下跌在所难免。

本图中箭头所指的T字线就是一种见顶信号，投资者见到它，应及时逢高卖出，如果在它出现后，被主力（庄家）骗了，留在股市里继续看多做多，那么日后肯定要吃大亏（见图104）。

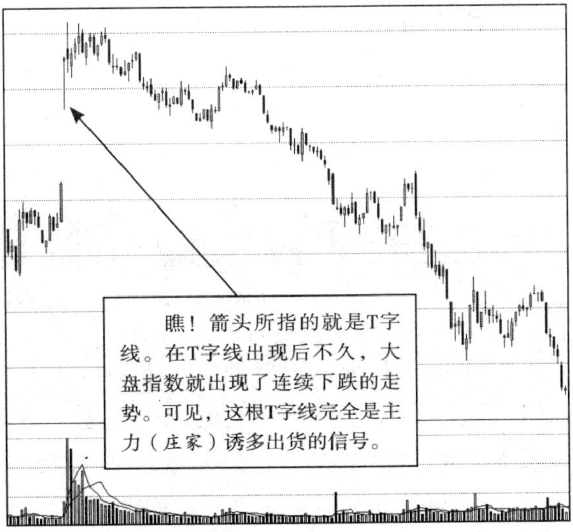

图104　上证指数2002年6月3日~2003年1月3日的日K线走势

10 思考题参考答案

解答

1. 这是2010年下半年上证指数的日K线走势图。

2. 图中A、B、C 3个箭头所指的空白处，在股市技术图形理论中称为“向上跳空缺口”。其中箭头A所指的缺口叫“向上突破缺口”，箭头B所指的缺口叫“向上持续缺口”，箭头C所指的缺口叫“向上衰竭缺口”（见图105）。

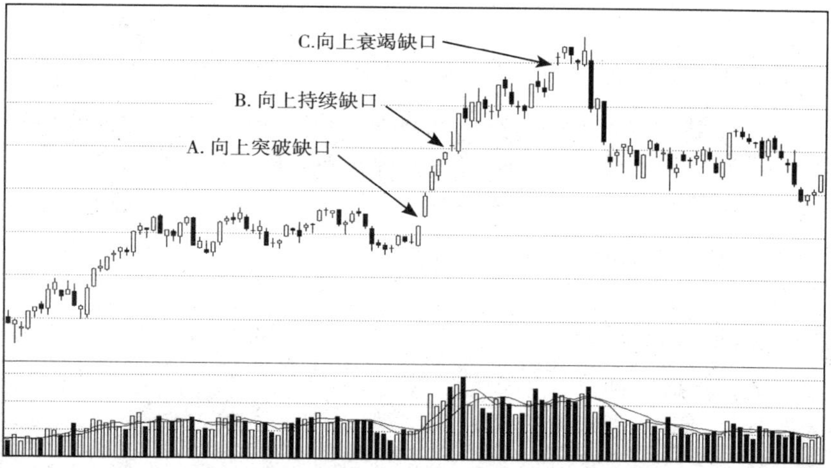

图105　上证指数2010年下半年的日K线走势

向上缺口是如何形成的呢？当某日股价跳空高开，在前一天的最高价上方留下了没有成交的价格区域，一直到收盘时，这个没有成交的价格区域仍保留着，或部分保留着，缺口就这样诞生了。在股市技术图形分析中，缺口占有相当重要的地位。

由于向上的跳空缺口发生在不同阶段，因此它的技术含义完全不一样。在股价突破阻力开始上升时出现的缺口，对日后股价上升具有决定性的影响，因此人们把它形象地称为向上突破缺口。突破即势如破竹，足见多方发动的攻势之强大。一般而言，形成突破缺口都伴有较大的成交量，这时成交量越大，说明日后股价上升的潜力越大。向上突破缺口形成后，如几天内不被封闭，说明多方抢占空方滩头阵地已获成功，股价将会形成一路攀升的走势。在股价上升时出现的第二个缺口是向上持续缺口，顾名思义，股价仍然会沿着上涨势头持续下去。向上持续缺口的出现，表明多方力量十分强大，这种缺口可以帮助估计未来市场发展的潜力。在股价上升时出现的第三个缺口是向上衰竭缺口[注]。衰竭缺口听上去就不太妙，人们对它的前景已能猜出个八九不离十。向上衰竭缺口是如何形成的呢？股价在急速上升后，市场多方力量到了最后冲刺阶段，这时再一次出现跳空高开，于是就形成了第三个向上跳空缺口，也即向上衰竭缺口。向上衰竭缺口的出现，意味着推动股价上升的原有力量发挥将尽，市势即将逆转，这种缺口短期内就会被封闭。一旦向上衰竭缺口被封闭后，就会引发一轮跌势。

当我们了解向上跳空缺口、向上持续缺口、向上衰竭缺口的各自特征和技术含义后，我们就知道应该怎样操作了。例如，当向上跳空缺口出现并伴有较大的成交量时，应毫不犹豫地买进；当向上持续缺口出现时，就继续做多，持股待涨；当向上衰竭缺口出现时，应谨慎持股，特别是向上衰竭缺口出现时伴随成交量的急剧放大，

【注】 在特别强的多头市场或超强庄股中，有时向上跳空缺口不止3个，而是4个，甚至五六个。直至最后一个缺口才能称为衰竭缺口，而这之前的缺口，除第一个缺口外，都是持续缺口。尽管这种情况出现的机会并不多见，但它也为投资者辨别持续缺口和衰竭缺口带来了困难。为了不造成误认，我们认为要做到正确区分：一是要观察当时市场气氛。二是要看第三个缺口，甚至第四个、第五个缺口出现时，成交量是否放出巨量，股价能不能平衡地上扬。如若这些缺口形成时成交放出巨量，股价重心下移，这个缺口就是衰竭缺口；反之，成交量和之前差别不大，股价重心在稳步上移，这时就不能把它当作衰竭缺口，而要看作持续缺口，并按持续缺口的方法进行操作。

更要保持高度警惕。空仓的投资者此时不可再追涨，持筹的投资者为安全起见，可先派发一些筹码，如发现股价开始掉头向下，应立即将股票抛空离场。

在跟随向上跳空缺口信号操作时，还要提醒大家注意以下两点：

第一，向上跳空缺口的信号强弱与其所处的位置，以及缺口距离大小有密切关系。一般来说，向上跳空缺口出现的位置越低，它发出的看涨信号就越强，对股指（股价）向上拉动的作用就特别大。另外，缺口的上沿与下沿之间的距离越大，发出的看涨信号也就越强。例如，1994 年 8 月 1 日上证指数在大盘暴跌近八成的情况下，突然向上跳空高开，留下了一个等于当时实际涨幅 12% 的缺口（注：当时未实行涨跌停板，故实际涨幅可超过 10%）。这个缺口为向上突破缺口（见图 106），是中国 A 股市场历史上最大的一个向上突破缺口。由于其所处的位置特别低，缺口上沿与下沿之间的距离特别大，所以看涨的信号就特别强烈。果然，在它出现后，上证指数就出现了连续暴涨。

第二，虽然向上跳空缺口对股价的上升起着支持作用，但它不能被封闭；一旦封闭，它对股价上升的支持作用就会完全消失，反而会对股价下滑起到助跌作用。因此，不管是哪种类型的向上跳空缺口被封闭后，就不能再继续看多，而要适时做空，规避一下短期风险。

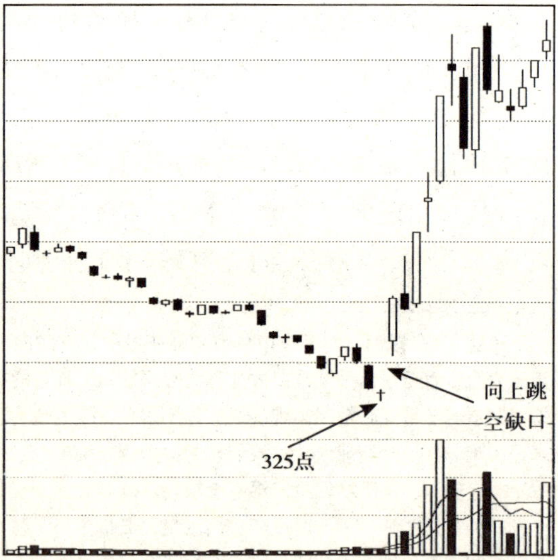

图106　上证指数1994年6月16日~1994年8月18日的日K线走势

J♣ 思考题参考答案

1. 这是2008年下半年上证指数的日K线走势图。

2. 宏观分析师和高手的判断完全正确。当初听从他们建议逢低吸纳的投资者后来都大发了，因为中国A股市场从2008年10月28日~2009年8月4日的短短半年多时间里就出现了一波翻倍的大行情。

那么，他们当时做出这种判断的依据是什么呢？

据了解，宏观分析师的判断是建立在历史数据统计基础上。他给我们看了他当时拿出的两组数据（见表2、表3）。

表2　全球百年股市跌幅前5名情况一览表（截至2008年12月31日）

发生区域	见顶点位	见底点位	见顶时间	见底时间	累计跌幅
俄罗斯股市	571.65	38.53	1997年10月6日	1998年10月5日	-93.26%
中国香港股市	1774.96	150.11	1973年12月10日	1974年12月10日	-91.54%
美国股市	386.1	41.22	1929年9月3日	1932年7月8日	-87.06%
日本股市	38916	7607.88	1989年12月19日	2003年4月28日	-80.45%
中国台湾股市	12495.34	2560.47	1990年2月10日	1990年10月1日	-79.51%

表3　上证指数几次大熊市跌幅情况一览表（截至2008年12月31日）

性　质	见顶点位	见底点位	见顶时间	见底时间	累计跌幅
第一次大熊市	1429	386	1992年5月26日	1992年11月17日	-72.99%
第二次大熊市	1558	325	1993年2月16日	1994年7月29日	-79.14%
第三次大熊市	2245	998	2001年6月14日	2005年6月6日	-55.55%
第四次大熊市	6124	1664?	2007年10月16日	2008年10月28日	-72.83%?

注：截至2008年末新的上升行情尚未出现，因此还不能肯定股市已由熊转牛，故在1664点处与累计跌幅-72.83%的地方都打了一个"？"号。

分析师说："学会用数据说话，这是我一贯的风格，因为我认为，用强有力的数据做出的判断，是最经得起历史检验的。"例如，我们看了"全球百年股市跌幅前5名情况一览表"（注：读者若要了解这些股市是如何走熊的具体情况以及对当时走势的分析，详见《股市操练大全》第七册第167~173页）后，会有什么感觉呢？感觉就是，如果国家在政治和经济上没有出现重大问题，股市走熊后跌幅的极限位置最多就在80%之内，不会超过80%。大家可以想一想，100年来全球股市要出现多少次熊市？但跌幅超过80%的情况只出现了4次，而这4次跌幅超过80%的大熊市都与当时有关国家和地区的政治、经济发生了重大变化有密切的关系。比如1929年的美国股市大熊市，这轮熊市跌幅之所以超过80%，是由于当时美国出现了重大的经济危机，银行、企业纷纷倒闭，工人失业巨增，市场一片萧条所致。而我们国家的政治、经济情况一切正常，且经济发展速度在世界名列前茅，股市的走熊与国家的政治、经济没有任何关系。说到底，中国A股市场每次走熊，原因都在于中国股市属于新兴市场，新兴市场的一个重要特征是投机力量胜过投资力量，过度投机现象一旦达到了极致，要么就是疯涨，要么就是疯跌；另外，因为股市开设的时间短，管理制度、管理经验都跟不上，股市一旦趋势向下，就会出现连续下跌的现象。可以说，中国A股市场的几次大熊市都是在这种背景下发生的。

据了解，管理层对股市走熊也有一个忍耐极限，即不会容许熊市跌幅超过80%。若跌幅超过80%，中国A股市场跌幅就要进入全球百年股市跌幅前5名了，这将会严重损害整个国家的形象，会对整个国家改革开放产生重要的负面影响。所以，在有关国家形象与整个改革开放能否顺利进行的大局中，管理层一定不会允许股市跌幅超过80%，80%就是红线，这条红线不可逾越。最典型的例子是，1994年中国A股市场出现了一场超级大熊市，这轮大熊市从1558点一路狂跌至325点。正当大家感到绝望时，政府当天晚上就推出了救市的三大政策。这三大政策一经推出，第二天股市就出现了暴涨，这天上证指数大涨了33.46%（注：当时股市不设涨跌停限制），熊市就此结束，新一轮牛市就此开启。为什么在上证指数跌至325点后，管理层马上就推出救市三大政策呢？原因很简单，因为当时上证指数从最高点1558点跌下来，跌至325点，最大跌幅已达79.14%，若再不出手救市，这轮熊市跌幅就要超过80%这条红线了。所以在这万分危急关头，政府出手救市了。说来让人难以相信，当时中国香港有一个姓许的著名分析师，他早在管理层推出三大救市政策的几个星期之前，就预言上证指数这轮熊市的谷底在320~330点之间。这位许君能做出如此精确的预判，完全是基于他对中国政府的信任与了解，他坚定地相信，中国政府一定会想办法让熊市在80%这条红线前止步的。

分析师接着说，2008年这轮大熊市，从6124点跌至1664点，跌幅已接近73%。从现在的情况看，这个1664点是不是这轮熊市的谷底，我还不能下定论。这里有两个原因：一是目前市场上人气仍然十分低迷；二是因为股市跌至1664点后，虽然没有再创出新低，但指数还在低位徘徊，新的上升趋势还没有出现。因此，不能马上做出结论，1664点就是这轮大熊市的最低点了。但有一点必须肯定，即使1664点不是这轮熊市的终极点位，也一定是这轮熊市的次低点，因为1664点距离80%跌幅的红线已相当近了。我可以明确告诉大家，这轮熊市的底部区域就在–70% ~ –80%之间，目前股市正处于筑底阶段，是投资者逢低吸纳的最好时机。

下面我们再来看技术高手是如何分析的。高手说，2008年股市熊了一年，跌得大家信心全无。但是股市的规律告诉我们，行情在绝望中诞生。因此，我们一定要有信心。从我对盘面的情况观察，我发现股市已有走好的迹象。例如，从走势图中可以看出，截至2008年末，上证指数正在构建一个时间超过半年的头肩底（见图107）。当然，这个头肩底有可能构筑成功，也有可能构筑失败，因

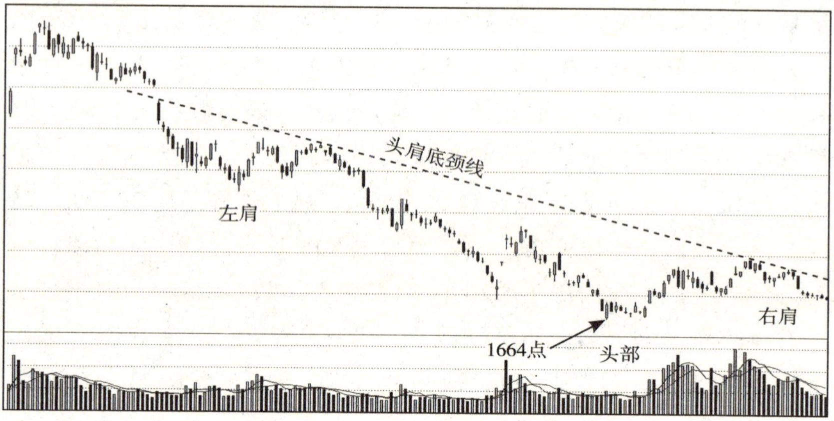

图107　上证指数2009年4月23日~2008年12月31日的日K线走势

为在头肩底图形没有真正走出来之前，谁也不能先下结论，但我估计，最后头肩底成功走出来的可能性很大。

高手说，为什么我预判头肩底构造会成功呢？因为我发现上证指数跌至1664点时，出现了一个底部岛形反转图形（见图108）。众

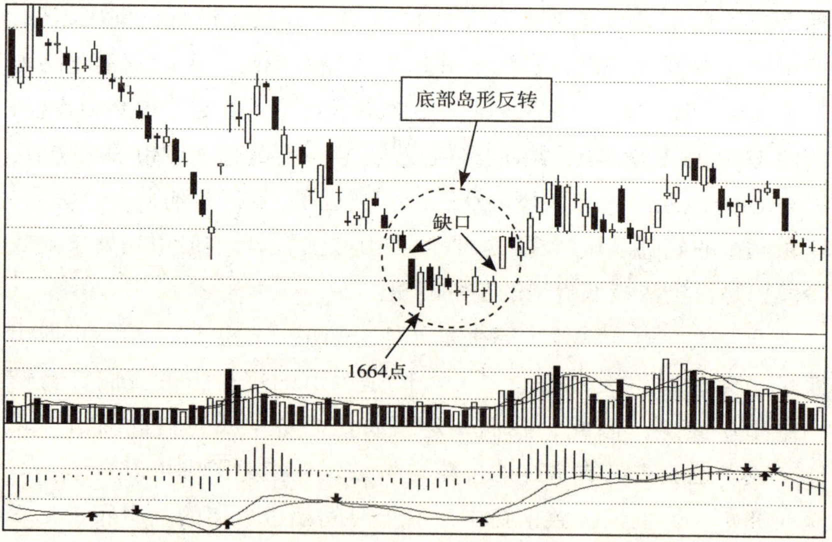

图108　上证指数2008年8月18日~2008年12月29日的日K线走势

所周知，底部岛形反转是重要的见底信号，虽然这个底部岛形反转图形出现后，大盘并没有马上启动一轮新的上升行情，但在它出现后，大盘毕竟止跌了，之后冲高回落的低点也明显比1664点高了一个台阶。更让人感到欣慰的是，成交量开始放出，并出现了价升量增、价跌量减的良性状态，同时下面的MACD走上0轴，红柱线出现放大，这一切都为投资者做多创造了一个很好的市场氛围。

高手的预判在后来的行情发展中被完全证实。果然头肩底最终被构造成功，前面的1664点也被定格为上海股市第四次大熊市的谷底（见图109）。至此，反转行情正式确立，中国A股市场又开启了一轮新的上升行情。

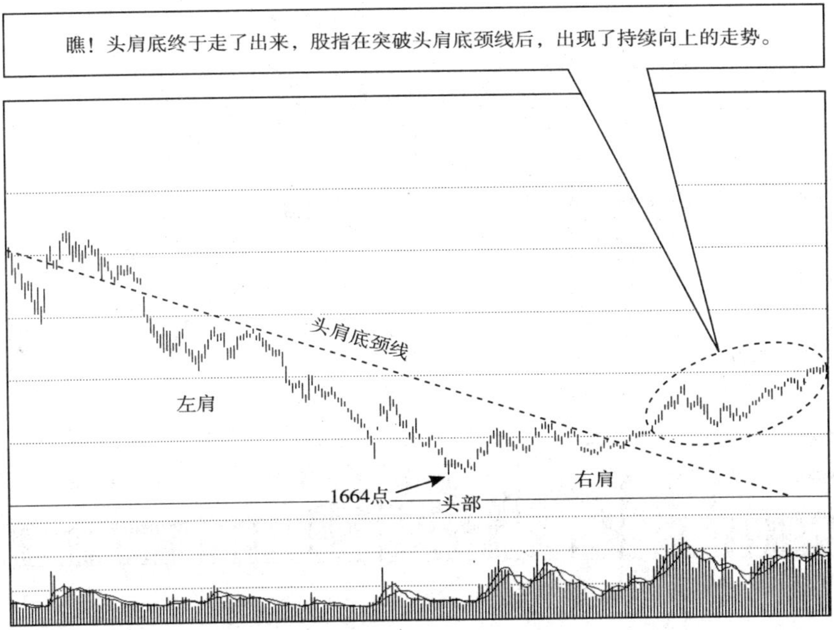

图109　上证指数2008年4月7日~2009年4月21日的日K线走势

思考题参考答案

1. 这是2011年上半年上证指数的日K线走势图。

2. 高手把图110中箭头A所指处作为第一卖点，是因为此处股指不仅跌破了5日、10日两根均线，而且5日均线向下穿过10日均线，从而使5日均线与10日均线出现了死亡交叉。“跌破10日均线和5日均线且10日均线死亡交叉”是一个明确的卖出信号，所以把它设置为第一卖点。

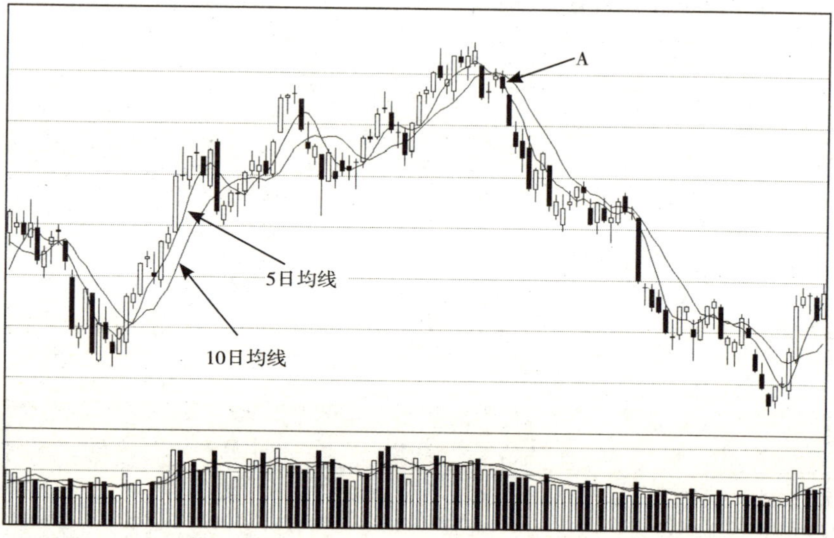

图110 上证指数2011年上半年的日K线走势

高手把图111中箭头B所指处作为第二卖点，是因为箭头B所指的这根K线已将30日均线击穿，当日的收盘价在30日均线下方。

高手把图112中箭头C所指处作为第三卖点，是因为在其上方

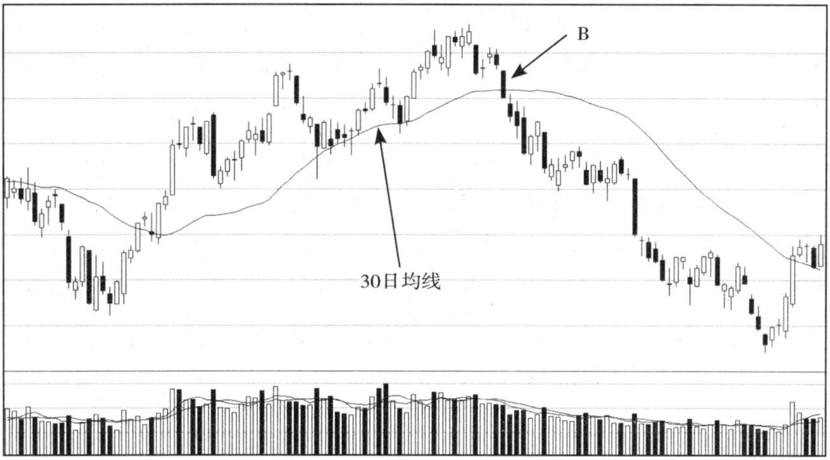

图111　上证指数2011年上半年的日K线走势

已出现死亡谷。虽然这天收的是一根阳线，并且第二天也收了一根阳线，但均线形态已极度恶劣，死亡谷正式构建成功。这对多方来说，可能是致命一击。

瞧！大盘出现死亡谷后，指数出现了一路下跌的走势。

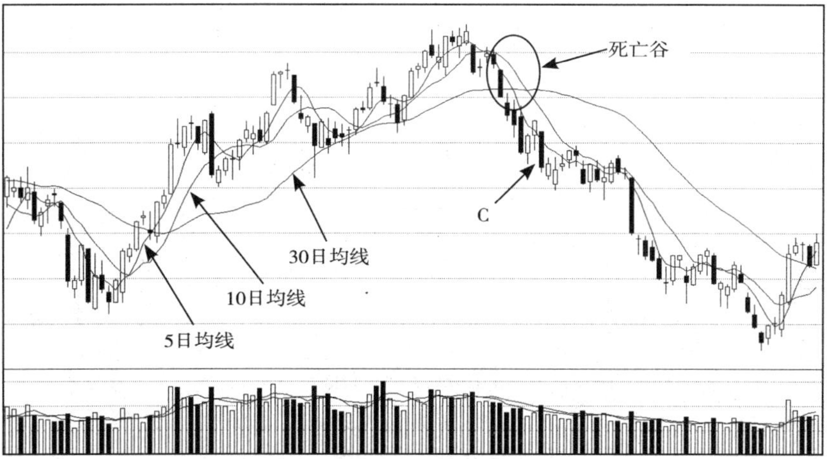

图112　上证指数2011年上半年的日K线走势

死亡谷为什么这么可怕呢？据了解，在地球上，有些山谷人和动物是不能去的，贸然闯入者，十有八九不能生还，人们把这些山谷称为“死亡谷”[注]。在股市中，当均线系统上升趋势发生逆转时，也会出现这样的死亡谷，图112中画圈处就是一例。死亡谷的特征是：短期均线下穿中期均线、长期均线，中期均线下穿长期均线，从而形成一个尖头朝下的不规则三角形（见图113）。死亡谷的出现，表明空方已积聚了相当大的杀跌能量，这是一个典型的卖出信号。据资料统计，在股价前期涨幅较大的情况下出现死亡谷，日后股价下跌和上涨的比例为8：2，而且一旦下跌，跌幅就会很大，所以投资者看见死亡谷应赶快出逃为妙。逃之不及者，常会弄得遍体鳞伤，惨不忍睹。

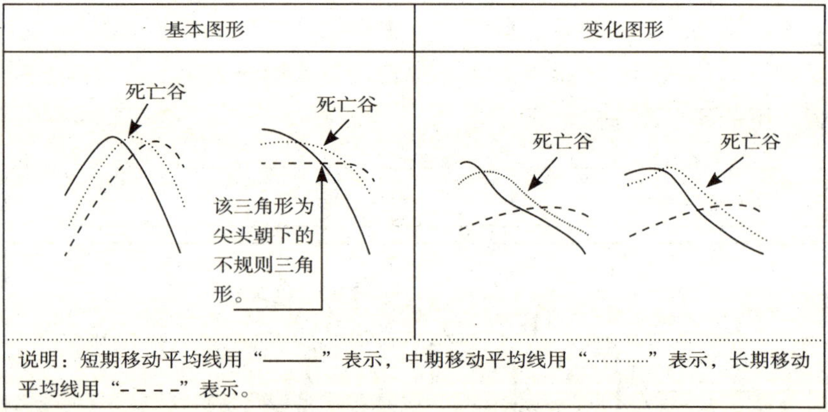

图113　移动平均线死亡谷示意图

【注】世界上有四大死亡谷，即苏联的勘察加半岛克罗诺基山区的死亡谷、美国加利福尼亚州与内华达州相毗连的群山之间的死亡谷、意大利的那不勒斯和瓦唯尔诺湖附近的死亡谷，以及印尼爪哇岛的死亡谷。其中以印尼爪哇岛的死亡谷最为恐怖，在谷中共分布着6个庞大的山洞，每个洞对人和动物的生命都有很大的威胁。如果人或动物靠近洞口6~7米远，就会被一种神奇的吸引力吸入洞内并由此葬身。所以山洞里至今堆满了狮子、老虎、野猪、鹿以及人类的骸骨。

K♣ 思考题参考答案

1. 这是1990年12月19日~2002年12月31日上证指数日K线走势压缩版。

2. 在股市悬念扑克中，有25张牌表示的上证指数日K线走势图，可以在这段上证指数日K线走势压缩版里找到它们相应的位置。为了让大家看得清楚一些，我们把这个走势图分为3个时间段（见图114）。

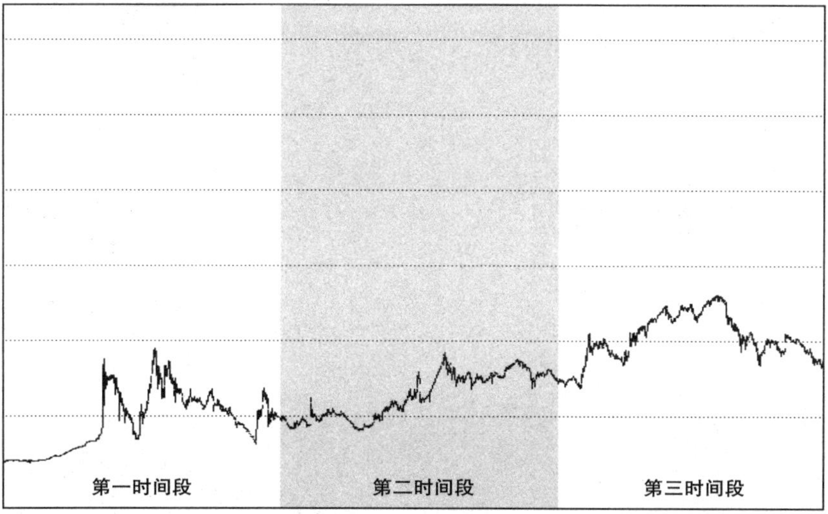

图114　1990年12月19日~2002年12月31日的上证指数日K线走势压缩版

第一时间段（1990年12月19日[注]~1994年12月30日），可嵌入黑桃A等9张扑克牌的上证指数日K线走势图。其顺序是：①黑桃

【注】 这一天是上交所成立之日，也是中国A股市场正式开启的第一天，上证指数从这一天开始对外正式发布。

A；②方块8；③梅花8；④黑桃2；⑤红桃2；⑥梅花7；⑦黑桃3；⑧梅花A；⑨方块2。

第二时间段（1995年1月3日~1998年12月31日），可嵌入黑桃4等8张扑克牌的上证指数日K线走势图。其顺序是：①黑桃4；②黑桃5；③红桃5；④黑桃6；⑤方块9；⑥黑桃7；⑦方块Q；⑧红桃7。

第三时间段（1999年1月4日~2002年12月31日），可嵌入梅花4等8张扑克牌的上证指数日K线走势图。其顺序是：①梅花4；②黑桃8；③红桃6；④梅花2；⑤黑桃9；⑥黑桃10；⑦梅花9；⑧方块3。

思考题参考答案

1. 这是2006年上半年度上证指数的日K线走势图。

2. 高手说的“五五不破我不动”中，“五五”指的是55日均线。高手为什么要选择55日均线？因为“55”是自然界中的一个神秘数字，是中长线趋势向好或向坏的一个坐标（注：关于神秘数字的具体解释，详见《股市操练大全》第四册第299页［注］中的内容）。高手就当时的大盘运行态势来说，2006年上半年的上证指数正健康地运行在55日均线上方，所谓的双顶是无稽之谈，大阴线表示主力在洗盘，根本用不着害怕，投资者可放心持股待涨（见图115）。

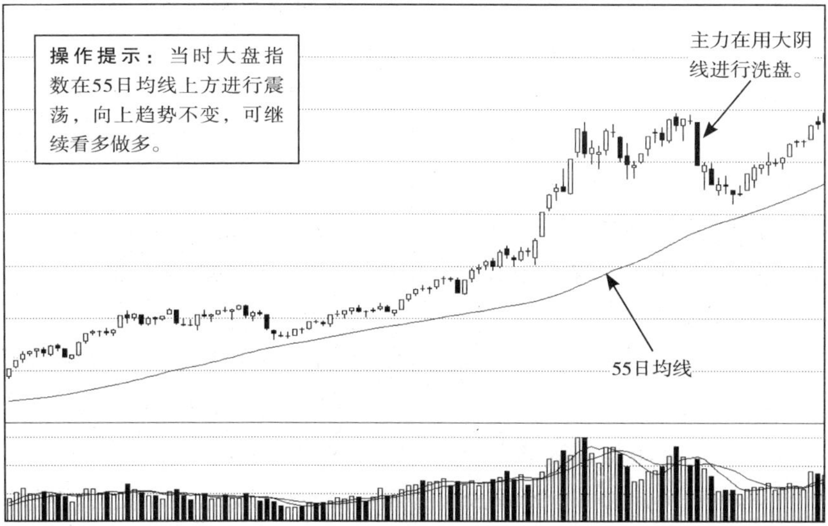

图115　上证指数2006年上半年的日K线走势

高手运用55日均线可谓得心应手，操作上获得了巨大成功。我们采访了高手，现将高手操作经验告之如下，以飨读者。

高手认为，一轮大的上涨行情启动后，投资者可用55日均线来锁定风险，把握其中的投资机会。其操作原则是：

（1）安全状态：股指在55日均线上方运行，冲高回落时能在55日均线上方止跌。

此时的策略是：中长线可放心持股待涨。短线可视股指（股价）与55日均线距离选择高抛的卖点。若股指（股价）上涨后与下方55日均线距离过大，就是一个短线卖点；反之，若股指（股价）冲高回落接近55日均线，就是一个低吸的买点。

（2）较安全的状态：55日均线向上倾斜，处于上行状态，但途中股指（股价）出现了偶尔跌穿55日均线的现象，可按情况分别处理（一般来说，第一次跌破是假摔；但若多次偶尔跌破55日均线，就需要警惕了）。

此时的策略是：在股指（股价）出现偶尔跌破55日均线时不必紧张，中长线可继续持股观望（只要不出现有效跌破55日均线的现象，就不必卖出），短线可在偶尔跌破55日均线时低吸。

（3）危险状态：股指（股价）连续3日在55日均线下方运行，第3日收盘价与55日均线已有-3%以上的距离。出现这种现象，称为股指（股价）已有效跌破55日均线。

此时的策略是：马上卖出，卖出后应持币观望。而后，只有发现股指（股价）重新回升到55日均线上方，才可以再次加入；否则就一直持币观望。

（4）最危险状态：55日均线已拐头向下，且一直压着股指往下运行。

此时的策略是：尽早卖出，清空离场。

高手是个热心人，他还通过实例将55日均线的几种状态与操作策略进行了图形解析。大家看了后心里就更加清楚了，这对日后操作会带来很大帮助（见图116）。

图中箭头A、C、E所指处为安全区域；图中箭头B、D所指处为较安全区域；图中F所指处为危险区域；图中G所指处为最危险区域。

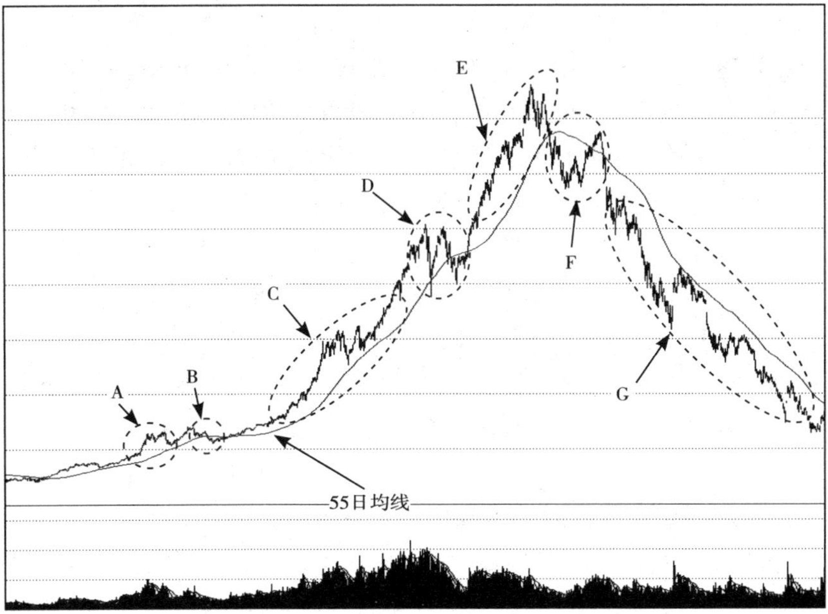

图116　上证指数2005年10月28日~2008年11月14日的日K线压缩版

说明： 若读者要了解高手运用55日均线操作的详情，请参见《股市操练大全》第十册第447~451页。

2 思考题参考答案

解答

1. 这是1994年下半年上证指数的日K线走势图。

2. 这个空白处在股市中叫跳空缺口。向上的就叫向上跳空缺口，向下的就叫向下跳空缺口。因为它出现在股价见底回升之际，所以是一个向上跳空缺口；更重要的是，它是第一个向上跳空缺口，在技术上有重要意义，所以称之为向上突破缺口。据了解，这是中国A股市场20多年来大盘指数中最大的一个向上跳空缺口（该缺口的大小为指数涨幅的16.03%）。在中国A股市场上，几乎所有的向上跳空缺口后来都被回补了，唯独这个缺口历经20多年，至今未被回补，这也算是一个奇迹。在中国A股市场上，此缺口已经成为中国A股市场发展过程中的一个里程碑（注：说它是里程碑，是因为从这个缺口开始，上证指数总体上一直处于震荡向上状态，即便经历后来的几次大熊市，大盘指数跌至熊市最低点时，其点数都远远处在这个缺口上方）。

在股市技术图形分析中，缺口占有相当重要的地位。由于向上跳空缺口发生在不同阶段，因此它的技术含义也完全不一样。在股价突破重要阻力位而开始上升时出现的向上突破缺口，对日后股价上升具有决定性影响。本图中的向上突破缺口有几个特点：①缺口上下距离很大；②缺口出现时下面出现了较大的成交量（当日的成交量是前面5日均量的5倍）；③缺口上方拉出的是一根大阳线（当日大盘指数实际涨幅达到了33.46%[注]）。以上3个特点反映了当时盘中做多力量特别强大。也正因为如此，在此突破缺口出现后，股市

【注】当时中国A股市场没有实行涨跌停板限制，所以这天大盘涨幅达到了33.46%。

向上攻击势如破竹，不到一个半月，上证指数就从325点涨至1052点，最大涨幅达到了223.69%。在这么短的时间里，大盘指数涨了2倍有余，这在中国A股市场乃至全球股市市场都是创纪录的。这也足以说明，当初向上突破缺口出现后，多方发动的攻势之强烈。

此事给我们一个重要启示，形成向上突破缺口时，缺口距离越大，且同时伴有较大的成交量，说明日后股价上升的潜力越大；在向上突破缺口形成后，如几天内不被封闭，说明多方抢占空头的阵地已获成功，股价将会形成一路攀升的走势。因此，投资者在见到这种情况出现时，一定要当机立断，勇敢地出手，积极跟进。如此才能抓住股市中难得出现的一些重大投资机会，把自己做强做大。

3. 我们只要在本图后半部分画两条直线（见图117），就可以发现，当时的上证指数正在构造一个收敛三角形图形。

图117　上证指数1994年下半年的日K线走势

收敛三角形的特征是：股价在某一阶段出现徘徊的局面，每一次上升的高点都比前次低，而每一次下跌的低点却比前次高，于是

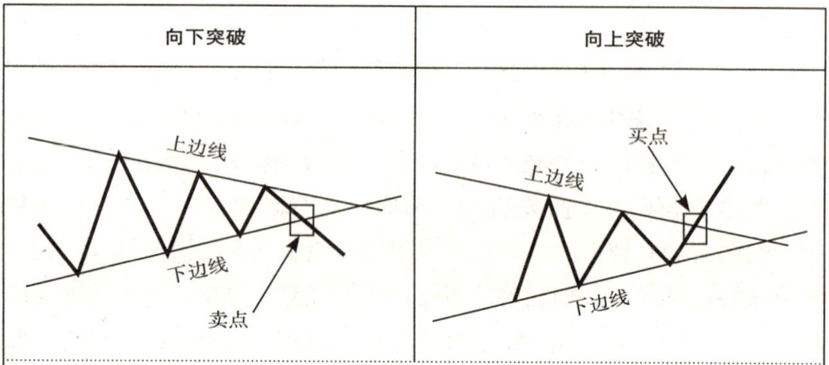

说明：左上图为收敛三角形向下突破形态；右上图为收敛三角形向上突破形态。

图118　收敛三角形向下突破或向上突破示意图

股价波幅越来越小，呈收敛状态，而成交量在此期间呈现出减少的趋势。收敛三角形是一个整理形态，整理结果向上突破或向下突破均有可能（见图118）。不过，在下跌趋势中出现，它最终选择向下的可能性略大些；在上涨趋势中出现，它最终选择向上的可能性略大些。收敛三角形向上突破的时间往往选择在收敛三角形形成的中下端，而收敛三角形向下突破的时间往往选择在收敛三角形形成的顶端附近。当我们明白了收敛三角形的特征和技术意义后，再回过头来看看本图后半部分的走势就可以发现，当时这个收敛三角形发生在下跌行情中，且收敛三角形已经走到了尽头，即到了收敛三角形顶端处，股价在这两天就要选择突破方向。从当时的态势来看，我们可以推测它向下突破的可能性居多。因此，持筹的投资者应预先卖出一些筹码，进行减仓操作[注]，一旦发现往下突破，就应立即抛空离场（见图119）；而持币的投资者应继续捂币，静观其变。

【注】收敛三角形操作的规则是：股价必须往一个方向明显地突破之后，才可以采取相应的买卖行动。本案例提示，感觉收敛三角形往下突破的可能性较大，先做一些减仓操作，以防万一。这与收敛三角形的操作规则并不矛盾。

果然，当时的情形是：收敛三角形走到尽头后，最终选择了向下突破。在跌破收敛三角形下边线后，大盘指数又跌掉了20%。可见，收敛三角形选择向下突破时应该马上卖出，这是规避市场风险必须要遵守的一条操作纪律。

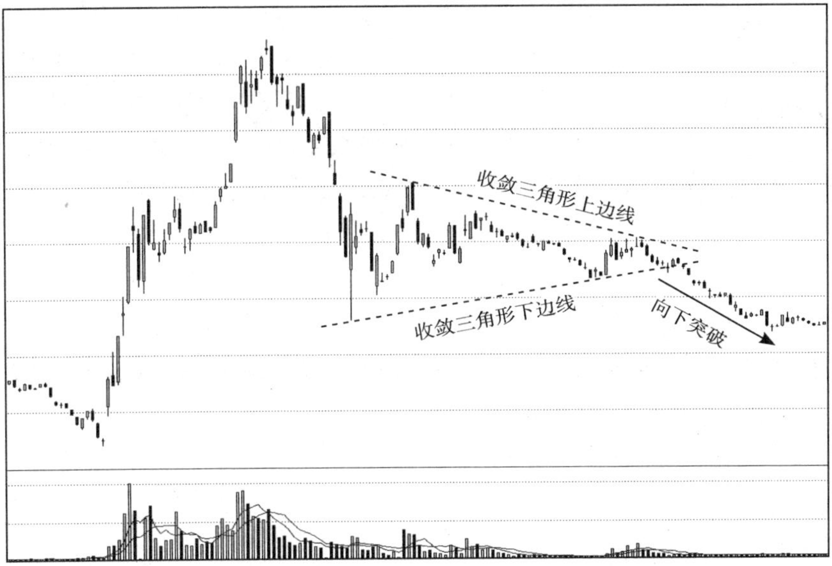

图119　上证指数1994年7月5日~1995年2月21日的日K线走势

3 思考题参考答案

1. 这是2002年下半年上证指数的日K线走势图。

2. 要了解高手是怎么通过画通道来锁定风险的，我们不妨先了解一下有关通道方面的知识。

通道是指由两条向上或向下的平行线所构成的距离相等的斜梯状图形（见图120、图121）。因为在股市中，每一个品种（包括大盘与个股）无论是上涨或下跌，很多情况下似乎都在上有顶、下有底的通道里运行，由此也就有了通道这个概念，以及利用通道操作股票的方法。

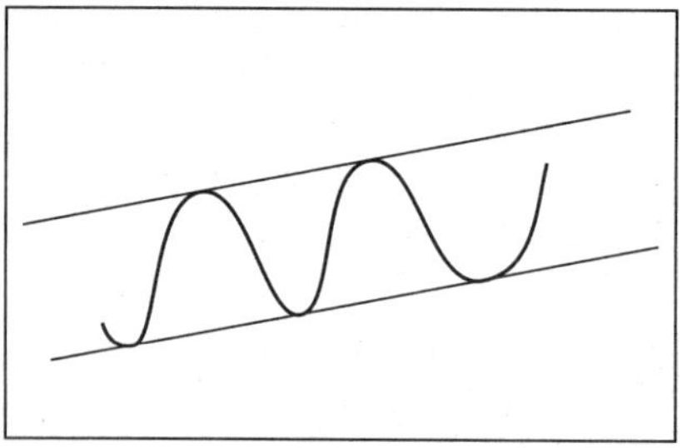

图120　上升通道示意图

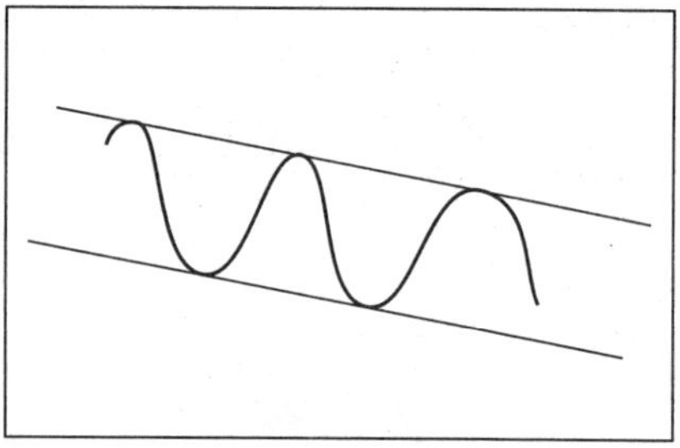

图121　下降通道示意图

通道的画法。画通道的方法很简单，先画出一条上升趋势线或下降趋势线，然后找到一个与之相对应的高点或低点，以此画出一条平行线，这样就构成了我们需要的上升通道或下降通道（见图122、图123）。

通道画好之后，接下来就可以用通道来分析股指（股价）走势了。一般来说，股指（股价）在接近或冲出通道的上轨或下轨时，很快就会被拉回通道之内，只有多次冲出上轨或下轨后，这种被拉

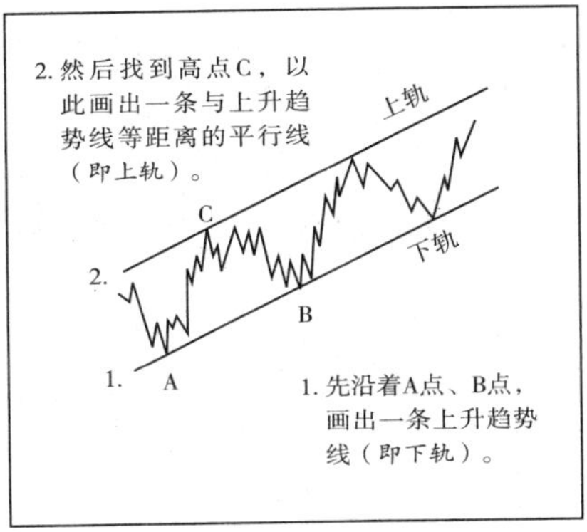

图122　上升通道画法示意图

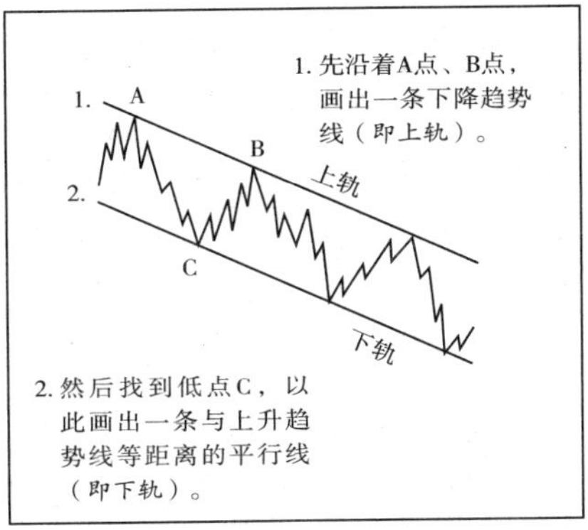

图123　下降通道画法示意图

回通道的现象才不再发生。此时股指（股价）走势又会形成一个新的通道。

通道操作法。对在通道里运行的大盘或个股，投资者一般可以这样操作：

（1）大盘或个股无论是在走上升通道还是在走下降通道，只要股指（股价）接近或触及上轨就应该卖出。但是买进方式有所不同，如果它们走的是上升通道，那么接近或触及下轨时可视为买进信号；如果它们走的是下降通道，因接近或触及下轨的买进信号可靠性较差，应结合其他买进信号，综合考虑后才能做出判断。

（2）当大盘或个股在走下降通道时，稳健型投资者应持币观望，停止操作，坚持“股指（股价）不出通道不出手，待突破下降通道后再做定夺”的投资策略；激进型投资者可以在股指（股价）超跌时买进，但抢反弹要快进快出，并预先做好止损准备，到了止损价位坚决离场。

（3）通道有大小之分，作为一个长期走势的通道，有很强的稳定性。一般来说，股指第一次向上或向下突破，不仅突破的幅度有限，在时间上也难以持久。也就是说，从大多数情况来看，股指（股价）首次突破长期走势的通道上轨或下轨，往往都以失败告终。根据这个原理，我们在股指（股价）走势第一次向上突破或冲出通道的上轨时，就应该看空做空，卖出股票；而在股价走势第一次向下跌破通道的下轨时，就应该看多做多，买进股票。这种操作方法，对把握股指（股价）走势，尤其是用来研判中长期走势有较大的胜算。

上面简单向大家介绍了一些通道的有关知识，接下来，我们就可以分析当时高手是如何在 2002 年下半年的上证指数图中画通道，并根据通道的运作原理进行操作（见图 124~ 图 126）。

第一步，高手会先根据2002年下半年上证指数前两个月走势，画出一个小的下降通道。

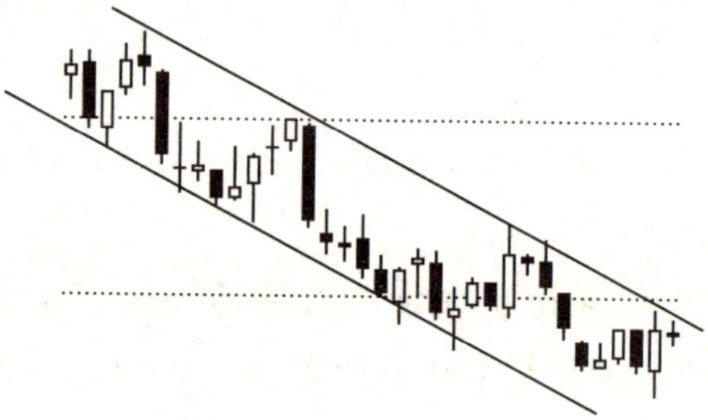

图124　根据2002年下半年上证指数前两个月走势画出的通道

第二步，高手会根据2002年下半年上证指数后来几个月的走势修正原来的通道，重新画一个新的下降通道。

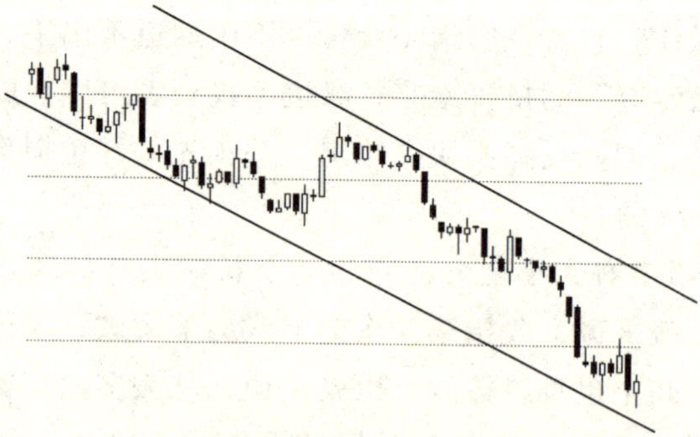

图125　根据2002年下半年上证指数后几个月走势画出的新通道

第三步，高手会根据上证指数实际走势，将通道进行延伸。

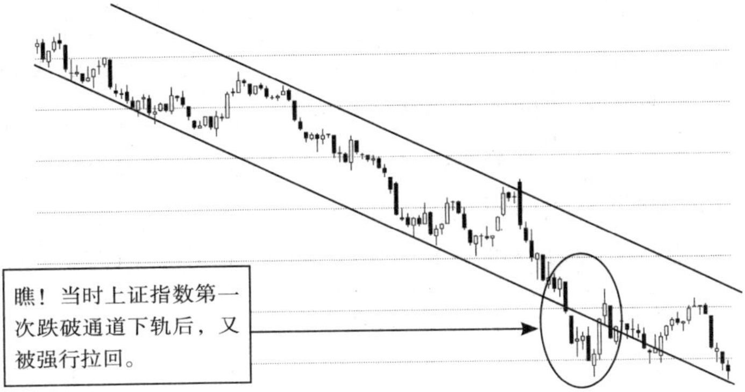

图126　延伸通道

到了第三步，上证指数2002年下半年在下降通道中运行的格局已清晰可见。面对处于下降通道中运行的上证指数，高手认为，除了可用少量资金进行一些短线高抛低吸之外，基本上应采取空仓策略。高手就是以这种操作方式来锁定风险——不盲目抄底，坚持持币观望，没有在下跌途中吃套。

下面我们再来分析高手是如何寻找一条关键均线来锁定投资风险的。这根关键均线就是年线[注]（即250日均线）。其观察的重点和操作原理是：

（1）只要上证指数未有效突破年线，就可以判断股市的熊市还在延续。此时的策略应该以持币观望为主。

（2）年线向下走的时候，即便股价冲上年线也可能只是短暂的现象，日后股价会再次跌到年线之下运行。此时的策略应该以逢高减仓为主。

（3）股价下跌离开年线有较大距离时，会在年线的吸引下，产

【注】年线，就是一年移动平均线。因为一年中除掉节假日，实际交易的日子大概是250日，所以年线一般指250日均线。年线为牛熊分界线，股指（股价）若跌破年线，即意味着大盘或个股进入了熊市。

生一种被回拉向上的现象。此时的策略是，可在股价大幅下跌远离年线的地方进行逢低布局，等待机会。

（4）股价冲上年线，且年线向上翘头的现象出现后，要注意股市有可能由熊转牛。此时的策略是，可积极看多做多，持股待涨。

我们现在按照高手的做法，为当时的上证指数走势加上一条年线，就可以根据年线的原理，进行有针对性的操作。如此一来，系统性的风险就能规避，投资机会也能抓住，操作就相当主动了（见图127）。

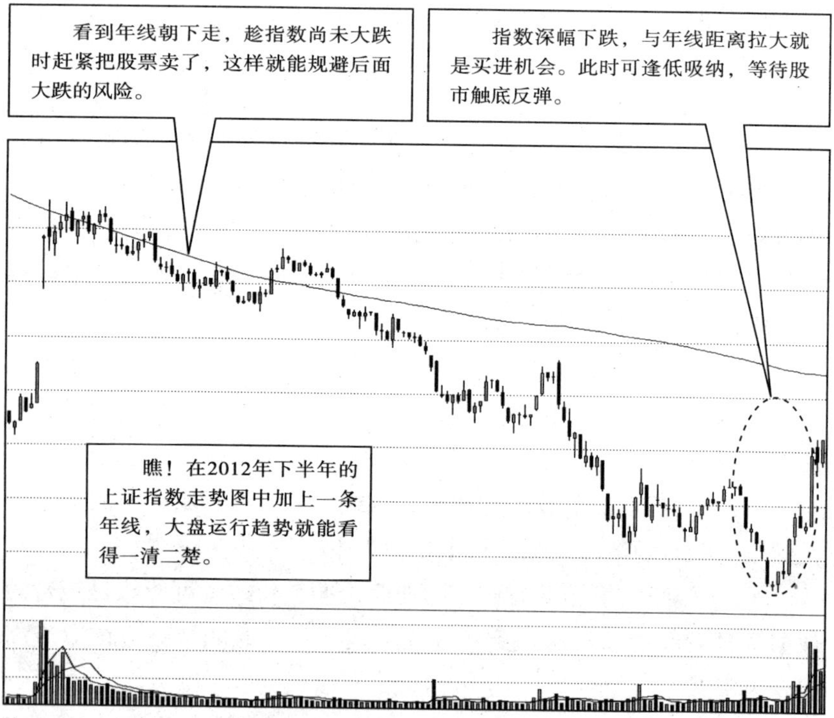

图127　上证指数2002年6月14日~2003年1月16日的日K线走势

4 思考题参考答案

解答

1. 这是2003年上半年上证指数的日K线走势图。

2. 众所周知，年线（即250日均线）是牛熊分界线。无论是大盘还是个股，如果原来在年线下方运行的后来冲到了年线上方运行，说明其市场环境发生了重大变化，即市场已从熊市转向了牛市。因此，很多投资者看到股指（股价）冲上年线后，第一反应就是牛市来了。

当时唐先生看到上证指数第一次站在年线之上，于是在箭头A处先买进了一些股票，后来他又看到上证指数连续3天收阳，于是在箭头B处进行了加仓。唐先生这样操作看上去好像很有道理。因为当时上证指数突破年线，站在年线上运行已超过3日，上涨幅度也已超过了3%。两个“3”都达到了，在技术上称为有效突破。既然是有效突破，就没有理由不看好后市。于是唐先生在箭头A处买入股票后又在箭头B处进行加仓。但是唐先生没有想到的是，自他买进后股市马上就见顶了，他在高位被套得死死的，动弹不得。

有人问：唐先生当时这样操作的理由很充分，为什么结果是错的呢？这的确让很多人感到难以理解。其实唐先生的错，并不在于他对年线被攻克后应该积极做多的判断（注：这个判断是对的），而主要在于他对年线本身的运行状态缺乏深入了解，误以为不管年线怎么走，只要股指站上年线就能看多做多。其实，唐先生这样的认识是片面的，或许就是这种片面的认识导致了他投资的失败。

大家一定要弄清楚，年线不仅是牛熊的分界线，年线本身的形状也是牛熊的试金石。牛市中的年线形状与熊市中的年线形状是截然不同的。年线的形状可分为略微向上、向上、走平、略微向下、向下这5种态势。一般来说，只有在年线处于略微向上与向上运行的时候，才表示大盘或个股进入了牛市，此时可以看多做多了；而在年线处于走平，特别是处于略微向下与向下的时候，表示大盘或个股还未进入牛市，此时虽然表面上看股指（股价）已站上了年线，但这是诱多，是不能买进股票做多的。可见，年线的不同形状，显示的技术意义是不一样的（见表4）。

表4　　　　　　　　　　年线（250日均线）形状一览表

形状：略微向上 意义：看多信号 策略：可适量买入	
形状：向上 意义：强烈看多信号 策略：可买入与加仓	
形状：平行 意义：多空交织，趋势不明 策略：观望、等待	
形状：略微向下 意义：看空信号 策略：逢高减磅	
形状：向下 意义：强烈看空信号 策略：抛空离场	

唐先生在箭头A、箭头B处买入股票时，虽然上证指数站在了年线之上，但年线的形状却处于略微向下的状态（见图128），此时是不能看多做多的。果然唐先生买入后就被套在高位。显然唐先生是看年线看走了眼，中了主力“诱敌深入”的圈套，这个教训是非常深刻的。

3. 本图后半部分显示，当时的上证指数正在构造一个下降三角形（见图 129）。下降三角形的特征与技术意义是：（1）在跌势中出现；（2）反弹的高点不断下移，但回落的低点处于同一水平位置（如

图128 上证指数2003年上半年的日K线走势

将上边的高点和下边的低点分别用直线连起来，就构成一个向下倾斜的直角三角形），最后股价跌破下边线向下滑落；（3）下降三角形

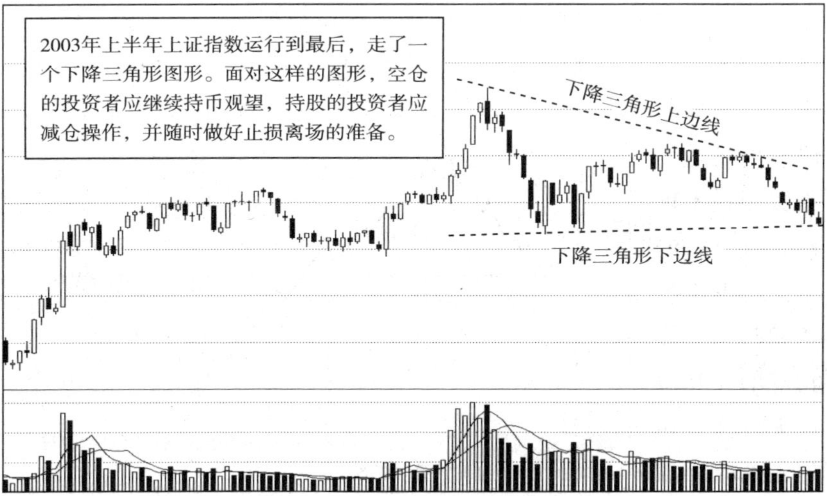

图129 上证指数2003年上半年的日K线走势

最终出路向下居多,但少数情况下也会向上突破。如果出现向上突破,投资者应反手做多;(4)在跌破下边线后常常有回抽,并在原来的下边线附近遇阻,从而确认向下跌破有效。

下面我们请大家看下降三角形的示意图(见图130),并建议大家与上证指数2003年上半年后半部分的图形相对照,你就会发现,当时上证指数确实在构造一个下降三角形图形。

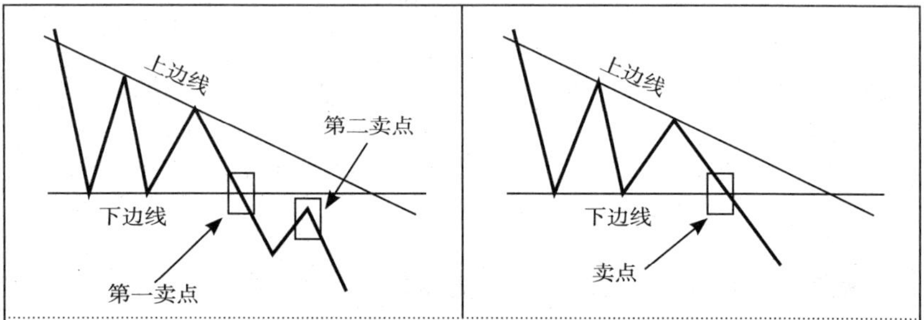

说明:下降三角形往下突破时会出现两种情况:一种是跌破下边线后,经回抽再次向下(如左上图);另一种是跌破下边线后,就直接向下(如右上图)。

图130　下降三角形示意图

投资者需要注意的是:下降三角形运行到最后,它必定要选择一个突破方向。一般来说,当发现股指(或股价)跌破下边支撑线,必须马上清仓离场。因为按照技术理论,其下跌的空间与上涨的空间基本上是相等的(见图131)。若止损不及时,损失是很大的。

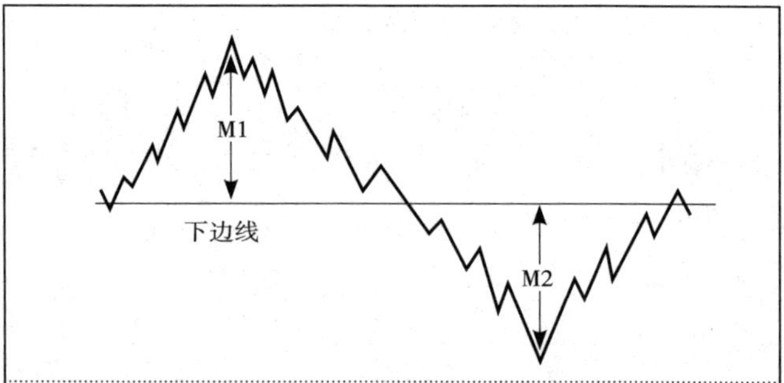

说明:依照技术图形规则,下降三角形向下破位后,下跌的目标位与上涨的幅度基本上是相等的,即M2=M1。

图131　下降三角形向下破位后下跌目标位示意图

据了解，上证指数2003年上半年后半部分所构造的下降三角形，在向下破位后，一直跌到1307点止跌，然后又开始了一波反弹行情。巧的是，它的下跌幅度与前面的上涨幅度基本上是相等的（见图132）。了解这个规律有两点好处：第一，知道下降三角形下边线被跌破会有一个较大的下跌空间，这样就会提高投资者在图形上破位后止损离场的自觉性；第二，对下降三角形破位后的下跌目标位有了一个比较准确的预见性，这样或多或少会给一些投资者带来较佳的投资良机。例如，上证指数2003年上半年下降三角形向下破位后，大致就可以算出这一次下跌的调整目标位大致在1300点，此时，有心的投资者就可以在1300点附近逢低吸纳，抓住后面的反弹机会。

瞧！图中下降三角形向下破位后，从1477点（下降三角形下边线的点位）跌至1307点，实际下跌了170点，此点位与理论下跌目标位——跌172点——仅相差2点。可见技术分析预测是大有用处的，这会给投资者抄底带来诸多机会。

图132　上证指数2003年3月13日~2004年1月6日的日K线走势

5 思考题参考答案

1. 这是2004年上半年上证指数的日K线走势图。

2. 图中画了两条直线，表示当时上证指数走势与下面的成交量走势产生了一种顶背离的现象。其特征是：股价（指数）逐波走高，下面的成交量不是与其同步上升而是逐步下降，所以产生了一种顶背离现象（见图133）。

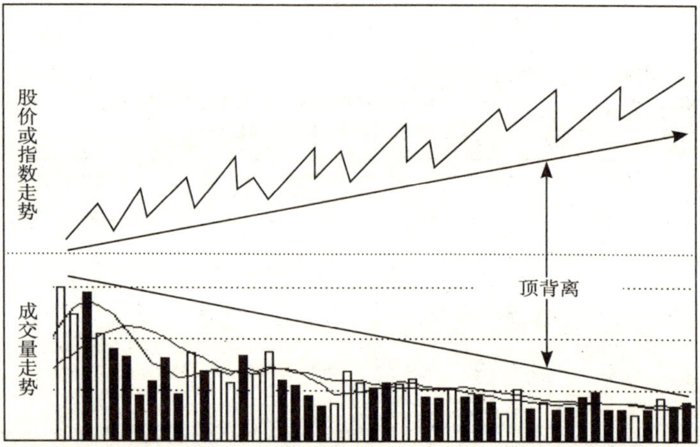

图133　股指（或股价）走势与成交量走势出现顶背离现象示意图

从技术上来说，成交量走势与股价（指数）走势出现顶背离，预示着股价（指数）一轮升势将尽，短期内可能见顶回落，尤其是股价（指数）出现大幅上涨后，下跌的概率就更大。因此，投资者见到顶背离现象出现时，要做好离场准备。此时，重仓者应逐步减磅，一旦发现股价趋势向下，应及时止损离场；轻仓者应继续看空做空，持币观望（见图134）。

2004年上证指数大涨后，股指与成交量出现顶背离，这是大跌前的一个征兆。瞧！股指一旦掉头向下，盘中做空的筹码就蜂拥而出，对多方的杀伤力相当厉害。该图走势就是一个例证。

图134　上证指数2004年上半年的日K线走势

3. 图中画圈处的K线图形叫“下跌不止形”。其特征是：在下跌过程中，众多阴线中夹着较少的小阳线，股价一路下滑（见图135）。下跌不止形的出现，表明股价仍会继续下跌。因此，投资者

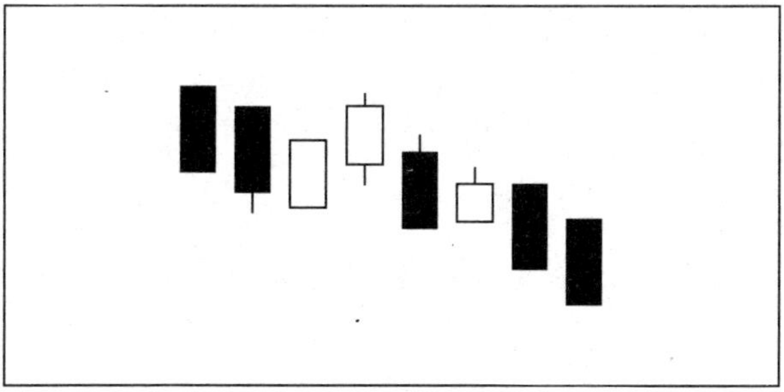

图135　下跌不止形示意图

应该了解下跌不止形K线组合的技术意义，及时卖出股票规避风险（见图136）。

图136　上证指数2004年上半年的日K线走势

6 思考题参考答案

1. 这是2011年下半年上证指数的日K线走势图。

2. ①趋势是指自然界一切事物发展方向的内在运行规律，是不以人们意志为转移的。因势利导、顺势而为是人类认识自然、服从自然运行规律的必然选择。市场趋势有其自身的运行规律，仿佛始终被市场无形的力量所控制。股市也不例外，涨势形成不得不涨，同样跌势形成不得不跌。长江后浪推前浪，一浪更比一浪高，这是股市涨到尽头前的运行规律。同样，跌势形成便逐浪创新低，直至跌无可跌为止。

美国华尔街证券市场上有一句谚语："不要与趋势抗衡。"这就是说，要顺应潮流，跟着趋势走。因此，在股市中，看清长期走势，分清中期趋势，不为短期趋势的反向波动所困惑，顺势而为，是每一个要想在股市中生存、发展的投资者必须具备的能力。

②高手说2011年下半年上证指数日K线图处于绝对空头趋势，有两层意思：

第一，是指当时图中的几根（一般是3根）短期均线排列处于空头排列状态[注]，如5日、10日、30日均线出现了空头排列（见图137）。

【注】 所谓移动平均线空头排列，是指几根移动平均线同时以圆弧状向下滑落，且时间长的移动平均线在上方、时间处于中间的移动平均线在中间、时间短的移动平均线在下方的排列方式，简称均线空头排列。一般来说，当大盘或个股均线出现空头排列时，即意味着大盘或个股进入了空头市场，这时大盘或个股整体呈现弱势局面，常会有一轮较大的跌势。

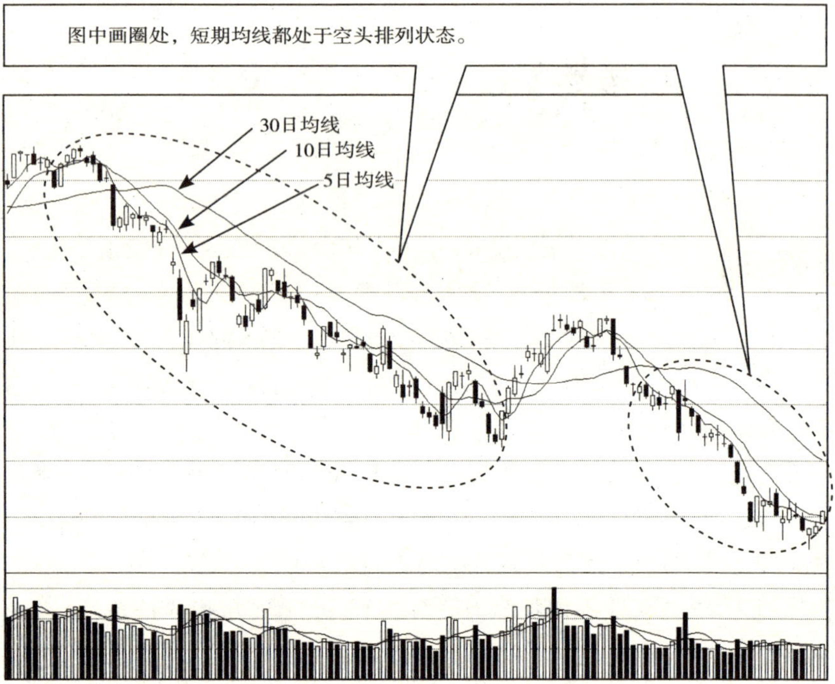

图137　上证指数2011年下半年的日K线走势

第二，除短期均线外，当时图中的几根长期均线也处于空头排列状态，如60日、90日、120日均线出现了空头排列（见图138）。

在股市里，均线出现空头排列就是空头趋势，出现多头排列就是多头趋势。本图中“短期均线组合的空头排列 + 长期均线组合的空头排列”，形成了绝对的空头趋势。所谓绝对的空头趋势，就是指局势已被空方完全掌控，多方已溃不成军，在空方的打压下，多方只能节节败退。面对绝对空头趋势的市场，任何做多行为都会铸成大错。所以高手建议大家在卖出股票后，不要做盲目抄底的傻事。要知道在绝对空头趋势的市场中，多做多错，而只有持币观望才能规避市场的下跌风险。也就是说，在绝对的空头趋势市场中，最佳投资策略就是休息。

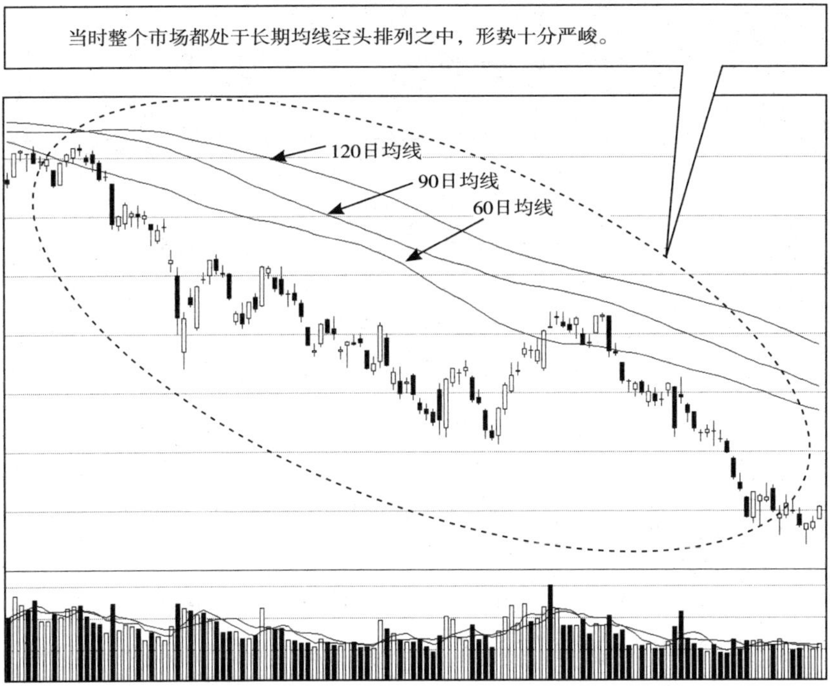

图138　上证指数2011年下半年的日K线走势

7 思考题参考答案

1. 这是2012年下半年上证指数的日K线走势图。

2. 图中画圈处的现象叫“大阳线一日游行情”。其特点是：在股指（或股价）连续下跌后，突然有一天拉出一根大阳线，成交量也跟着放大，但后面行情就戛然而止了。一些看到盘中拉出放量大阳线，以为底部到了而跟着追进去的投资者都会被套在上面。由于大阳线一日游行情欺骗性很大，所以投资者在操作时要特别警惕，千万不要因为误判而成为新的套中人。

在中国A股市场上，大阳线一日游行情出现过多次，下面我们来看一些实例（见图139~图141）。

实例一：1999年9月上证指数出现的大阳线一日游行情。

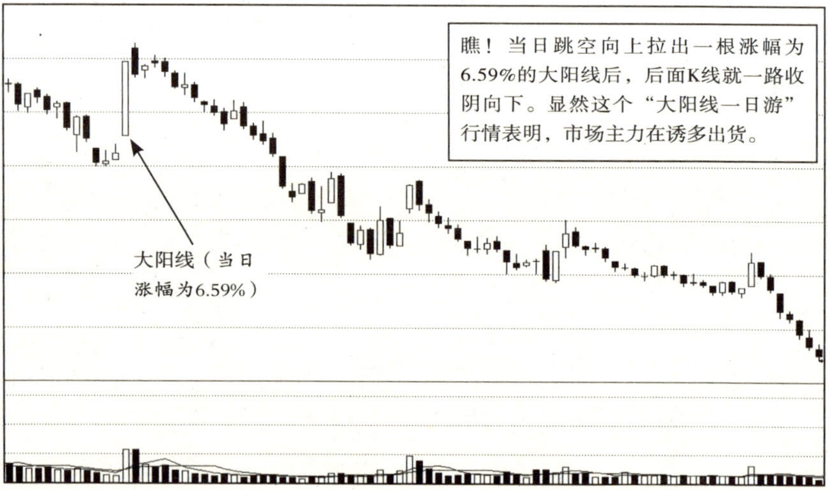

图139　上证指数1999年8月24日~1999年12月23日的日K线走势

实例二：2008年2月上证指数出现的大阳线一日游行情。

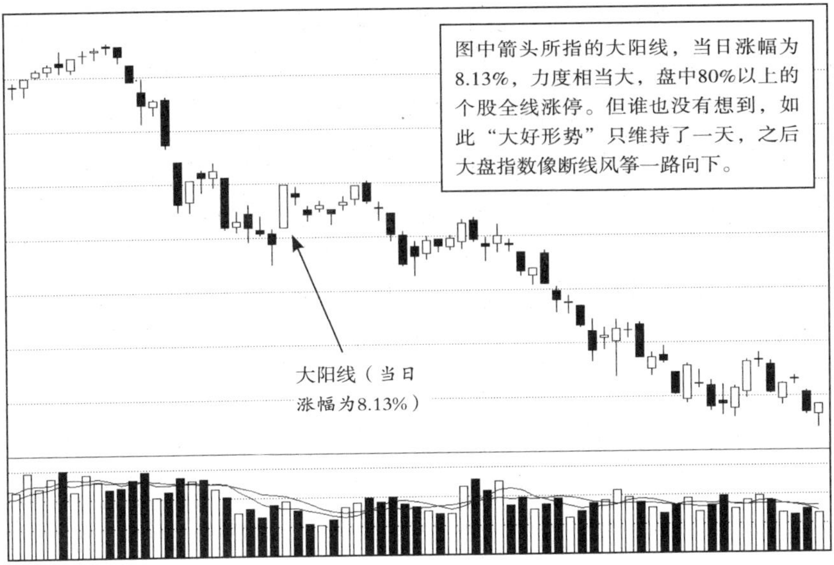

图140　上证指数2008年1月2日~2008年4月22日的日K线走势

实例三：2008年8月上证指数出现的大阳线一日游行情。

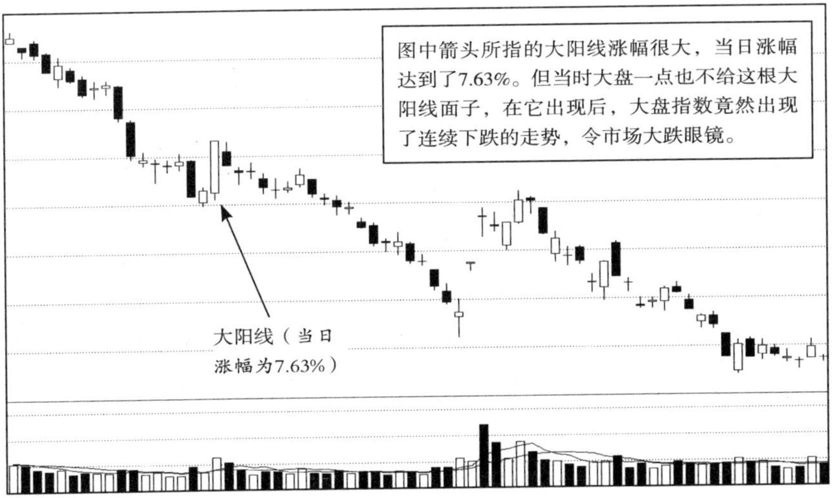

图141　上证指数2008年7月28日~2008年11月6日的日K线走势

历史经验证明，大阳线一日游行情是主力为散户设的一个局，具有很大的欺骗性。散户稍不留神，就会钻进主力设的局中，出现深套。据了解，在中国A股市场被大阳线一日游行情骗进去出现深套的投资者不计其数，故而有必要充分揭露它，这样可以使普通投资者认识它的真面目，不再落入主力精心设计的陷阱中，变成主力出货的牺牲品。但是话要说回来，大阳线并非都是一日游大阳线，它在很多时候对行情的上涨起着中流砥柱的作用，是市场发出的积极做多信号。例如，在以往大熊市见底，或者牛市回档、熊市反弹阶段性行情出现时，一开始往往也是先拉一根大阳线，然后再出现上攻走势的。那么，这两者又该怎么区别呢？换句话说，如果我们不加区别地把低位出现的大阳线都当作一日游大阳线，有时就会把真正见底上来的大阳线抛弃，这样就会犯另一种错误——错失投资良机，踏空上涨行情。

对投资者而言，这是一个难题，但既然做了股票，就无法回避这个问题。面对这个难题，高手为我们开出了一个良方。这是什么良方呢？说来也很简单，它就是一张判断大盘走势中大阳线强弱的一览表（见表5）。从这张表中，我们可以看到，大盘在低位拉出大阳线后，股指（股价）经过几天或一段时间运行，会出现走势为超强势、强势、一般、偏弱、弱势等几种情况。对于超强势走势，我们理应看好，可积极跟进；对于强势走势，我们应谨慎看好，可少量跟进；对于一般走势，我们应该采取观望的态度；对偏弱走势，我们应提高警惕，既要防止主力故意打压震仓，才会出现这样偏弱走势，又要防止主力用大阳线掩护出货，才形成这样偏弱走势；对于弱势走势，我们应该坚持看空做空，及时止损出局，以防深度被套。

表5　　　　　　　　大盘低位拉出大阳线后走势强弱一览表

性质	图例	操作策略
超强势	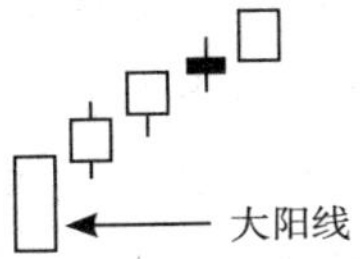	在大阳线之后，第2根K线或以后几根K线在大阳线的收盘指数上方运行，此时可以做出走势为超强势的判断，投资者应采取积极跟进的策略。
强势	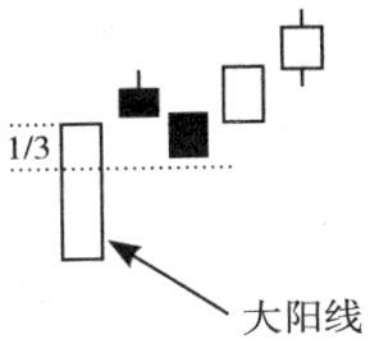	在大阳线之后，第2根K线或以后的几根K线，在大阳线的收盘指数与开盘指数的1/3上方运行，此时可以做出走势为强势的判断。激进型投资者可采取少量跟进的策略，等往后K线的收盘价突破大阳线的收盘指数时，才可积极跟进。
一般	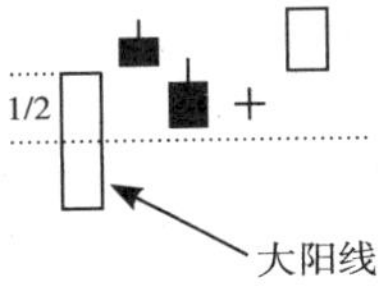	在大阳线之后，第2根K线或以后的几根K线，在大阳线的收盘指数与开盘指数1/2上方运行，此时可以做出走势为一般的判断。投资者宜采取观望的策略，即有股票的暂不加仓，也不要急忙抛出，没股票的暂不买进。
偏弱	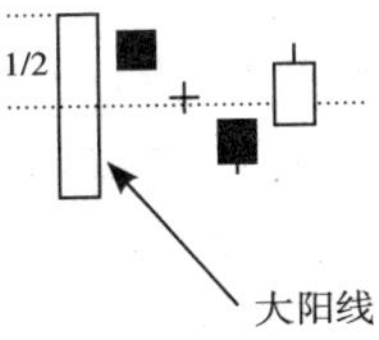	在大阳线之后，第2根K线或以后的几根K线，在大阳线的收盘指数与开盘指数1/2下方运行，此时可做出走势为偏弱的判断。投资者宜采取持币观望的策略。不过需要注意的是，假如大阳线出现后主力进行洗盘，有时大盘走势也会出现这种偏弱的状况，因此，只要往后收盘指数不跌破大阳线开盘指数，持股的投资者仍可拿着股票观望，待方向明确后再做定夺。
弱势	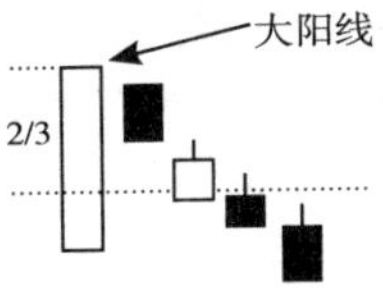	在大阳线之后，第2根K线或以后几根K线在大阳线的开盘指数下方运行，此时可做出走势为弱势的判断，投资者应采取止损出局的策略。

高手制作的这张表在股市实战中有很大的作用，下面我们就通过一些实例（见图142~图147）进行分析。这些图形都是大盘指数（包括上证指数、深证成指、B股指数）在经过前期大幅下跌后出现了见底回升的局部走势图。在这些图中，行情初起时都拉出过一根大阳线（见图中箭头所指处），之后图中的走势各异。面对这些

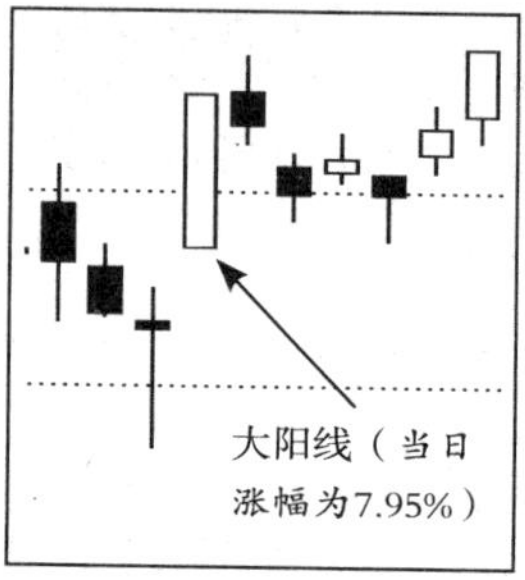

图142

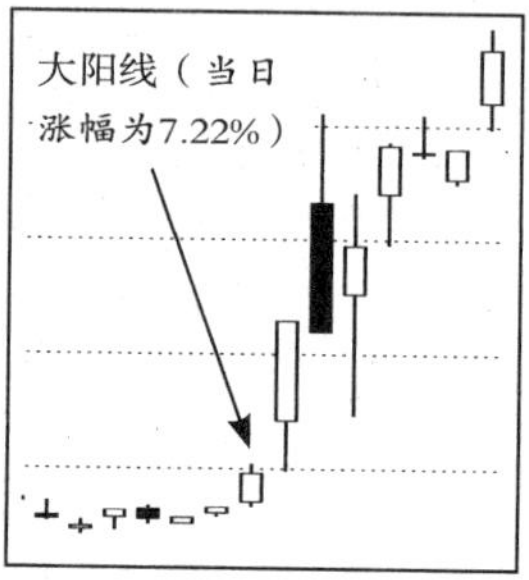

图143

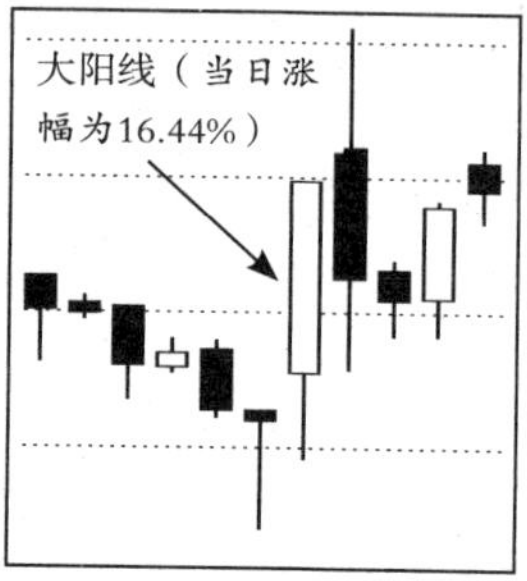

图144

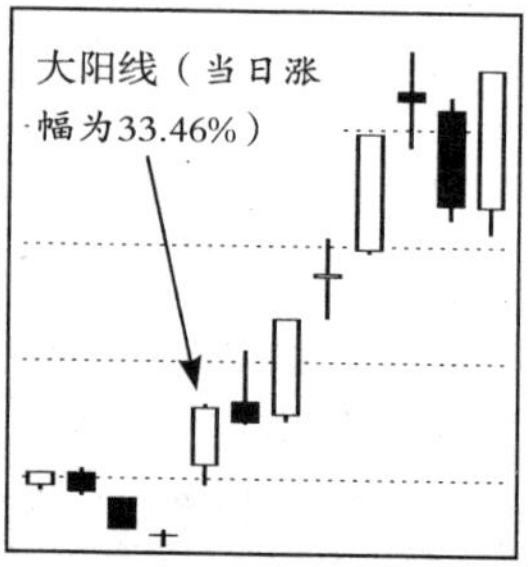

图145

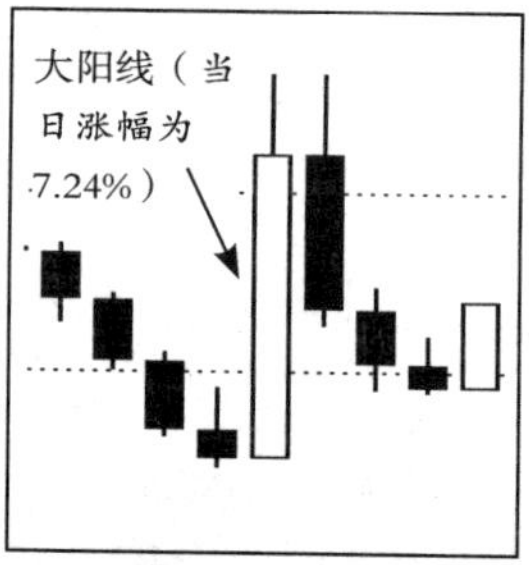

图146

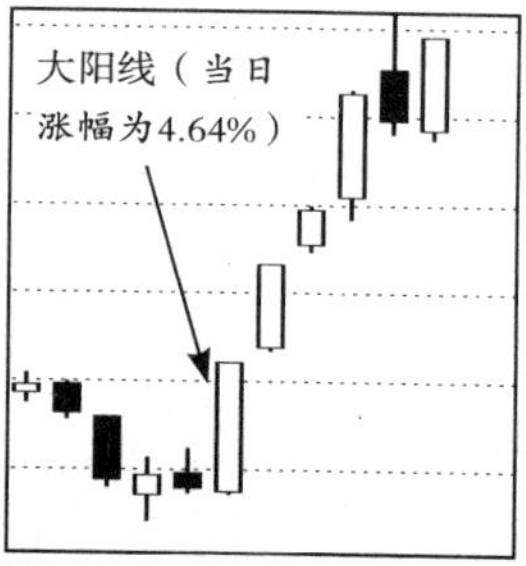

图147

（说明：① 大盘指数与个股不一样，一般来说大盘指数收阳，涨幅超过3%就叫大阳线。② 图143中箭头所指的K线是行情起来时的第一根大阳线，因为图形压缩关系，看起来很短，但实际涨幅并不小，达到了7.22%。③图144、图145中的大阳线涨幅超过10%，是因为当时股价是放开的，没有涨跌停限制。）

图形，投资者究竟如何来判断它们走势的强弱，并采取相应的对策呢？如果凭感觉分析，出错的概率很大，但是如果按照高手表中的方法进行鉴别，出错的概率就很小，成功的概率则会大幅提高。

下面我们对这些图形逐一进行分析。

图142是深证成指2008年1月30日~2008年2月19日的日K线走势图。当时的情形是，大盘经过连续下跌后，在2008年2月4日这一天拉出了一根涨幅为7.95%的大阳线。之后出现了两根阴线。虽然这是两根小阴线，但第二根阴线的下影线已触及大阳线实体的2/3以下处。根据高手在表5中的提示，该图形应判断为弱势。投资者见到这种弱势状态的大阳线图形，就不能看好，应逢高卖出。后来的事实证明，及时卖出者躲过了后面的大跌（见图148）。

> 注意：盘中拉出的这根大阳线，是主力在诱多，性质为一日游大阳线。若被它骗进去，后面就输惨了。可见大阳线出来后，及时判断它是强势还是弱势，对下一步操作将起到十分重要的作用。

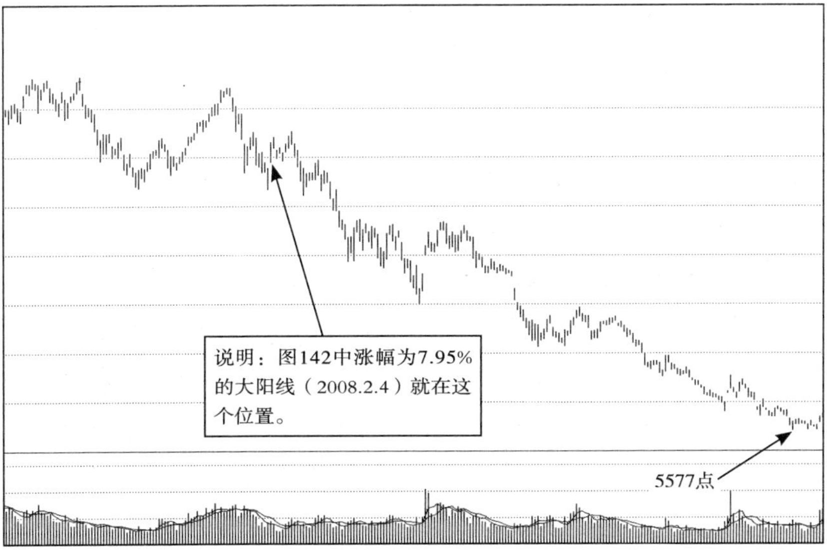

图148　深证成指2007年9月20日~2008年11月11日的日K线走势

图143是上证指数1992年11月13日~1992年11月27日的日K线图。当时大盘已连跌了几个月，指数在386点见底后，又横盘了4天，于第5天拉出了一根涨幅达7.22%的大阳线。接着第二天又拉出了一根涨幅达29.90%的超大阳线（注：当时没有涨跌幅限制），然后几天，股指就出现了激烈震荡。根据表5中的提示，该图形应判断为超强势。理由是：第一根涨幅达7.22%的大阳线出现后，接着出现的K线虽然震荡很厉害，但其收盘指数已远高于第一根大阳线的收盘指数，仅过了3天指数又涨了40%。投资者见到这样超强势状态的大阳线图形，应积极看好，及时跟进。后面的事实证明，当初及时跟进者，都抄到了熊市大底，后面获利非常丰厚（见图149）。

大阳线出现后，可观察几天。但是一旦确定它是超强势图形，就应该马上跟进。瞧！若在此买进，后面的收益十分惊人。

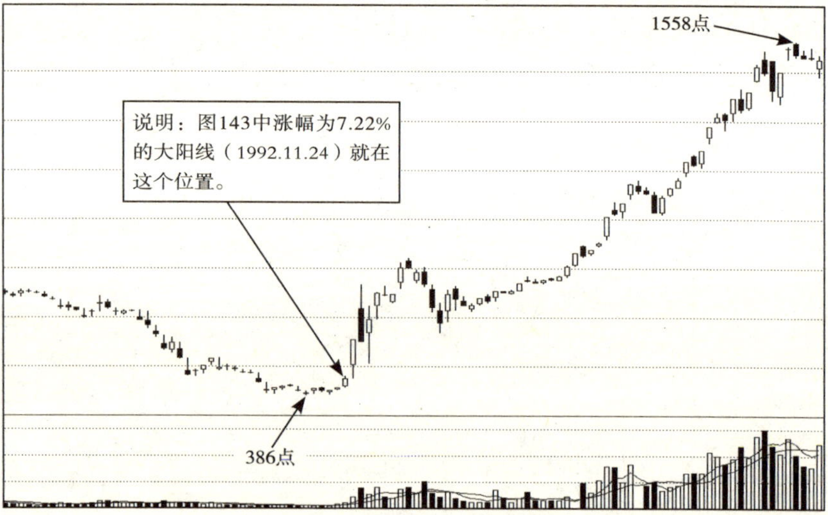

图149　上证指数1992年9月23日~1993年2月19日的日K线走势

图144是上证指数1993年5月25日~1993年6月8日的日K线走势图。当时的情形是，上证指数在1558点见顶后，指数下跌幅度已超

过30%，由于短时期内指数跌幅过大，出现了超跌反弹，反弹的当天拉出了一根涨幅达16.44%的大阳线（注：当时没有涨跌幅限制，故大阳线涨幅可以超过10%）。但在大阳线出现后的第二天，走出的是一根带有长上、下影线的大阴线，其下影线已触及大阳线的开盘价。根据表5中的提示，大阳线出现后的第二天，阳线实体若被阴线覆盖，这就是一个弱势图形。投资者见到这样的弱势图形，应及时卖出。后面的事实证明，当初及时卖出者，躲过了后面持续大跌，从而逃过一劫（见图150）。

大阳线出现后的第二天，指数不但没有继续向上，反而让一根大阴线的下影线把指数再次打到大阳线开盘价附近。出现这种情况，说明主力是在利用大阳线进行诱多，投资者应该认识到这是一日游大阳线，若不马上卖出，就要遭遇后面大跌的风险。

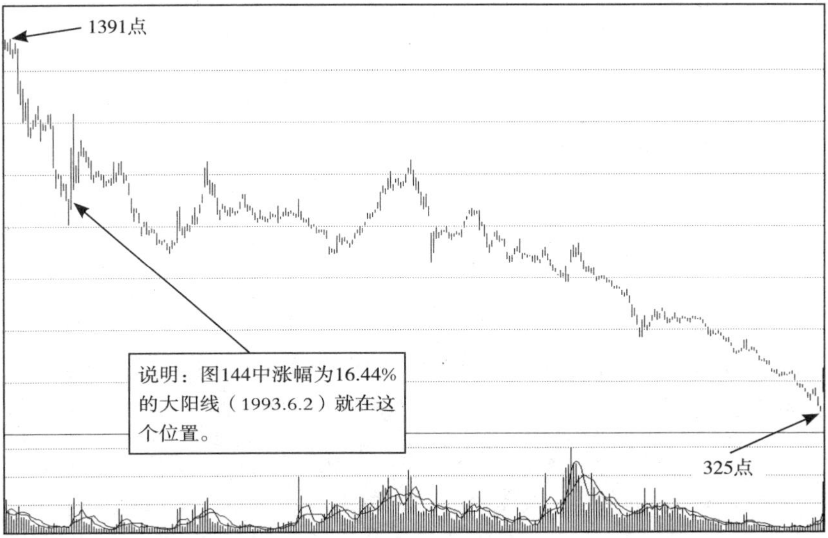

图150　上证指数1993年4月27日~1994年8月1日的日K线走势

图 145 是上证指数 1994 年 7 月 26 日 ~1994 年 8 月 4 日的日 K 线走势图。当时的情形是：大盘经过一年多的下跌，在见到 325 点低点后的第二天，在利好政策刺激下，大盘跳空高开，拉出了一根涨幅达

33.46% 的大阳线（注：当时没有涨跌幅限制，故大阳线涨幅可以超过 10%），接着第二天收了一根带有上影线的小阴线，虽然阴线实体已把前面的大阳线上端进行了覆盖，但覆盖的地方没有超过大阳线的 1/3，且第 3 天又拉出了一根实体更长的大阳线。至此，该图形的超强势特征已显现。投资者若马上跟进，就能抓住一波牛市大行情（见图 151）。

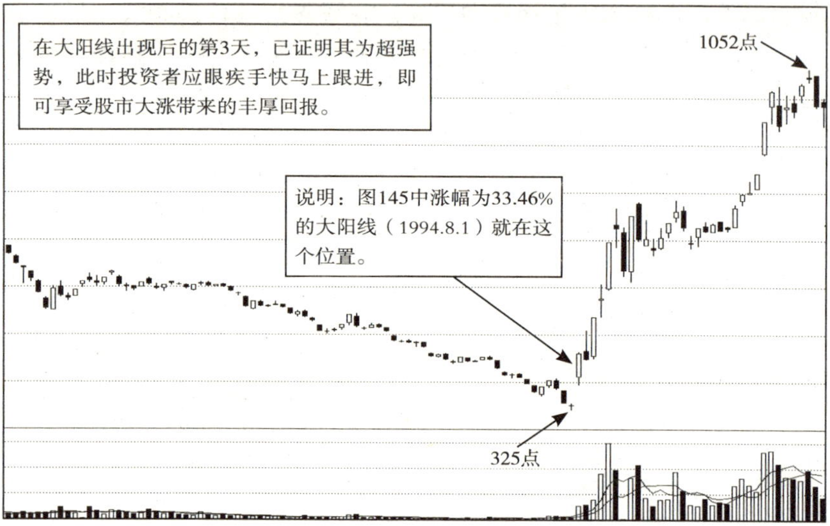

图151　上证指数1994年4月13日~1994年9月15日的日K线走势

图 146 是上证 B 股指数 1998 年 5 月 11 日 ~1998 年 5 月 21 日的日 K 线走势图。当时的情形是：B 股指数在 1997 年 5 月 6 日摸高 99 点见顶后，经过一年的下跌，B 股指数已遭到了腰斩，1998 年 5 月 15 日突然拉出了一根涨幅达 7.24% 的大阳线，但在这之后 3 天却连续出现了 3 根阴线，将大阳线实体大部分进行了覆盖（注：第 3 根阴线已深入到大阳线实体 2/3 以下处）。按照高手在表 5 中的提示，这样的大阳线图形应该判断为弱势。果然后面事实证明，这根大阳线就是一日游大阳线，后面指数又再次遭到腰斩，将跟进做多者一网打尽（见图 152）。

图147是上证指数1999年5月13日~1999年5月21日的日K线走势图。当时的情形是：上证指数出现两年的上下震荡，走势越来越

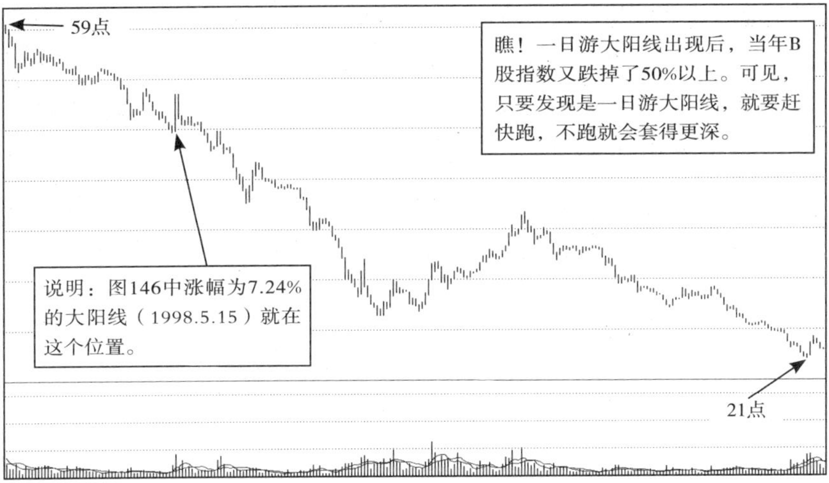

图152　上证指数1998年3月2日~1999年3月17日的日K线走势

弱，市场人气惨淡。1999年5月19日，在利好政策刺激下，当日拉出了一根涨幅为4.64%的大阳线，随后第二天、第三天都出现了跳空高开的阳线。这样的图形，一看就知道是一个超强势的图形。面对超强势图形，必须积极看多，马上跟进。后来的事实证明：越早跟进的投资者日后收益越大（见图153）。

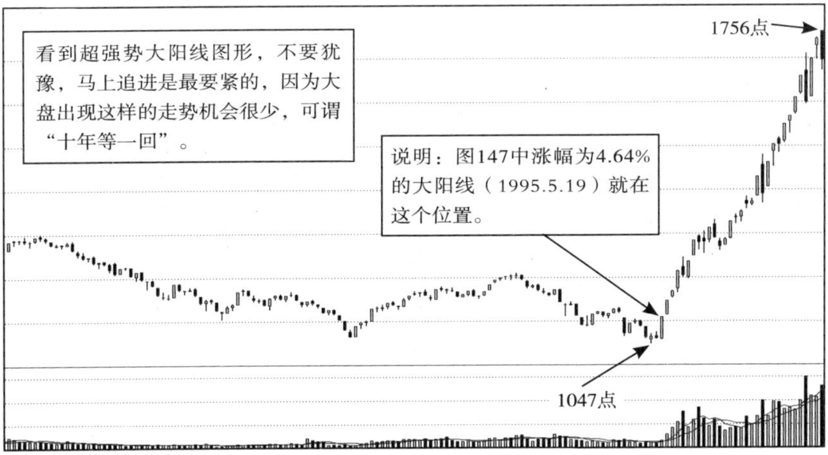

图153　上证指数1998年11月9日~1999年6月30日的日K线走势

通过对上面这些案例的分析，我们看到高手用以判断大盘走势中大阳线强弱的表5确实有很大作用，它可以帮助投资者鉴别什么是一日游大阳线、什么是见底时发出强烈做多信号的大阳线。换句话说，把高手制作的表5记住了，不仅市场主力无法用一日游大阳线进行诱多的阴谋欺骗我们，而且在熊市真正见底时，因为大阳线的强势能及时提醒我们看好后市，我们也就不会踏空后面的大涨行情。

8 思考题参考答案

1. 这是1991年上半年上证指数的日K线走势图。

2. 当时为什么会出现这样的走势呢？这个情况比较复杂。我们采访了一些当事人，并查阅了一些有关资料，现将情况综合后给大家做一些介绍。

从图 154 中看，上海证券交易所成立初期，大盘走势并不理想，除了短期往上冲一冲，很快就做了一个双顶，在指数跌破颈线后就呈现一路下跌的态势。

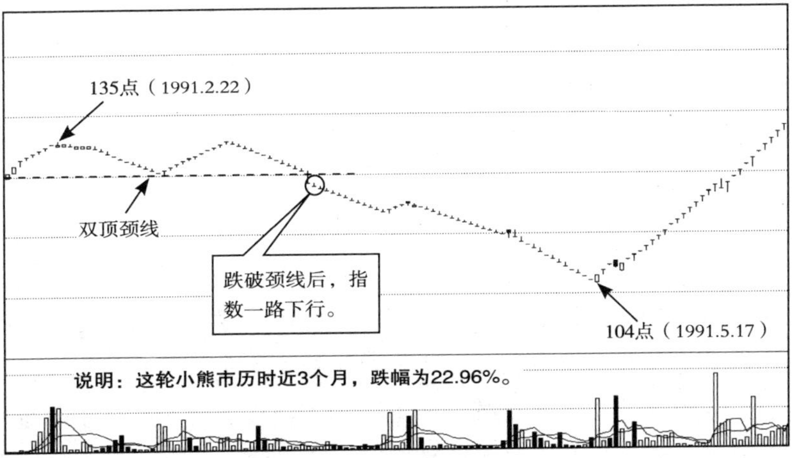

图154　上证指数1991年1月2日~1991年6月28日的日K线走势

那么，为什么上交所成立之初，上海股市会走得如此糟糕呢？这里有两个原因：第一，在上交所成立初期，深圳股市出现了崩盘走势，从牛市转向熊市（编者按：关于当时深圳股市如何走熊，见本题参考答案后的《附录：深圳股市第一次“股灾”记实》）。深圳股市走熊，必然会影响到上海股市。第二，一些机构趁上交所刚成立，制度上有空子可钻，进行恶意做空，将早期囤积在手里的大量真空电子股票（现改名为“仪电电子”，股票代码为600602）不断抛售，致使整个股市出现了大幅下跌。这究竟是怎么一回事呢？原来在上交所成立前，真空电子曾于1989年初增发过新股，但当时上海股市交易十分低迷，且当初的真空电子股价早已跌破发行价，所以增发新股遭到夭折，承销商自己被迫吃进了大量真空电子增发的新股，而后这笔库存一直没有机会卖出。在上交所成立后，承销商看到真空电子股价较之前的增发价已涨了几倍，获利已很丰厚，就趁机出清库存，回笼资金，不断地向外卖出真空电子股票，由于卖出的量很大，再加上当时参与股市交易的主要是个人投资者（注：当时个人投资者根本没有这么大笔的资金来承接这笔库存），故而真空电子股价只能越走越低。

在那个年代，真空电子股票绝对是股市中的“带头大哥”。当时与它一起上市交易的一共只有8只股票（俗称“老八股”），其中以它的盘子最大，在整个指数中占的权重最大。其他股票都看其“脸色”行事：只要它下跌，其他股票就会跟着跌；只要它上涨，其他股票也就会跟着上涨。

1991年5月，真空电子又一次出现了暴跌。这次暴跌引起了管理层的高度警觉，因为这时深圳股市已处于灭顶之灾的边缘。在调查之后，管理层发现抛出大量真空电子股票的是上海的几家证券公司，于是马上采取紧急措施。例如，为了稳定上海股市，立即与各大证券机构进行协商，并于1991年5月15日上午，向各证券机构发送了暂时冻结真空电子股票库存的通知。

通知一出，真空电子股票的跌势便被止住了，这时候看真空电子“脸色”行事的其他一些股票也立即止跌回稳。管理层经过果断的危机处理，一场发生在上交所成立之初、危及上海股市生存的险情就这样被悄悄排除了（见图155、图156）。

瞧！真空电子于 1991 年 5 月 17 日在跌至 373.10 元（注：当时真空电子股票面值为 100 元 1 股，后 1 股折成 100 股。故 373 元 1 股，就相当于现在的 3.73 元 1 股）见底。当天，上证指数也在 104 点见底。真空电子与大盘同一天见底并非巧合，这个现象恰恰说明，在上海股市早期，真空电子确实是股市风向标，是名不虚传的“带头大哥”。

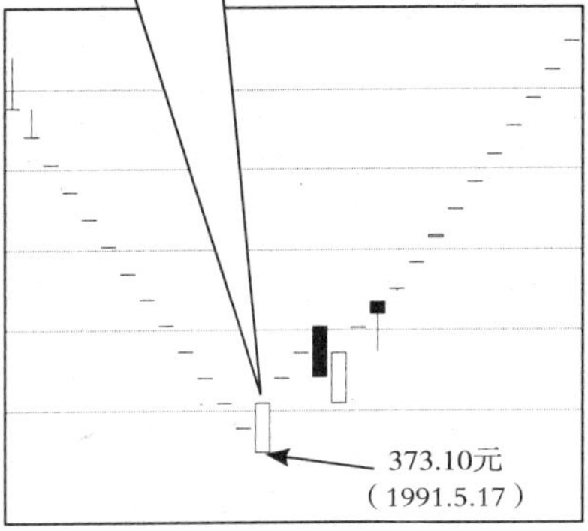

图155　真空电子（600602）1991年4月29日~1991年6月7日的日K线走势

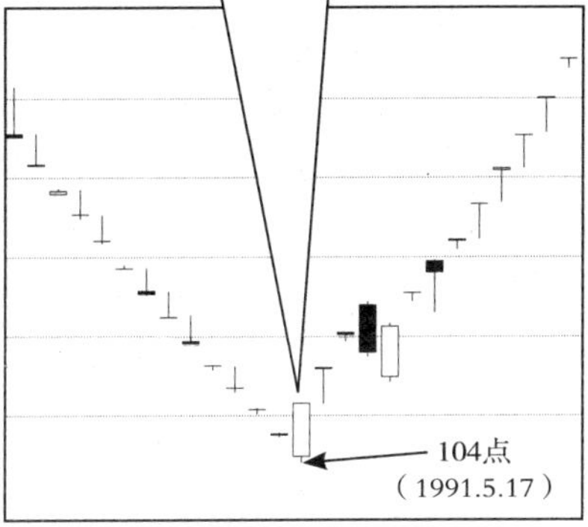

图156　上证指数1991年4月29日~1991年6月7日的日K线走势

3. 上证指数1991年上半年度的日K线走势图给了我们两点重要的启示：

第一，炒股票一定要学会看大势。那么，如何才能看准大势呢？这里有一个关键技巧，即要仔细观察占据大盘指数权重最大的个股在市场上的表现，并由此判断大盘未来趋势。例如，早期上海股市占指数比例最大的是真空电子，当时投资者只要看真空电子的表现，就能准确地判断出大盘未来的趋势。又如，2007 年 11 月中石油在 A 股上市，由于盘子特别大，占指数权重的比例也最大，其股价表现对大盘未来趋势有着决定性影响。因此，大家只要看着中石油的走势，就能分析出大盘的未来趋势。当时中石油在 A 股上市后就呈现一路下跌态势，导致中国 A 股市场其他股票，特别是一些其他类型的大盘股也跟着它一起下跌，这样股市走熊就不可避免了。事实证明，中石油在 A 股市场连跌几年，中国 A 股市场也跟着熊了几年。最具说服力的证据是，中石油上市后从 48.62 元一直跌至 7.08 元。7.08

元就是它的见底价格，它见底当天，上证指数也在 1849 点见底了（见图 157、图 158）。两者时间都是 2013 年 6 月 25 日。可见，只要中石油不见底，中国 A 股市场就不会见底。而正是因为中石油与大盘指数同时见底，才使中国 A 股市场迎来转机，慢慢地由熊转牛，走出了一轮轰轰烈烈的牛市行情。

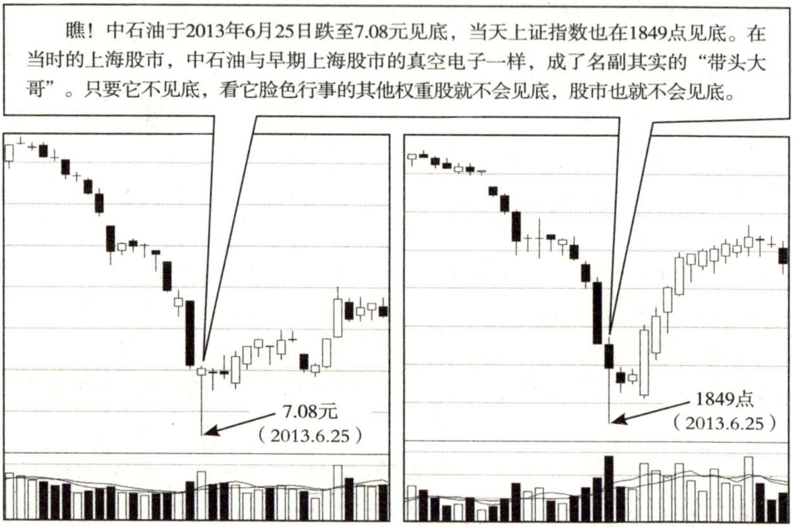

图157　中石油（601857）2013年5月28日～2013年7月16日的日K线走势

图158　上证指数2013年5月28日～2013年7月16日的日K线走势

有鉴于此，我们可以得出一个结论，根据占指数权重最大的股票表现来判断大盘的走势，是一种既简单又非常实用的研判大势的方法。对这样的方法，我们必须高度重视，为己所用。

第二，要学会用大局观寻找到熊市的谷底。做过股票的人都知道，识底抄底是一件很难的事，很多人就是因为看不准底部盲目抄底而被套在次高位或半山腰，损失惨重。但是股市高手的经验告诉我们，只要掌握好方法，识底抄底还是可以做到的。例如，用大局观审视市场寻找熊市谷底，就是一个行之有效的好方法。用它来判断熊市的谷底，不仅简单易行，而且准确率非常高。

据了解，用大局观审视市场寻找熊市谷底的第一个经典案例就出现在上交所成立之初的1992年5月。事情经过是这样的：当时上交所成立后，上海股市开局并不顺利，除了一开始十几天指数表现较好外，之后股市很快就进入了跌跌不休的状态，这是中国A股市场历史中，也是上交所成立之初所遇见的第一个熊市（注：因为这轮熊市大盘指数跌幅相对有限，被后人称为"小熊市"），这轮小熊市的谷底是104点。虽然是小熊市，但当时股指连续下跌，致使市场人气十分低迷，很多投资者都吓得割肉逃了出来。但是，当时一些具有大局观的股市高手早就预料到这轮熊市很难跌破100点，他们判断这轮熊市的谷底就在100点附近。因此，上证指数连续下跌快要跌至100点时，这些人开始大量抄底买进，后来都大发了。其中，最有代表性的人物是杨百万，当时他在这轮熊市见底的前一天，到广场上振臂高呼，号召大家去抄底，当时听了他话的投资者都抓到了这个底部，获益匪浅，而犹豫者则错过了这次极佳的抄底良机（注：早期上海股市的情况与现在股市不一样，股市见底后只有短短几天可以让你买进，一旦确认行情反转，趋势向上，此时就会出现连续涨停，想买也买不进了）。那么，当时杨百万是怎么判断这轮熊市谷底的呢？他认为，当时上海证券交易所成立是国家层面的一件大事，从此新中国就有股市了。政府既然开了股市，就一定会从国家利益与改革开放大局出发，把股市搞好。而股市能否搞好的一个重要标志是：上海证交所开张之日的第一天开盘指数是必须坚守的。若这个首日开盘指数被击穿，不仅会严重打击投资者的信心，更重要的会直接损害新中国股市的形象，让全世界看笑话。因此，股市首日开盘指数就是中国A股市场的生命线，生命线是不会被跌破的。

杨百万坚信，一旦上证指数跌至首日开盘指数附近，管理层与相关各方都会出手相救，让股市转危为安。显然，当时杨百万的政治嗅觉非常敏感，他是用大局观来审视股市何处是谷底的。后来的事实证明，他的这个观点完全正确，值得大家学习借鉴。

用大局观审视市场寻找熊市谷底，在中国A股市场上可谓屡试不爽。例如，2012年上证指数跌破了2000点，并且在2013年6月创出了1849点新低。看到这种情况，当时有很多投资者对股市感到极度失望，认为照这样的走势，迟早会把2008年熊市的低点1664点击破。既然这样，晚走还不如早走，多少还能减少一些损失。于是一些投资者在上证指数跌穿2000点后选择了割肉离场。但是，当时具有大局观的投资者却认为，2008年熊市的低点是1664点，是管理层与相关各方经过极大努力锁定的，这个低点是绝对不能跌破的。因为能不能守住1664点将直接关系到中国股市的兴衰，所以他们判断当时股市再跌也不会跌到1664点之下。虽然当时市场上人心惶惶，看空中国A股市场的大有人在，但都没有改变这些具有大局观的投资者的看法，反而使他们坚定地认为这是熊市临近谷底的征兆，市场正在为一些有准备的人提供一次极佳的抄底机会。于是，这些投资者在上证指数跌破2000点后，积极逢低吸纳，不断加大资金的投入。现在看来他们完全做对了，2014年下半年中国A股市场由熊转牛，股市出现了大涨，当初他们逢低吸纳的股票后来都有了几倍以上的收益，投资回报可谓十分丰厚。

附录：深圳股市第一次“股灾”记实

1990年的最后10天，深圳股市大幅下跌。全市场仅有的5只股票都出现了暴跌，股票市值损失达6.4亿元（注：6.4亿元在当时是一个很大的数字）。如此凶猛的下跌，对缺乏管理股市经验的深圳市政府来说，是始料不及的。

为了救市，1991年元旦，市政府出台令股民振奋的举措，把每天2%的跌停板，改为与涨停板一样，统统是0.5%。同时，张鸿义副市长专门召集深圳5家上市公司负责人开会，明确向他们表态，上市公司的这次年终分红，应该保持政策的连续性。很显然，政府希望通过分红派息，让股民得到可观的投资回报，来促使股市止跌企稳。

紧接着，为深圳股市做出过巨大贡献的深圳党报《深圳特区报》又来了一项创举，在第二版开辟了《股市纵横》专栏，供经济界、学术界及从事证券业的专家议论股市。专家们颇有信心地套用股市格言：“股灾之日，反弹之时。”

元旦过后，即1月2日，1991年的第一个交易日，一些股民怀着对市领导讲话的信心和对专家们的信任，鼓起余力，奋勇入市，多空开始了一轮新搏杀，一时间成交金额突升，从30多万元升至700多万元，在多头出其不意的突袭下，股价止住了跌停，一时间股市真的泛红回暖了。然而，第二周奋勇托盘者就纷纷断臂，5只股票的反弹仅仅是昙花一现，紧接着又连续6天出现跌停，成交金额降至300万元以下。元月12日，5只股票中有两只没有跌，没有跌的原因竟然是没有成交1股，连撞跌停的机会都没有，另有一只也只成交了1手

（当时的1手为500股）。

1991 年春节前，传出 5 家上市公司分红派息的消息，这些公司几乎都以股民最希望的送红股方式进行分红，接着各公司的业绩报告也纷纷公布，证券公司交易大厅顿时春意盎然起来。但春节后不知什么原因，各公司的分红方案“犹抱琵琶半遮面”，迟迟不肯登台亮相。多头动摇了，经过 16 天的小幅上扬后，股市再次掉头而下，又开始了新一轮的连续跌停。此后深圳股市就正式进入了第一次大熊市的黑夜旅途。（注：深圳证券交易所是 1989 年底开始筹建的，1991 年 4 月 1 日批准成立。在深圳证券交易所正式成立前的深圳股市交易都处于试运行状态，1990 年末深圳股市已由牛转熊，出现暴跌。深圳证券交易所成立后，形势越来越严峻，股市连跌 5 个月。从 1991 年 4 月 3 日的 998 点一直跌至 1991 年 7 月 7 日的 396 点才见底。可见，深圳股市第一次大熊市跌得非常厉害，股民损失惨重。）

9 ♦ 思考题参考答案

1. 这是1997年上半年上证指数的日K线走势图。

2. 图中画圈处的K线叫“下探上涨形”。其特征是：在上升行情中，某日突然大幅低开（甚至以跌停板开盘），当日以涨势收盘（甚至以涨停板报收），从而在图中拉出一根低开高走的大阳线。这就构成了先下跌后上涨的形态，故名为下探上涨形。若在这之后的几根K线都能在这根大阳线的上端部分运行，甚至创出新高，那就说明，这个下探上涨的K线被市场认可了。从技术上说，下探上涨图形往往预示着后面将有一段较好的扬升行情。如果这种K线出现在涨势初期，它发出的买进信号就更加可靠。因此，投资者见此K线，可考虑继续买进，并采取持股待涨的策略。

仔细观察本图画圈处的K线图形后，我们可以发现这几天大盘走势上下震荡非常激烈，图中画圈处最左边的一根K线是一根大阴线，这天大盘指数跌掉了8.91%，出现了暴跌，但第二天却收了一根涨幅达7.85%的阳线。而更使人感到奇怪的是，第三天大盘指数几乎以跌停开盘，然后再在人们的极度恐慌之中，当天指数从跌停价一路向上，最终以上涨2.39%的红盘报收。因此，图中拉出了一根下探上涨形K线。在这根下探上涨K线出现后，马上又拉出了一根涨幅超过5%的中阳线，这样很快就验证了前面这根下探上涨形K线的有效性。至此，懂得技术分析的人终于明白了，主力假借市场利空，在行情启动的初始阶段进行了一次激烈震荡的大洗盘。主力花这么大的力气进行洗盘，目的自然是要把大盘做上去。因此，画圈处的下探上涨形K线就是一个强烈的做多信号，它比一般的下探上涨形K线更具有实际参考意义。在这种情况下，买进做多就成了赢家思路的必然选择。果然，当时看到这种下探上涨形K线出现而及时跟进做多的投资者，后来随着股指大涨都狠狠地大赚了一把。

其实，通过下探上涨形 K 线不仅能预判大盘的未来走势，它也是投资者发现大黑马、大牛股的一种重要手段。这里我们给大家举一个典型的例子。先请大家看图 159。这张图中画圈处的两根 K 线都是拉涨停的大阳线。那么，为什么这两根大阳线一长一短有这么大的差距呢？当时的情况是：该股第一天以涨停价报收（股价涨了10%，报收于 4.25 元），但第二天股价不但没有延续昨天的升势，反而出现了以跌停价开盘的情况，更使很多人没有想到的是，该股当日从跌停一直拉至涨停，最后股价再次以上涨 10% 的价格收盘，这天盘中该股上下震荡的幅度达到了 20%，从跌停拉至涨停，自然这根涨停大阳线的长度要大大超过前面一根涨停大阳线的长度了。第二根超长大阳线，实际上就是一根下探上涨形 K 线。当时拉出下探

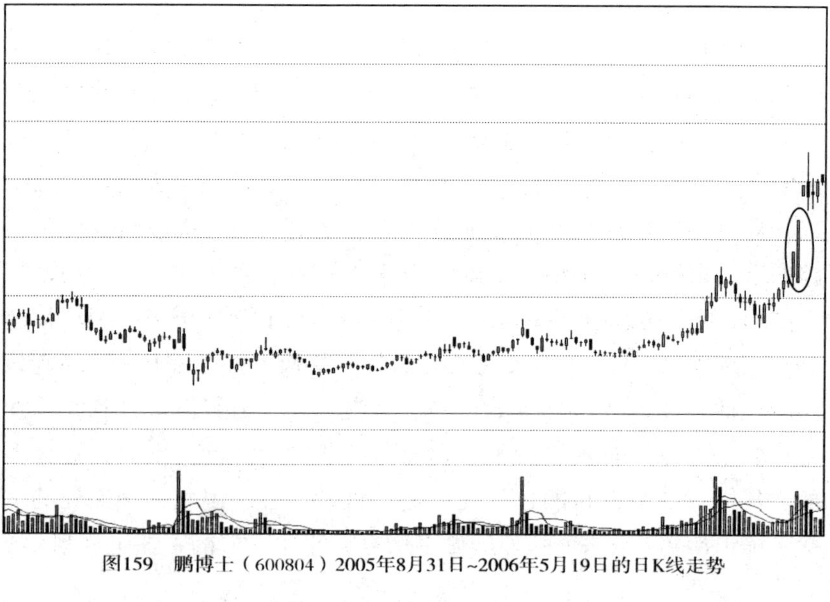

图159　鹏博士（600804）2005年8月31日~2006年5月19日的日K线走势

上涨形 K 线后，该股并没有马上涨上去，股价在上方进行了停留（见图中最后 5 根 K 线）。

看到这个情况，有的投资者无动于衷，有的投资者则认为这是一个重大的投资机会，于是就积极地介入了。后面的事实告诉我们，积极介入并捂住这只股票的投资者大发了。这个大发不是一般的大发，而是超级大发（见图160）。这个案例说明，通过下探上涨形K线图形，说不定就能发现一匹超级大黑马。因此，大家对低位出现的下探上涨形K线一定要予以高度重视，千万不要因为自己的无知或疏忽而错失一次重大投资机会。

瞧！若当初有谁在该股出现下探上涨形K线后跟进，持股至今（9年），股价实际涨了近80倍（按复权价计算）。可见，下探上涨形的K线图形确实对发现大黑马、大牛股有重要的参考意义。

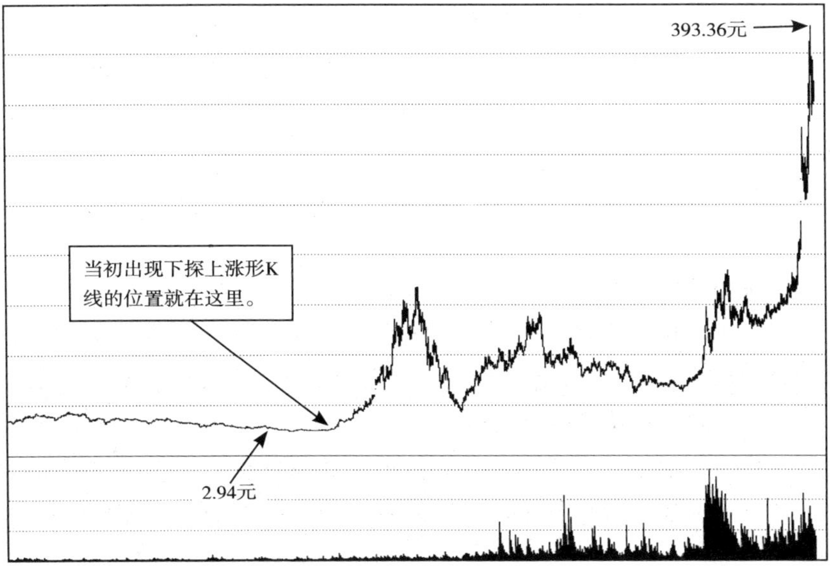

图160　鹏博士（600804）2000年1月5日~2015年5月30日的日K线（复权）走势

10 思考题参考答案

1. 这是2008年上半年上证指数的日K线走势图。

2. 图中画圈处的图形叫“顶部岛形反转”。顶部岛形反转形成的机理是：股价大幅上升（包括反弹行情），致使一些原来想在低位买入的投资者踏空，最后他们会因为难以忍受踏空的痛苦，终于忍不住不计价格地追高买进，于是形成一个向上跳空缺口。但是，股价却没有因为这些投资者追高而快速向上，反而明显地出现放量滞涨，这说明此时暗中出现了巨大的抛盘。等主力和先知先觉的投资者趁多空争夺之机大量出逃后，股价终于支撑不住，出现一个与前面的向上跳空缺口基本处于同一价格区域的向下跳空缺口，从而使股价趋势发生逆转。从走势上看，该图形的出现，使其K线图走势就像一个远离海岸的“孤岛”，左右两边的缺口令这座岛屿孤立地漂浮在海洋上。岛形反转的名称就是由此而来的。如果这种情况发生在高位，就称之为顶部岛形反转[注]。

顶部岛形反转是股票形态学中的一个重要反转形态，也是一个常见的头部信号。换句话说，这种形态出现之后，股票走势往往就会由升转跌，由牛转熊，出现一轮较大的跌势。因此，投资者看到这种图形后，应及时做出卖出的决定。

了解了顶部岛形反转形成的机理与其技术意义后，我们再来看当时上证指数出现顶部岛形反转后具体应该怎么操作，心里就有底

【注】 关于“顶部岛形反转”图形的特征、技术含义与相关实例，详见《股市操练大全》第一册第281~282页、第七册第216~227页。

了。其实操作起来也很简单——坚决卖出，清空离场。这里要注意的是，不要拖，要抓紧时间卖出，卖得越晚，损失就会越大（见图161）。

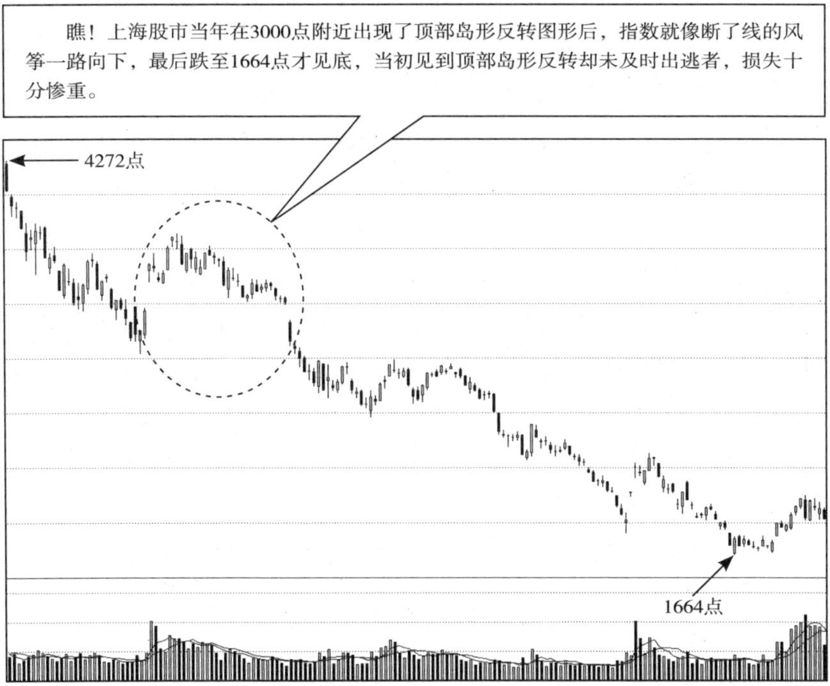

图161 上证指数2008年3月12日~2008年11月24日的日K线走势

J 思考题参考答案

1. 这是2007年上半年上证指数的日K线走势图。

2. 这是一根89日均线。高手为什么要用89日均线，并按照89日均线进行操作呢？其中有两个原因。第一，因为89是一个神秘数字（关于什么是神秘数字，详见《股市操练大全》第四册第299页末有关内容），在自然界与人类社会中，与“89”有某种神秘联系的事情很多，股市也不例外。第二，在牛市中出现调整很正常，虽然有时调整的幅度很大，但只要调整的性质是洗盘，主力将股指打到89日均线附近就会收手。一般来说，主力是不会让股指击穿89日均线的，因为这轮牛市是依托89日均线上涨的。

经高手这样解释，我们明白了当初大盘狂跌时，高手为什么在指数下跌接近89日均线时敢于大胆抄底买进了。高手说，之后不久，大盘指数再次下跌到89日均线附近，他又一次出手买进（见图162）。事后证明，高手两次买进都买对了。

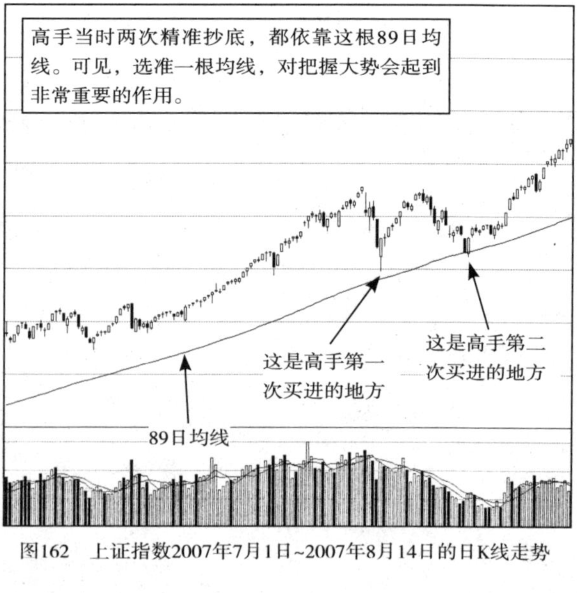

图162　上证指数2007年7月1日~2007年8月14日的日K线走势

有人问高手，是怎么想到用89日均线来锁定风险的？是不是因为偶尔因素所致。高手摇摇头，他告诉大家，用89日均线来研判大盘，锁定市场风险、寻找市场投资机会，是他长期观察大盘得出来的结论，并非一时心血来潮。为了证实这个说法，高手拿出一张图给我们看（见图163）。高手说，他经过长期观察后发现，很长时间以来，89日均线成了市场运转的指挥棒，各路资金都在跟着这根指挥棒转。在股市进入熊市、大盘下行时，股指被89日均线压着往下走，每次反弹触及89日均线就会掉头下行；反之，在股市进入牛市，大盘上行时，股指又被89日均线托着往上走，每次震荡调整，只要触及89日均线就会止跌回升。当有一天股指掉头下行，击穿89日均线，特别是89日均线再次弯头向下，压着股指往下走时，牛市行情也就结束了。高手的这个结论非常重要，实际上这也是高手对自己这几年操作经验的一个总结。高手的经验告诉我们一个道理，研判大势要抓住关键均线，找到适合当时市场的关键均线，用它来锁定大势，这是一个既简单又很有成效的方法。谁懂得这个道理并在实践中正确运用它，谁就能成为赢家。

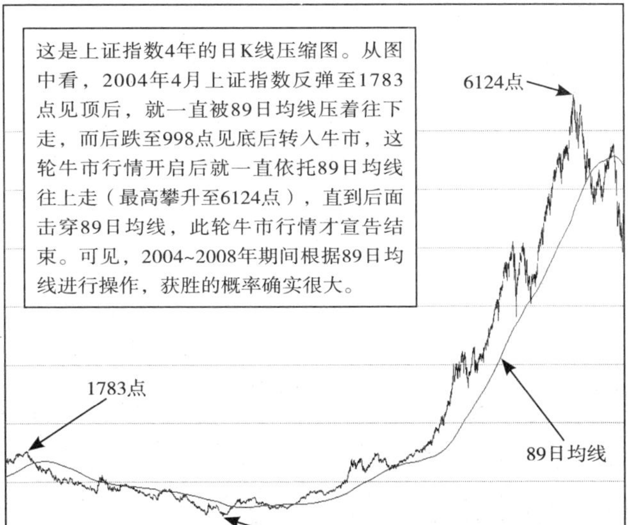

图163　上证指数2004年3月1日~2008年2月13日的日K线走势

思考题参考答案

1. 这是1998年上半年上证指数的日K线走势图。

2. 高手判断在图中画箭头处买入，上涨概率为90%，后来的事实证明，高手的判断完全正确。那么，高手当时是怎么做出这个判断的？我们分析主要有以下几个理由：

（1）从图中看，箭头A所指处附近出现了3个看涨信号（见图164）。一是箭头A所指处的下方是一根低位大阳线，低位大阳线是一个看涨信号；二是低位大阳线上方有一个缺口，性质属于向上突破缺口，这也是一个看涨信号；三是在箭头A所指的地方，大盘已拉出了两根阳线，下面的成交量也出现了显著放大现象，价升量增，自然又多了一个看涨的理由。

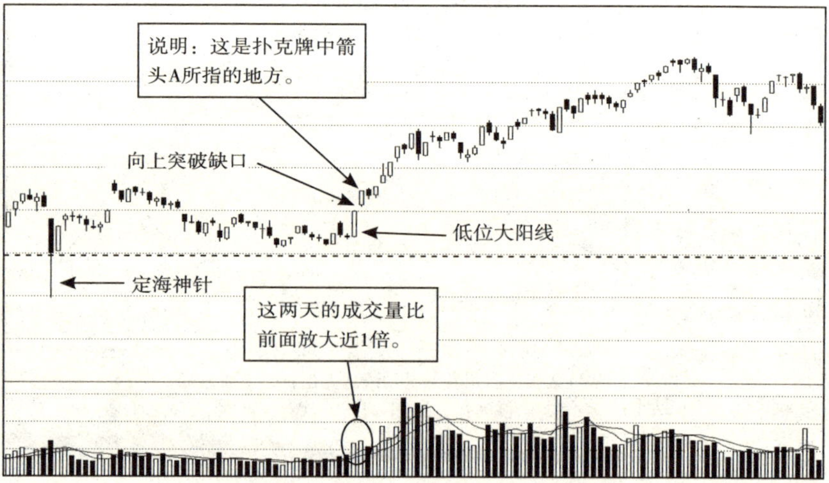

图164　上证指数1998年上半年的日K线走势

（2）前面已经出现了一根名为定海神针的K线（见图164中左边的第7根K线），当时大盘下跌的低位已经探明。虽然这根K线收出的是一根大阴线，但它的下影线特别长，像是一根长长的钢针扎在海里。如果我们沿着这根长下影线的上端画一条水平线就会发现，之后大盘指数再也没有跌到该水平线的下方，这说明这根长下影线确实发挥了定海神针的作用，当时大盘的底部已被锁定。

（3）若在图中加上5日、10日、30日均线就会发现，箭头A所指的这根低位大阳线实际上是一个“蛟龙出海”[注]的图形（因为它上来时，一下子就把5日、10日、30日均线踩在脚下）。蛟龙出海是一个强烈的做多信号。而且在箭头A所指处，5日、10日、30日均线已向上发散，出现了多头排列。多头排列又是一个重要的看涨信号。

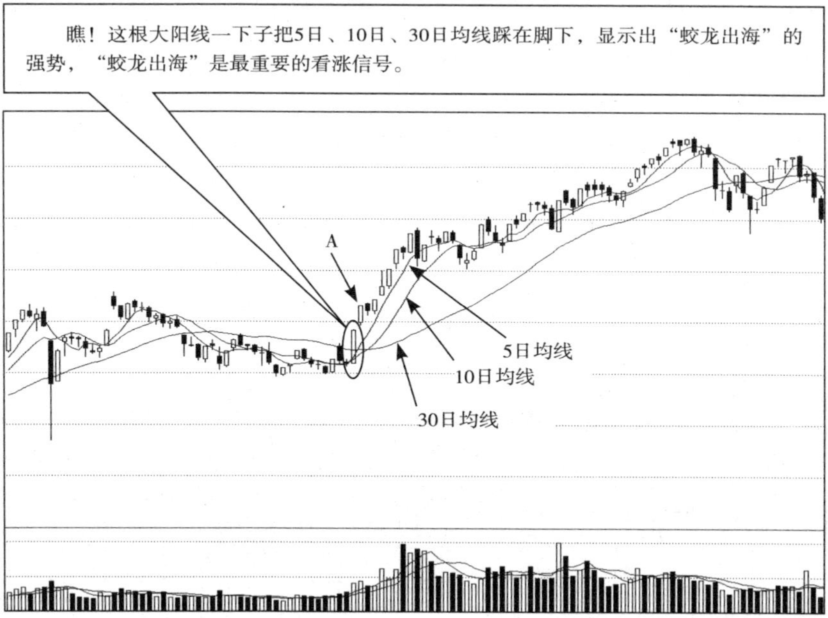

图165　上证指数1998年上半年的日K线走势

【注】关于“蛟龙出海”的特征、技术意义与相关实例，详见《股市操练大全》第二册第94~97页。

K 思考题参考答案

1. 这是2003年下半年上证指数的日K线走势图。

2. 有经验的投资者知道，买卖股票要看均线排列，因为均线排列能明确告诉大家股市当时处于什么环境之中。如果均线处于空头排列之中，就不能看多做多，只能看空做空；反之，如果均线处于多头排列之中，就能看多做多，而不适宜看空做空。可以说，用均线排列方式来判断行情趋势、买卖股票，是一种简单易行且准确率较高的投资方法。

那么，什么是均线多头排列？什么是均线空头排列？这里简单地向大家进行介绍。

（1）均线多头排列。均线多头排列是指短期移动平均线（简称短期均线）在上、中期移动平均线（简称中期均线）居中、长期移动平均线（简称长期均线）在下，几根均线同时向上移动的一种排列方式（见图166）。一般来说，无论是大盘还是个股，均线出现多头排列表明多头（买盘）力量较强，做多主力正在控制局势，这是

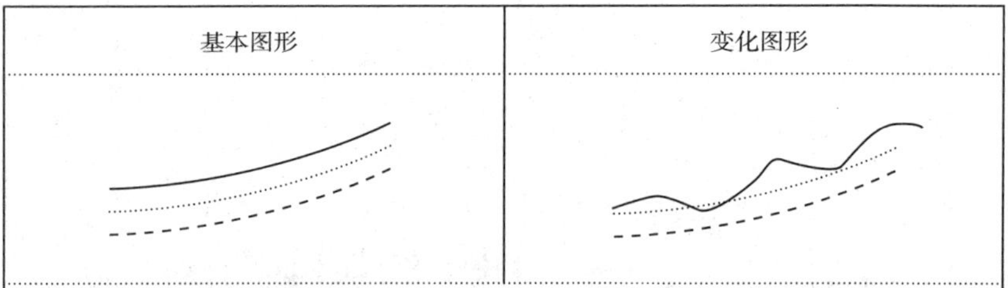

说明：短期移动平均线用“———”表示，中期移动平均线用“…………”表示，长期移动平均线用“- - - -”表示。

图166 移动平均线多头排列示意图

一种比较典型的做多信号，投资者见此图形应以持股为主。

股市操作经验漫谈

老股民都知道：股票下跌容易上涨难。除了少数股票外，大多数股票上涨时都是三步二回头，曲曲折折，使人很难把握，投资者这时应该怎么办呢？最简单的办法就是看其均线是不是多头排列。一般来说，在涨势中，尤其是上涨初期，当均线出现了多头排列后，表明市场积聚了较大的做多能量，这时股价往往会继续一段升势。因此，日后只要均线呈多头排列，途中即使出现一些形象不好的K线或K线组合，也用不着惊慌失措，更不宜盲目杀跌；否则，就很可能被主力震仓洗盘出局，让煮熟的鸭子飞掉了，从而后悔不已。

（2）均线空头排列。在股市里，人们把几根移动平均线同时以圆弧状向下滑落，且长期移动平均线在上方、中期移动平均线在中间、短期移动平均线在下方的这种排列方式，称为移动平均线空头排列，简称均线空头排列（见图167）。一般来说，当大盘或个股均线出现空头排列时，即意味着大盘或个股进入了空头市场，这时大盘或个股整体再现弱势。尤其是大盘或个股有了一段涨幅后，均线出现空头排列，表明大盘通常会有一轮较大的跌势。

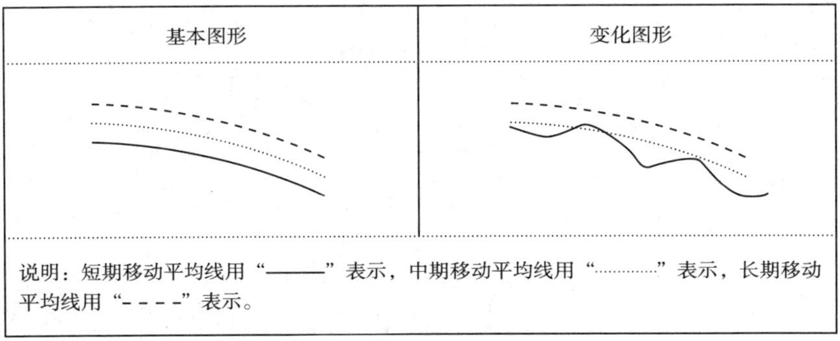

图167　移动平均线空头排列示意图

股市操作经验漫谈

常言道："君子不立危墙之下。"因为危墙随时会倒下，把站在墙下面的人压伤、压垮。股市中有没有危墙呢？当然有，均线空头排列就是一面危墙。很多投资者，特别是一些新股民，买股票只看股价高底，却不问均线如何排列，在大盘或个股均线出现空头排列之后，还不顾一切地冲进去，这样的结局就可想而知了。所以，投资者买股票要"先看墙后问价"，等看清楚这面墙是不是危墙，再选择一个恰当的价位买进，这样操作起来，虽不能说一定会大赢，但至少不会成为股市中屡买屡套的输家。

在了解了均线多头排列与空头排列的知识后，我们只要在图中添上5日、10日、30日三根均线，就可以看清楚2003年下半年的上证指数走势，就会明白当时市场处于什么格局，投资者就可以根据均线排列状况，来分析市场并制定好买卖策略。其实，这个答案不用我们去揭晓，大家只要懂得这方面的知识，也能对当时的市场做出正确的判断，在操作时踏准市场涨跌节拍，不犯方向性错误（见图168）。

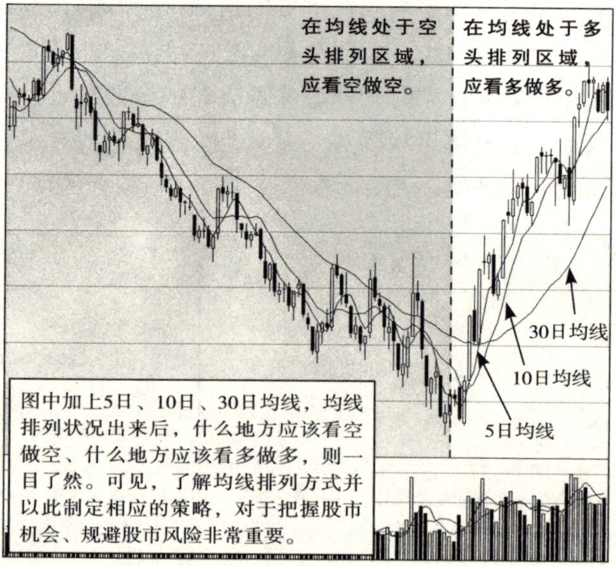

图168　上证指数2003年下半年的日K线走势

>> 附录一

《股市操练大全》实战训练卡使用说明

《股市操练大全》实战训练卡（简称实战训练卡）是为了满足全国《股市操练大全》丛书300万读者的要求，专为《股市操练大全》读者开展不用老师的自助式股市培训而设计的核心产品。这是一个全新的品种，有了它，自助式股市培训的效果就可以与市场上高端的优秀股市培训班的教学效果相媲美。

一、推出实战训练卡的意义

第一，迄今为止，《股市操练大全》丛书累计发行已超过300万册，其销量在同类证券书中遥遥领先（编者按：时下，一本新书平均发行量仅5000册左右，能发行1万册以上的已属少数）。读者如此厚爱《股市操练大全》丛书，既使我们感到十分欣喜，同时也感到身上责任重大。现在随着《股市操练大全》丛书的热销，有越来越多的读者要求参加《股市操练大全》培训班。说实话，以我们现在的力量是无法承担《股市操练大全》数百万读者的培训的。但读者对我们的热情期望，我们不能拒绝，这就迫使我们要想一个办法，另辟蹊径来满足读者的这个要求。经过多年的研究，读者要求参加《股市操练大全》培训班的愿望，终于可以通过使用实战训练卡来实现了。说白了，实战训练卡是模拟股市培训班的教学，并且能完美替代股市培训班教学效果的一个全新阅读品种。

第二，学习一定要落到实处，即学习一定要达到学以致用的目的。我们一直在关注读者阅读《股市操练大全》丛书的效果。我们了解到：有相当一部分读者通过学习《股市操练大全》丛书，在股市实战中取得了不菲的成绩，有的还彻底地打了翻身仗（此事可从读者热情洋溢的来信中得知），我们由衷地为这些读者感到高兴。但是，也有一部分读者的学习效果并不明显，至今仍然没有进入赢家行列。我们听到这个消息后感到很内疚，深感自己有责任去帮助这些读者学以致用，尽快地走上赢家之路。那么，如何才能实现这个目的呢？其中一项重要措施是：学习《股市操练大全》丛书后，需要有一个复习、总结的过程。只有通过一个平台，把《股市操练大全》丛书介绍的股市知识、操作技巧融会贯通了，才能帮助这些读者打好翻身仗。现在推出的实战训练卡就是为了实现这个目的。实战训练卡将《股市操练大全》丛书中关于K线、技术图形的实战技巧以及高手的看盘操盘经验，进行了重新整合、疏理，以卡片的形式展现，这样既可以帮助读者消化《股市操练大全》丛书中学到的知识，又可以为读者提供一个能有效测试自己操作水平的“平台”，还可以让读者化整为零，抓住重点，更方便、更有针对性地补缺，真可谓一举多得。我们认为，实战训练卡的推出，会给《股市操练大全》丛书的广大读者带来很大的帮助，它可以有效地提高当事人的操作水平与实战成绩。

第三，推出实战训练卡，是为了对现在市场上收费高昂的劣质股市培训班说“不”。据了解，现在市场上举办的股市培训班鱼龙混杂，有相当一部分股市培训班的教学质量存在严重问题。一些别有用心的人，打着传授炒股绝招的幌子举办股市培训班，实则是干着骗人揽钱的勾当。这些劣质股市培训班，一无教学大纲、培训计划；二无教材、讲义；三无教案（讲课人不认真备课，讲到哪里算哪里）；四无必要的练习、作业。但就是这样的股市培训班，营销上却“很有一套”，招收学员时吹得天花乱坠，学费越收越贵。参加一期这样的股市培训班，学费四五千元已属平常，较贵的一期学费要上万元，甚至数万元。例如，笔者在上海书展时曾经接待过一位读者，这位读者说，他2010年参加了一个“民间股神”举办的股市培训班，仅3个晚上就付了1万元学费。现在他看了《股市操练大全》丛书，发现这个民间股神讲的“炒股绝招”，《股市操练大全》丛书里都有，而且书中比他讲得更清楚、内容更丰富。他感到，付出1万元学费是上当了。笔者告诉他，股市里没有股神，自诩为股神者，不是疯子就是骗子。

其实，股市里任何方法都有一个适用范围，所谓百战百胜的“炒股绝招”是不存在的。投资者要弄清楚的是，在什么情况下，应该使用什么方法才能取得积极效果。至于炒股的方法与技巧，《股市操练大全》丛书和其他一些优秀的证券图书里都有介绍，大家只要静下心来认真去看，都能看懂。但有一些心态浮躁的投资者放着有用的书不看，而是花数千元甚至数万元去“股神”那里高价购买这些方法与技巧，这不是本末倒置吗？这个钱花得实在是太冤枉了。

据了解，一些所谓的“股神”，就是选择几本书，将其中内容东拼西凑，然后把这些拼凑内容进行包装，再把它吹嘘成“炒股绝招”，用来忽悠投资者，收取高昂的学费、会费，从而赚取巨大利润。

俗话说：“不怕不识货，就怕货比货。”现在我们推出了实战训练卡，学费（即书价）低廉。有了它，每个人都可以自由地参加“不用老师的自助式股市培训班”，大家不妨将实战训练卡里讲的内容，与现在市场上一些收费数千元的速成股市培训班里讲的内容进行比较，看看谁的性价比更优，谁讲的内容更丰富、更实际，一比较就可以得出明确的结论。

二、实战训练卡的训练效果能与现在市场上优秀股市培训班的教学效果相媲美

第一，优秀股市培训班中的几个要素，实战训练卡都具备了，

这里并没有质的差别。例如，优秀股市培训班在讲授K线知识与技巧时，强调知识的系统性、连贯性、实用性，这些实战训练卡都做到了。实战训练卡内容分为三个部分：第一部分是K线基础知识的训练；第二部分是K线实战中一般技巧的训练；第三部分是K线实战中疑难问题解析的训练。它自始至终贯穿一条全面系统、由浅入深、实用至上的主线，我们相信任何人看了都会明白的。

又如，优秀股市培训班中采用的启发式教学，实战训练卡也能做到完美体现。我们在设计实战训练卡时，每一道题目都模仿了课堂老师提问的形式，题目口子小、入点深，绝不是简单地用"是"与"否"可以回答的。使用实战训练卡的读者必须像学生回答老师颇有悬念的提问那样，经过一番深入思考后才能答上来，这样课堂上的启发式教学就能在实战训练卡的训练中充分体现出来。

至于优秀股市培训班中老师与学生的互动，实战训练卡基本上也能替代。方法是：使用实战训练卡时，把题目的顺序打乱，读者可同时扮演老师与学生两个角色，左手抽题（相当于老师随机发问），右手答题（相当于学生随机答题），使用娴熟后就能体会出股市培训班中老师与学生互动的滋味来，这就与央视"星光大道"栏目中的明星李玉刚一人同时扮演男、女两个角色的道理是一样的。

第二，随着《股市操练大全》丛书的热销，《股市操练大全》阐述的投资理念与操作技巧被越来越多的投资者所认可，市场上一些证券培训机构纷纷将《股市操练大全》丛书列为股市培训的教材或参考读物。其实，由《股市操练大全》作者自己来诠释《股市操练大全》的理论，讲解K线操作技巧，并在此基础上推出的实战训练卡，更能够准确地将《股市操练大全》丛书中最精彩、最实用的内容反映出来，所以它对投资者的帮助不会逊色于优秀股市培训班对投资者的帮助。

第三，实战训练卡的题目容量、题意深度比一般股市培训班的题目容量、题意深度要大得多或深得多。据了解，一期股市培训班办下来，老师讲解的案例一般只有几十个，很少会超过100个，而实战训练卡介绍的案例多达200个，其题目容量远远超过了一般股市培训班介绍的案例数量。另外，由真人面授的股市培训班，由于受讲课时间的限制，即使对典型案例的剖析，也只能深入到下面一个层次即告结束。但实战训练卡充分发挥了卡片的“特长”，对重点案例的剖析刨根寻底、层层深入，它不仅能让当事人知其然而且知其所以然，并且能促使当事人举一反三、触类旁通。例如，实战训练卡在介绍某高手根据图形进行选股的技巧时“顺藤摸瓜”，发掘出高手对一些价值型股票采用“锁定对象、长期跟踪、选准时机、重仓出击”的选股经验，进而又将高手“台上一分钟、台下十年功”的操作全过程亮了出来。经过层层发掘高手炒股与普通投资者炒股有什么不同，高手为何能成为股市大赢家的全过程就变得清晰可鉴了。这样一来，大家向高手学习就不会“一头雾水”，学什么、怎样学都有了明确的方向。其实，类似这样的层层深化题目，在实战训练卡里有很多，这里就不一一列举了。

三、实战训练卡的训练重点

第一，实战训练卡训练的重点是K线、技术图形方面的知识与操作技巧。有人问我们，均线也是一个很重要的技巧，为何不把它列为重点训练项目呢？这里向大家做一个解释。因为任何事情都必须有一个主题，这本实战训练卡的主题就是对读者进行K线、技术图形方面的训练，如果把均线也牵涉进来，一是卡片的容量不够，至少要扩大一倍以上；二是原来的主题就会冲淡，反而会影响学习效果。（当然，这本实战训练卡中的个别案例也谈到了均线，但这不是为了介绍均线，主要是为了配合K线、技术图形的训练而设置的。）

第二，K线、技术图形很多，但卡片容量有限。要充分发挥实战训练卡的作用，提高它的训练效果，就不能面面俱到，必须将经常出现并能对投资者操作产生重大影响的图形作为重点案例，反复地向大家介绍，如此才能加深大家的印象。经过这样的训练，到了实战中就能发挥出它的示范效用，从而能够真正对投资者的操作带来帮助。

比如顶部岛形反转，这是一个很凶险的图形，每当这个图形出现时，很多人都会因为不识此图形而被套在高位。如2008年6月10日，上证指数出现了顶部岛形反转的图形，然后就从3200多点一路狂泻到1664点；2010年4月19日，上证指数也是因为出现了顶部岛形反转的图形，从3000多点一路下跌到2319点。当时就有很多投资者不识此图，该看空做空时却看多做多了，损失非常惨重。可见，识别这个顶部岛形反转的图形，对投资者的操作非常重要。所以这样的图形，就要作为一个重点案例向大家反复介绍。

又如大阳线，一会儿是看涨信号，一会儿又是看跌信号。很多人就是因为弄不清楚大阳线的真假，该卖出时却买进了，该买进时却卖出了，以致行情完全做反了，结果栽了跟头，甚至亏了大钱。那么如何来辨别大阳线的真假，不被假的大阳线所忽悠呢？这是一个很迫切、很现实的问题。要很好地解决这个问题，不是简单地说一些道理就行的，而是要反复地多做一些大阳线的练习，才能识破其中的奥秘，辨出其真伪。所以在实战训练卡中，大阳线的练习就占了一个重要的份额。

再如，从个股下跌后大的底部形态，或者从低位选择有潜力的股票这个角度来说，依据技术图形锁定股价趋势是一个行之有效的方法。但是，在技术图形中属于底部形态的图形有很多，如V形底（尖底）、双底（W底）、多重底、圆底、潜伏底、头肩底等。那么，什么样的技术图形最值得投资者关注呢？从沪深股市20多年来的统计资料看，从底部走出来成功概率最高的是头肩底。据了解，大的头肩底一旦往上突破并站稳其颈线后继续向上，出现较大上升空间的概率就达八成。所以高手在利用技术图形选股时，在技术上首先关注的是头肩底走出来的个股。有鉴于此，实战训练卡依据实战要求，把如何识别头肩底，识别头肩底要注意什么，其买点、止损点应如何设置等问题，作为训练的重点，并为此设计了大量练习题。

第三，卡片与书不同，它的版面容量有限，当所要解答的图形比较复杂、涉及的技术问题较多时，每一种使用技巧只能点到为止。为了不影响读者的理解，我们对一些关键词加上必要的“注”，读者可根据“注”，从《股市操练大全》丛书中查找到详细的解释。

四、使用实战训练卡，如何达到犹如与老师互动的效果

首先我们回顾一下，课堂上老师面对面的指导为什么会给学生留下比较深刻的印象。通常，有经验的老师在上课时会根据教学内容，设计一些有针对性但颇具悬念的问题让学生回答。一般情况下学生回答都不太顺利，因此大家急盼老师解答，此时老师往往会采取引而不发的方式，引导大家深入思考，直到学员情绪进一步高涨，老师感到“火候”到了的时候，才会把谜底揭开，这样学员就会产生一种茅塞顿开、恍然大悟的感觉。

据了解，一些质量较高的股市培训班，对学员面对面指导的这个环节会安排得非常出色，这也是这类培训班深受大家欢迎的一个非常重要的原因。

作者在设计实战训练卡时，对这个问题做了仔细研究。我们将股市培训班中老师向学生的提问做了认真调查与深入思考，然后根据实战要求，从《股市操练大全》的题库中，精选出一些既有针对性、实用性又特别能引起学员兴趣的问题，并按照卡片训练的要求，对题目和答案的内容与编排方式进行了重新设计。读者在使用这些卡片时，只要按照实战训练卡的训练顺序来阅读与回答问题，就能拥有不同的感受。比如，当你看到卡片正面的题目时，可以想象这是课堂中老师在向自己进行提问，这时候自己应该站起来回答（当然，这是虚拟的想象，人不一定要站起来）。在站起来认真回答后，再慢慢地坐下去，听候“老师”的解答。此时就把卡片翻到后面，边看边小声地阅读参考答案的内容。（请注意：不要默读，应读出声来。这样就可以用声音来刺激大脑皮层。实验证明，发声比不发声的效果要好。据一些试验者反映，如果声音节奏掌握得好，就会感到仿佛是老师在旁边对自己进行讲解，此时会有一种特别亲切之感。）然后，你再把实战训练卡的参考答案与你先前的回答进行对照，这样就能体验到犹如与老师互动的那种感觉了。

另外，还有一种相互考核互动的方式，大家也可以试试。例如，某个家庭丈夫、妻子及公婆都是股民，休息时大家就可以围在一起，你拿一张卡片扮演成老师的角色考我，我拿一张卡片也扮演成老师的角色考她，相互之间考来考去，气氛会十分活跃。这种学习形式很新鲜，花费时间不多，但学习效果非常好，对所考问的问题印象特别深刻。其实，在这个活动中，每个人都在扮演着学生与老师的双重角色，这是很有意思的。此举不仅能提高参与者的学习兴趣，享受到“股市培训班里老师与学生”的互动感觉，而且可以促进炒股技艺的提升。

五、在使用实战训练卡时需要注意的问题

第一，读者可根据自己的情况挑选使用实战训练卡。实战训练卡的内容分为三个部分：①K线基础知识一卡一练（见实战训练卡练习题1~56）；②K线实战技巧一卡一练（见实战训练卡练习题57~180）；③K线实战技巧难点解析一卡一练（见实战训练卡练习题181~222）。如果你是新股民或对K线基本知识了解不多的投资者，可先将①这部分练习做好，然后再进入②、③环节训练；如对K线基础知识很熟悉的投资者，可跳过①环节，直接进入②、③环节进入自我训练。

第二，要透过现象看本质，学会分析。实战训练卡列举了大量案例给大家练习，目的就是要让大家学会分析，并通过对一些典型案例的解剖，抓住事物的本质，举一反三、触类旁通。因此，我们在做实战训练卡习题时，不是简单地得出“看涨”或“看跌”的结论就行了，更重要的是要弄清楚涨或跌的背后逻辑是什么，只有把背后的逻辑关系弄明白，以后碰到类似的图形才知道应该怎么去操作。又如，一些分析师在荐股时说得头头是道，结果证明他们的荐股理由是完全错误的，那么你就要弄清楚他们当时荐股的理由主要错在什么地方，如缺乏大局观，或在分析图形时以事物的次要矛盾代替了事物的主要矛盾，等等。大家只有刨根寻底，把错误的症结找出来，才能逐渐养成不人云亦云、独立思考的习惯，才能炼就一双火眼金睛。这种形式的练习做多了，看图识图的本领和操作水平就会有质的飞跃。经过如此反复训练，对自己日后的操作必然会带来很大的帮助。

第三，实战训练卡不同于普通图书，其特点就是方便、灵活。大家要充分利用实战训练卡方便、灵活的特点，为我所用。例如，在短时间内看书、看卡片记不住，就可以采取“化整为零”的办法，在外出时带上几张卡片，或在坐车、等人、排队时拿出来瞧瞧，1日不够，5日、10日、30日……加起来就是一个很大数量，日积月累，再难懂的图形也会看懂。又如，平时可找一些朋友把卡片当成扑克牌来玩，从游戏中增加看图识图的兴趣，提高对图形的鉴别能力。

实战训练卡的另一个特点是久看耐用、常读常新。如果你参加股市培训班，时间一长，老师讲的东西或许就淡忘了；但对于实战训练卡，你可以经常拿出来反复阅读，即使忘了，一看就能记起来，况且温故而知新，越读感受会越深。试想，当你反复使用实战训练卡，将一些重点图形、关键技术深深地印在脑海中，主力还能像以前一样忽悠你吗？如果你真的达到了对典型案例、主力操盘手法，闭着眼睛也能如数家珍的境界，今后做股票的成功率就会有显著提高，资金卡上将不断地拉出长红。

>> 附录二

《股市操练大全》丛书特色简介

《股市操练大全》丛书是证券图书市场的重点品牌书。它全面系统、易学易用，是国内图书市场中首次将股市基本分析、技术分析、心理分析融为一体，并兼具学习、练习双重用途的炒股实战工具书。作为学习，它全面、详尽地介绍了炒股的各种知识和运用技巧，以及防范风险的各种方法；作为练习，它从实战出发，设计了一套具有针对性、指导性、启发性的训练题，引领投资者走上赢家之路。

《股市操练大全》无论是从风格还是从内容上，都与其他股票书有很大的不同。因此，大凡阅读过此书的读者都有耳目一新之感。很多读者来信、来电称赞它通俗实用、贴近实战。有的读者甚至说：他们看了几十本股票书都不管用，但自从看了《股市操练大全》就迷上了，天天读、天天练，现在已经反败为胜了。他们认为，《股市操练大全》是目前图书市场上最具实用价值的股票书。其实，有这种感受的读者不在少数，而是相当多，这可以从全国各地读者寄给出版社的大量来信与网上对该书的评论中得到证明。

也许正因为如此，沪深股市连连走熊时，证券图书市场也进入了“冬眠”状态，但《股市操练大全》却一版再版，各册累计重印次数已超过了200次，总发行量超过了300万册（注：国内一般的股票书发行只有几千册，多的也只有几万册，发行量超过10万册的已属凤毛麟角。目前，《股市操练大全》发行量已远远超过了其他股票书），创造了中国证券图书市场股票书的旺销奇迹。

迄今为止，《股市操练大全》丛书一共出版了两大系列11册书，其中基础知识系列5册、实战指导系列6册（含1册习题集）。每册书都介绍了一个专题，它是一套完整的炒股学习、训练工具书。另外，《股市操练大全》的每册书（除习题集）都是精装。装帧精美，这也是这套书的一个亮点。

现在为了满足《股市操练大全》的广大读者的要求，上海财经大学出版社推出了《股市操练大全（大礼包）》这一全新产品。大礼包内容十分丰富，有《股市操练大全实战训练卡》《股市操练大全悬念扑克》《股市操练大全悬念扑克谜底解析》等。这些新产品是专门为《股市操练大全》广大读者开展“不用老师的自助式股市培训”而设计的。实践证明，用这些新产品开展自助式股市培训，不仅可以达到寓教于乐的目的，其效果还可以与市场上高端的优秀股市培训班的教学效果相媲美。

《股市操练大全》实战训练卡 悬念扑克 读者信息反馈表

姓　　名		性　　别		年　　龄	
入市时间		文化程度		职　　业	
通信地址					
联系电话			邮　　编		
您认为本书内容如何？（欢迎附文）					
您希望我们能为您提供哪方面的服务？					

沿线撕下

亲爱的读者，如您有信息反馈给我们，请发邮件至：Logea@sina.com。请来信寄至：上海市长宁区法华镇路123弄2号1103室，王小姐转《股市操练大全（大礼包）》创作中心收，邮编：200052。联系电话：021-33872558。